Informazioni Sul Ventuno In Piemonte...

Antonio Manno (barone), Charles Albert
(King of Sardinia), Cesare Balbo (conte)

INFORMAZIONI

SUL

VENTUNO IN PIEMONTE

RICAVATE DA SCRITTI INEDITI

DI

CARLO ALBERTO DI CESARE BALBO E DI ALTRI

DA

ANTONIO MANNO

SECONDA EDIZIONE

AUMENTATA DI DOCUMENTI, DI APPENDICI, DI UNA BIBLIOGRAFIA
E DEL DIZIONARETTO DEI COMPROMESSI

FIRENZE
TIPOGRAFIA DELLA GAZZETTA D'ITALIA
Via del Castellaccio, 12

1879

INFORMAZIONI

SUL

VENTUNO IN PIEMONTE

INFORMAZIONI

SUL

VENTUNO IN PIEMONTE

RICAVATE DA SCRITTI INEDITI

DI

CARLO ALBERTO DI CESARE BALBO E DI ALTRI

DA

ANTONIO MANNO

SECONDA EDIZIONE

AUMENTATA DI DOCUMENTI, DI APPENDICI, DI UNA BIBLIOGRAFIA
E DEL DIZIONARIETTO DEI COMPROMESSI

FIRENZE
TIPOGRAFIA DELLA GAZZETTA D'ITALIA
Via del Castellaccio, N. 12

1879

AI LETTORI

Una perdita crudele, m'impedisce di manifestare quella gratitudine profonda che sento pari all'ammirazione verso Colui il quale cogli autorevoli consigli mi persuase a superare qualche trepidanza e pubblicare queste *Informazioni*. Adesso, nel ripubblicarle, con più largo corredo di documenti e di diligenze storiche, posso affermare che mi trovo col cuore tranquillo. Perchè dalle accoglienze fatte al mio lavoro da persone illustri e capaci, conobbi siccome si fosse riconosciuto ed apprezzato il mio impegno di narrare con verità, di esporre con calma e con giustizia e di rispettare convinzioni e persone rispettabili. [1]

Fuvvi chi si dolse che io per opporre argini al torrente che sta per precipitare negli abissi, mi sia adoperato ad allargargli il letto lassù verso le sorgenti, per farlo adagiare e riposare in più tranquillo corso. Quasi temendo che le acque stagnando imputridissero, o che io vaneggiassi per farle risalire al monte.

Non sono ammiratore di pozzanghere, nè credulo a sogni! « Io ho voluto, per dirla col Botta, [2] adoperare a guisa di buon « cultore, il quale volendo raddirizzare le vette di un albero che « pendono troppo da una parte, non solo le rialza sino al diritto, « ma le piega anco molto dalla contraria parte, acciocchè rila- « sciate essendo, in esso diritto si fermino, e non tornino nella « loro prima piegatura. »

---

[1] Mi compiacqui del giudizio privato e poi a stampa di Nicomede Bianchi giudice, meglio di altri, competente. Paragonando i miei giudizi, con quelli su Carlo Alberto proferiti recentemente da questo illustre storico (*Curiosità e ricerche di Storia Subalpina;* Torino, 1879, dispensa XII) si vedrà che procedendo per vie diverse ci siamo ben tosto raggiunti.

[2] Lettera (*30 marzo 1811*) ad un suo amico (*cioè ad Anton Maria Robiola*) la quale si suole premettere alle edizioni della Storia dell'Indipendenza degli Stati Uniti d'America (ediz. Le Monnier, 1856, pag. LXII).

SOMMARIO

I

Nè voglio dare una storia dei casi del ventuno, nè volendo potrei. Più che la vicinanza dei tempi osterebbe la mancanza di prove.

Se certe cose si fanno, non si dicono poi mai; ed il poco che si scrive nelle congiure e fra i tumulti viene distrutto da quelli cui dà molestia, o cui dispiace che la verità riesca a sconcio della propria parte. Prudentissimi i primi, gli altri prepotenti; infeste alla storia le precauzioni di ambedue.

Luce preziosa darebbero i carteggi, le rivelazioni e le memorie dei profughi. Ma sia che manchino, sia che molto gelosamente si custodiscano, non se ne sa gran cosa.

Rimarrebbero gli atti dei processi, fonte di pur troppo larga vena, colla brutta sequela delle delazioni, delle confidenze, delle rivelazioni torbidi rigagnoli ed infetti. In più tranquille e più fide acque attingerebbe bensì chi potesse informarsi negli atti e nei documenti dei nostri governanti e dei nostri diplomatici. Ma sopra queste ghiottonerie privilegiate, vegliano inesorabilmente tenaci, non gli archivisti, fior di liberalità e di cortesia (occorre il dirlo), ma gli ordini stessi che adesso reggono gli Archivî dello Stato. [1]

---

[1] Sono anni che bazzico nelle sale degli archivi torinési, e sia in quelli di Corte che nei Camerali e negli altri della Guerra, ho sempre ricevuto cortesie ed ajuti, cosicchè ne lascio in queste carte il ricordo a significazione di riconoscenza; e non potendo nominare tutti gli ufficiali d'Archivio ai quali vo'grato, lodo almeno l'esimio sovrintendente, commendatore Nicomede Bianchi.

La mia frecciata non mira nessuno; il mio bersaglio è il R. Decreto 26 marzo 1874, N° 1861, od almanco il modo con che si ordinò fosse interpretato.

II

Timido, e men che giusto provvedimento, sottrarre questi tempi alla giurisdizione della storia. Io non parlo che per il Piemonte, *patria vetus*, dove a tanti fu conceduto di sfiorarvi carte anche recentissime. Così ad Alberto Blanc, a Federigo Sclopis, a Domenico Carutti, a Luigi Carlo Farini, a Michelangelo Castelli, e con maggiore larghezza, e con intendimenti più manifesti a Nicomede Bianchi. Eppure quale detrimento ne venne alla cosa pubblica o privata, perchè i nostri consoli dovessero provvedervi? È carità, o timore; prudenza o precauzione?

In memoranda tornata della Camera, addì 27 Maggio 1860, uno dei più temperati e dei meglio giudiziosi nostri storici viventi proclamò che quello era l'ultimo dei giorni di una vita otto volte secolare; *finis Pedemontii*. Ma oramai da dodici anni era già tramontata, per risorgere ma diversa, l'antica ed onoratissima tradizione piemontese. Col quarantotto un'aurora splendidissima annunziava nuovi propositi, nuove aspirazioni, nuove speranze, novissimi mezzi. L'astro rigeneratore è ora al culmine della sua portentosa orbita. Chi ancora si cruccia, cui può dare ombra se un modesto e tranquillo e prudente studioso va disseppellendo con discreta perizia dagli scaffali meno accessibili e dai plutei più gelosi, di quello che fu Archivio di Corte, qualche muffita nota del de Maistre o del Vallesa, qualche dispaccio del San Marzano o del La Tour, qualche memoriale del La Margarita, qualche ordinamento dello Scarena o del Pralormo, qualche scaltro avvedimento del Villamarina, o qualche confidenza del Lazari! Più che rivelazioni pericolose, sarebbero citazioni di innocente erudizione.

Fuvvi tempo, e non lontano, in che l'arte di governo era per quattro quinti di segreti e di discretezze. Ma adesso che abbiamo così felicemente mutato ed instaurato ogni cosa, le note diplomatiche, un dì *arcana imperii*, sono il segreto di Pulcinella e scritte apposta per istamparle nei *blue-boccks*. Gli interessi sono cambiati e capovolti. L'Austria al certo, non si ritiene più solidaria dei sistemi e delle precauzioni del Metternich. Nè la Russia ci mantiene il broncio perchè abbiamo fatto smettere alla Obrescoff il vagheggiato onore delle *barbe bianche*. Nè il Portogallo vorrà soddisfazione se riveleremo i nostri amoreggiamenti coi Miguelisti; nè ci negherà fiducia la Spagna perchè abbiamo osteggiati i Cristini. Sono altrettanto preistorici, quanto ad interessi urgenti, i dottrinari di Luigi Filippo, quanto i moderati riformatori chiamati a più stretto amplesso da Carlo Alberto.

Il paese ha passate ben altre vicende, sono sopravvenute ben altre fortune...! Epperciò i nostri tanti Muratorini non troveranno più il chiavistello alle porte degli Archivî. Ma non s'impuntino a dar di naso di quà dal milleottocentoquattordici. Per gli Archivî l'ultima Tule è il congresso di Vienna, ed io invece, pel gusto di sentire le due campane, vorrei che si piantassero le colonne d'Ercole al fatale milleottocentoquarantotto... L'aere benigno però, disperda subito e dissolva questi miei voti sovversivi ed importuni!

III

Nè quello che oggi chiamano pubblico è meglio tollerante in fatto di storia di quanto non siano generosi gli Archivî.

Intendiamoci. Se con paziente e lodevolissima fatica andate cercando antenati ad Umberto dalle bianche mani, [1] o figli ad Amedeo detto Coda, o le ardite geste del gran Bastardo, od i virtuosi fatti del nono Amedeo; questo pubblico, dico, non vi legge ma vi lascia in pace. Non sollevate nè sospetti nè dispetti giudicando a vostro talento dei quattro Carli Emanuelli, o dell'una o dell'altra Madama Reale. Ma in ogni officina di Giornale v'è un lettuccio alla Procuste dove s'adagiano gli eroi più recenti per cincischiarli o stirarli alla misura del campione. E poi guai a chi li tocca; anatema a chi è tanto ardito da mormorare che cosa tronca non è intera, e che roba stiracchiata è appunto contraffatta.

Ma che che ne sia di quanto ho scritto, fra il serio ed il faceto, sono fisso a dire liberamente di questi falliti tentativi del ventuno; e benchè io non m'immischi affatto affatto in politica, nè faccia parte con nessuno; pure scriverò con quell'amore alla libertà del bene, che vo cercando ed è sì cara; benchè, a dirla fra noi, io vi porti più amore che fede, ricordando quel cotale che tanto ne temeva gli apostoli.

Se poi traggo fuori qualche carta sconosciuta, o tenuta segreta, finchè ci fu motivo per custodirla, dichiaro che io pesco nel mio;

---

[1] Quando scrissi questa pagina non era ancora pubblicato lo stupendo, e critico e pazientissimo lavoro sulle origini Sabaude e su Umberto I del chiarissimo Domenico Carutti. Quindi lo scherzo mio, altro non è che uno scherzo.

cioè in quel poco che radunai, o per paterna eredità e tradizione, [1]) o per larghezza di benevoli, o per confidenze di amici, o perchè trovai figli gelosi nel provvedere alla fama dei loro genitori. Depositario di nessuno, sciolto da ogni promessa, libero da qual si sia vincolo, saprò però mantenermi in quel riserbo ed in quel rispetto che sono non solamente lodevoli, ma giusti e necessari in tempi di sfrenata curiosità e di ricerche indiscrete.

IV

Maraviglioso giorno il 20 Maggio 1814; spettacolo di vero entusiasmo quando dal ponte sul Po apparì la bonaria figura del desiderato re Vittorio Emanuele I a giocondare un popolo stanco e rifinito dalle ansietà e dagli aggravî della signoria straniera. « Non v'ha « cuore di piemontese che non ne serbi soave memoria (lo dice per « me un testimonio non sospetto, Santorre di Santa Rosa); giammai « in Torino fu veduta festa più commovente; il popolo accalcarsi giu- « livo attorno al Re; gli occhi della balda gioventù contemplarne le « fattezze; i vecchi servitori, i vecchi soldati avidi di raffigurarlo; da « ogni petto grida di gioja; da ogni volto trasparire contentezza di « cuore e giubilo. Nobili, borghesi, popolani, campagnuoli, tutti s'era « stretti in un pensiero; tutti si vagheggiava la medesima speranza. « Non più parti, non più triste rimembranze; il Piemonte ridiventa « una sola famiglia, con Vittorio Emanuele padre adorato. [2]) »

Passano appena sette anni e questo buon Re, semplice, affabile, giusto e popolaresco è costretto ad abdicare. Donde ciò?

V

Il vecchio governo piemontese, lussureggiante di militarismo, aveva però molte parti buone, e primissima una giustizia giusta e che, al confronto della odierna, non direbbero più nè lenta nè costosa. Migliori i Magistrati delle leggi. Al rovescio di Napoli dove ottime le

---

[1]) Si tenga conto che in questi anni il mio compianto genitore copriva contemporaneamante le cariche di *primo uffiziale* nel Ministero dell'Interno, e di *Segretario privato* di Carlo Felice.

[2]) Traduco dalla terza edizione del libro anonimo: *De la révolution piémontaise*; Paris, 1822, p. 4.

leggi, pessima la giustizia. « Una stretta economia nell'amministrare,
« epperciò leggiere le imposte, e l'alta polizia affidata a giudici; ed
« oltracciò buoni ordini municipali, con magistrati rinnovantisi da se,
« con sindaci scelti nel loro grembo, con privilegi di libertà ad al-
« cune provincie ed a quasi tutte le città; salvaguardia per quelle
« che non ne vantavano » ho qui nuovamente lasciato giudicare dal
Santa Rosa. [1]

Naturalissimo quindi che molti, dopo tre lustri di ambascie e di
angherie, rimpiangessero quei giorni di vita cheta, ed il facile muoversi sulla careggiata senza preoccupazioni e senza gravezze.

Ma i prodigi dell'epoca francese avevano mutata la faccia del mondo.
Diritti acquisiti, ed altri perenti, usanze introdotte, abitudini dismesse,
interessi imperiosi; e, su tutto, idee ed esigenze nuove, imprescindi-
bili. Ogni cosa suggeriva che si procedesse con cautela e si venisse
ad un felice e sapiente rimpasto del vecchio rinforzato col nuovo.

Il Re però meglio disposto di cuore che istruito dall'esperienza, se
come il suo cognato Cristianissimo aveva poco appreso, per contro
tutto aveva obliato. Cosicchè in lui prevalsero gretti consigli di un
dabbene conte Cerruti, provetto ed istruito magistrato, ma disusato
agli affari e di corte vedute. Persuase facilmente il Re ch'ei si sve-
gliava da un sonno quindennale, e che tutti dovevano figurarsi di
avere dormito col Re. [2] Col malaugurato e famoso editto del 21
maggio 1814 si tentò di rifare d'un tratto, e tutto intero il vecchio
ed impossibile ordine di cose. E via via si proseguì, con cieco risentimento e colle avventatezze del conte Borgarelli, e colle esagerazioni
dei convinti, e collo zelo inopportuno dei piaggiatori e colle avidità
degli affamati. [3]

Cosicchè prontamente alla mirabile piena di affetti, alla esultazione
immensa; subentrare un turbamento negli spiriti, un dubbio negli
animi; in molti un acerbo disinganno; e trovarsi il governo all'indomani del trionfo, spoglio di molta parte della sua forza morale.

---

[1] L. c. 5.

[2] Mi sembra poco diplomatico nè quasi probabile che il Potemkin osservasse
al Re: — Fortuna che non dormisse anche l'imperatore mio padrone, altrimenti
V. M. non si sarebbe svegliata sul trono.

Del resto il cavaliere di Potemkin non era, a quei tempi, che semplice incaricato d'affari, nell'assenza del ministro principe Kosslofsky, tuttora residente
a Cagliari.

[3] Rimasero tradizionali le stranezze e le sempliceerie di un avvocato Bello-
sio, cui furono affidate le gabelle.

VI

Ma assai bene provvedendo alla dignità esterna del paese, sì il conte Vallesa (benemerito d'Italia tutta per averne liberato le coste dal flagello dei Barbareschi), che il Marchese San Marzano succedutogli nel ministero per l'estero; l'uno e l'altro ripigliarono le felici tradizioni della diplomazia piemontese ed andarono man mano cancellando le funeste impressioni sentite fuori paese per gli strani e malaugurati sistemi di pubblico reggimento tentati all'interno.

Dove, fra le altre disgrazie, quell'improvvido editto del 21 maggio aveva anche disordinate e depauperate le finanze, sia col lasciare buon pezzo rotta e scoperta la linea doganale, sia col rimettere in uso certe insufficienti regole di conteggio e certi inefficaci e lenti ordini di esazioni. Nel 1817, ad esempio, s'accumularono nientemeno che trentamila mandati di pagamenti, tutti irregolari, parecchi dubbî o supposti: eppure, per lo meglio, si dovettero pagare con ispreco doloroso. [1] Ma anche alle finanze portò ristoro il Marchese Giancarlo Brignole, buon praticone, e come genovese buon massaio. [2] E presto risanguò l'erario con saggie regole di spendere e con sollecite e sicure discipline sulle entrate.

Alla invocata riforma degli ordini giudiziarî, al rinnovamento della patria legislazione, a più saggi e proficui provvedimenti economici attendeva con grande animo, con rette intenzioni, con molto sapere l'illustre conte Prospero Balbo [3] al quale, di ritorno dalla ambasciata di Spagna, era stato affidato il portafogli dell'interno.

Cosicchè in sul finire del 1820, nella esterna rappresentanza, nella amministrazione della giustizia, nelle discipline di governo e negli interessi economici, tutto accennava a notevoli migliorie; ed in quel corpo lasciato insanamente intisichire, si rifaceva sangue e vigore,

---

[1] Vedi un mio scritto intitolato *Spicilegio nel regno di Carlo Alberto*. Torino 1877; p. 4.

[2] Il marchese Brignole, ministro di Stato, fu chiamato a governare le finanze il 3 giugno 1817, e riconfermato, dopo i casi del ventuno, ai 13 d'ottobre. Fugli conceduto il riposo ai 25 febbraio 1825 coi titoli di Grande di Corona, e di Grande Ammiraglio delle imaginarie flotte della religione Mauriziana.

[3] Venerando personaggio, letterato e statista insigne, padre di Cesare. Nacque il 2 luglio 1762, ebbe la suprema collana il 20 aprile 1835, morì il 14 marzo 1837.

e gli animi riprendevano fiducia, e si ricominciava ad essere contenti; perchè, occorre che lo si ripeta, le idee più vaste di larga nazionalità, e di desiderii di più estesa libertà, non avevano ancora preso campo, e sopra ogni cosa si anelava a quiete ed a benessere.

VII

Rimaneva l'esercito. Al tempo de'francesi faceva egli opera di buon cittadino chi combatteva Francia servendo Austria, Inghilterra o Russia? Problema arduo e complesso. Ma per i reduci del quattordici neppure un dubbio che prima che col popolo fosse il patto col Re e che, anche dopo sciolti dal giuramento al Sovrano, assai ne meritassero i Maistre, i La Tour, i Galateri, i Michaud, i Venansoni e quei tanti che con disagio, e staccandosi dal paese, dalle famiglie, dai campi, affrettavano, combattendo, il ritorno dei Savoja.

Quindi nella prima ebbrezza del ripigliato potere, i zelanti li predilessero, ed era naturale; ma anche li preferirono e con insani provvedimenti disgustarono e disprezzarono i veterani di Austerlitz, di Spagna e di Russia chiedendo loro il durissimo sagrificio della retrocessione di un grado. Donde lagnanze, disgusto, rancori. [1] Presto però il fuoco di Grenoble affratellò nel comune pericolo i *coscritti* e gli *anziani* e le saggie cure del San Marzano, [2] alquanto obliate dal Robilant, [3] tendevano a contentare tanto gli ufficiali *fedeli* quanto quelli che

---

[1] Primo ministro della guerra, un avvocato, mediocrissimo uomo, Giuseppe Francesco Mussa; cavaliere Mauriziano (10 maggio 1800) ed antico impiegato in quel dicastero, del quale era stato *reggente* nell'effimera restaurazione austro-russa (2 giugno 1799 — giugno 1800). La teoria del *Palmaverde* lo designava nel 1814 (19 maggio) a *dirigente provvisionale* della segreteria di guerra e vi rimase sino al 6 marzo 1815. Quindi governò l'*azienda d'artiglieria* (1 aprile 1815 — 3 giugno 1817) e poi il Gran Magistero Mauriziano (30 maggio 1823). Visse sino al 17 maggio 1844.

Anche il grande Bogino, peritissimo ministro della guerra, era un avvocato. Ma la *laurea* non conferisce sempre la grazia.

[2] Il marchese di San Marzano, Filippo Asinari, già ambasciatore per Napoleone a Berlino, ministro di Stato e primo segretario di guerra e marina (24 del 1815 — 26 dicembre 1817).

[3] Giambattista Nicolis, conte di Robilant, luogotenente generale, antico ufficiale della legione degli accampamenti, del corpo degli ingegneri e dello stato maggiore. Fu primo segretario di guerra, ossia ministro, dal 26 dicembre 1817 al 25 novembre 1820. Morì il 12 febbraio 1821.

aveano servito *quell'altro.* ') Per modo che quando il Saluzzo ²) prese le redini dell'esercito, non gli sarebbe costato molto a tenerlo in freno. Ma, o fosse debolezza in lui, o poca sperienza, o cieca fidanza, o fatalità, ne lasciò rodere il nerbo dall'indisciplina. E così potè scoppiare, inconscio e non coadiuvante il paese, quel tristo esempio di un *pronunciamento* soldatesco. ³)

È oggi vezzo l'esaltarlo. Preferisco pensare con Massimo d'Azeglio (che pure era parente od amico con molti capi della rivolta) « che non « la si può approvare nè per la sostanza, nè per la forma. Se io non « stimo, soggiunge, e non amo un sistema, non lo servo. Se ho accettato « servirlo mentre lo amavo e stimavo, e se poi a ragione od a torto sono « mutato, lascio di servirlo, ma violare la fede data mai. ⁴) »

Ben mi è noto come parecchi capi del movimento fossero puri e disinteressati; forse illusi, forse spinti più da vincoli incautamente addossatisi che operanti per elezione. Riconosco che a non pochi le disgrazie sofferte con dignità, i pericoli ed i sagrifici sopportati con maschia fermezza, la morte incontrata per nobili cause giustamente meritarono la riverenza e la riconoscente stima dei loro concittadini. Ma a ricordi luttuosi parmi soverchio concedere quel trionfo che i Romani negavano ai capitani di guerre cittadine.

Due gocce d'acqua non fanno cambiar natura ad un fiasco di vino, osservava colui; e voleva trarne la conseguenza che anche la fedeltà non si guasta spruzzandola con qualche goccioletta di frode. Le som-

---

') Però il De Maistre, uno de' caporioni dei primi, lagnavasi che tutti i favori si serbassero ai secondi, nei quali non riconosceva che la superiorità di maggiore avvenenza nelle parate (*Simple récit*).

²) Alessandro Saluzzo, conte di Menusiglio, figliuolo del fondatore dell'Accademia delle scienze e storico militare del Piemonte. Fu ministro dal 17 novembre 1820 al 12 marzo 1821. Andò poi ministro a Pietroburgo. Presiedette l'Accademia delle scienze, ed il Congresso degli scienziati tenutosi a Torino. Ebbe la collana dell'Annunziata, con tre altri fratelli. Esempio unico. Sedette nel Senato del Regno, e morì il 10 agosto 1851.

³) È notevolissima la minuta narrazione fatta dal conte Bianco di S. Jorioz nel suo libro *Della insurrezione per bande,* dei modi, dei tranelli, dei maneggi usati per sovvertire i soldati, obbedendo alle istruzioni della « congrega segreta. » Se ne può leggere un sunto esteso in opera che corre fra le mani di moltissimi, cioè nella *Cronistoria* dell'illustre Cesare Cantù (II, 175.)

⁴) *Miei ricordi,* capo XVI. Il conte Clemente della Margarita, in campo affatto contrario, propugna le stesse idee. « Se i principi sono tiranni, nessuno è obbligato a servirli; l'uomo dabbene si ritira e non presta l'opera sua a colui che non può amare. » (*L'uomo di Stato;* I, 26).

mosse, notano altri, sono arnesi spregevoli; ma basta sapersene servire. O che no! In tema di fedeltà e di fedeltà militare soprattutto, non può ammettersi parvità di materia.

Ma mi avveggo che debbo ragionare assai male. Che oggi niuno si sogna di cercare scuse per questi vinti fortunati. Anzi ad essi inni ed onori e persino il massimo degli onori, l'ossequio di pubblici monumenti!

VIII

Nè manco il Conte di Santa Rosa (lo cito con frequenza quale fautore principale e più capace e più convinto fra i rivoltosi); nè manco egli osò spacciare che vi fosse entusiasmo fra le popolazioni; « elles « s'échauffaient lentement, et n'eprouvaient alors que le sentiment de « la surprise et du désir. [1] » Il popolo di Torino assisteva alle arditezze dei *federati* a San Salvario (paragonatisi da se ai trecento alle Termopoli) « senza dar segno di approvazione, nè porgere speranza « alcuna di aiuto.... pareva assistere spettatore indifferente a spet- « tacolo così nuovo e commovente.... e dal fondo del cuore *forse* « faceva voti perchè tanto eroismo fosse coronato dal successo; » lo confessa lo stesso Beolchi uno di essi. [2]

Coi moti a Napoli, coi casi di Spagna, coll'aspra e nobile lotta dei Greci, colle titubanze manifestate persino a Troppau, dove l'imperatore Alessandro ostentava liberalismo (fuori casa s'intende), con egregia coorte di nobili e di uffiziali, con molti soldati associati all'impresa, coll'apatia del Governo, colla stupida incapacità della polizia, cogli ajuti e coi denari stranieri, colle trame ordite al coperto della immunità diplomatica; se la cittadinanza avesse proprio ajutato i ribelli, se fossevi stata in paese scintilla di vero entusiasmo, non sarebbero

---

[1] *Révol. Piémon.*, 84, cf. 109.

[2] BEOLCHI (Carlo). *Il fatto di San Salvario; nuova edizione*, Torino, 1873; p. 14, 17, 18. — E così il Pellegrini.

Abbiamo anche una testimonianza del generale Pepe: « ..... avendo io spedito in Torino, d'accordo con la Giunta governativa, il tenente colonnello Pisa nel mese di settembre, ad oggetto d'informarsi dello spirito pubblico di quei popoli, e delle disposizioni di quel Governo riguardo agli Austriaci, persone di riguardo gli dissero che i Piemontesi erano lontani di fare una mossa per allora (PEPE (Gugl.) *Relaz. avvenimenti polit. e milit. in Napoli nel 1820 e 21.* Parigi, 1822, p. 69). »

falliti questi tentativi nè così presto, nè cosi indecorosamente. Le maraviglie vedute tanti anni dappoi, avrebbonle compiute i padri nostri. Ma se Italia rimase indifferente, Piemonte fu glaciale. [1]

S'agitava, è vero, la gioventù riscaldata da incomposte fantasie imparate nelle tragedie d'Alfieri e nelle lettere di Jacopo Ortis. In gennajo aveva tumultuato ed era stata incautamente inasprita. Non che la repressione fosse nè atroce nè ingiusta (come ancora credono i leggitori di certe storie); ma uscì inopportuna. Alle ragazzate, mortificazioni fanciullesche. Che schioppi! che spade! bastano gli schizzetti di una refrigerante tromba da incendi.

Parecchi nobili, od invischiati in sette, od ambiziosi di brigare fra i *Pari* con una carta all'inglese, od al più alla francese, [2] s'accostarono ai congiurati. Anzi furono adescati con inviti, con carezze, con promesse, perchè i nobili allora (adesso non più davvero) contavano gran cosa, ed il concorso del patriziato era utile non solo, ma necessario per acquetare e contentare la pubblica opinione. Ma che essi scarseggiassero di aderenze basta a provarlo il rifiuto dei migliori, e l'averne accettate di ridicole e vanissime, come di quel morbido vagheggine che agli applausi ed agli energici amplessi della folla delirante, rispondea barbugliando; *carini, baciatemi, ma non mi squalcite.* [3]

A questi nobili però appena impaniati, le sette cambiarono pron-

---

[1] « I liberali in Torino erano sì piccol numero che un palco solo gli accoglieva la sera al teatro: lo chiamavano il palco de'liberali » (CAPPONI GINO *Scr. ined. pub. da M. Tabarrini,* Firenze, 1877; II. 33).

[2] Che la costituzione di Spagna non piacesse ai nobili, e neppure al Santa Rosa è da tutti ammesso. « Nei primi incunaboli di quella rivoluzione, i principali indirizzatori voltavansi più amorosamente al lato settentrionale che al meridionale dei Pirenei. Erano persone coltissime, e vedeano l'immane discrepanza fra il potere unico dell'isola di Leon e il temperato equilibrio della carta borbonica. Erano gentiluomini; e loro non isgradiva il trasformarsi in Pari del Regno. Ma d'altro canto l'unità dei legislatori s'acconciava meglio a chi non voleva fermarsi in essa; e se gli uni agognavano a diventar pari, gli altri si adontavano di restare impari. Prevalse dunque, perchè più numeroso e più tumultuante, questo partito... » (MANNO (Giuseppe) *Fortuna delle frasi;* p. 282).

[3] *Baseme, ma sporcheme nen!* Costui, afflitto da precoce calvizie con industria, imitata dappoi da quel pazzerone di un duca di Brunswich, riparava all'insulto di natura con trenta parrucche graduate, da mutarsi ogni giorno, per rimettere alle calende quella che lo raffigurava coi capegli tosati.

Presentatosi un dì allo sportello della posta e chiesto se avesse lettere — *niente pel signor avvocato* — rispose sbadatamente l'ufficiale; ed il marchese democratico ripicchiare, quasi ad ingiuria: — *avocat ti bourich!*

tamente le carte in mano. Non più statuto inglese, ma la costituzione di Spagna; non più *pari*, ma le *cortes*.

E di questa costituzione spagnuola rintronarono gli orecchi, benchè non fosse, non chè desiderata, neppure conosciuta. [1]

Il conte Gianfrancesco Napione, arguto quanto eruditissimo uomo, soleva, scherzando, dire che le costituzioni erano vivande nazionali, così poco confacenti allo stomaco dei piemontesi, quanto sarebbe stato vano l'apparecchiare polenta agli inglesi scambio dei poddinghi e delle bistecche. [2]

Il nostro erudito sragionava; tutto cel dimostra. Ma non era neppure gran loico il Santa Rosa nel reclamare la *Costituzione*, in nome degli *Stati generali*. [3] Il paese non anelava che a riforme lente, progressive, stabili. « Il meglio sarebbe stato aspettare il beneficio del tempo « (è saggia osservazione di uno schietto liberale, dell'illustre Ercole « Ricotti). I ministri, se non erano liberali, erano buoni; il re Vitto- « rio Emanuele era non solamente buono, ma anche arrendevole. Non « avrebbe concesso spontaneamente una costituzione, ma senza avve- « dersene le avrebbe apparecchiato il terreno con riforme ammini- « strative. I posti secondari del Governo erano tenuti da giovani « educati alle idee di libertà e di indipendenza. E sopra tutti, nel « più alto dei posti secondari, e certo di arrivare al primo, era Carlo « Alberto principe ereditario. [4] » E Cesare Balbo scriveva: « era « evidente, bastava lasciare agli eventi fare il loro corso: e tutto al « più unirsi, come si fa in tutti i paesi, di opinioni, di sperienza, per « aiutarci a vicenda. » Ed a chi gli opponeva che il cammino sa- rebbe lungo, ed egli di rimando: « sciagurati politici siete pure; che « non sapete fare disegno lungo di dieci anni! [5] »

---

[1] « Questa costituzione talmente era ignota in Torino che stentossi ad in- contrarne qualche esemplare e quindi ad autorizzarne un traduttore. » Se non fossero state le rimostranze del venerando senatore Garan, si sarebbe approvata tal quale, e così abolita la legge salica ed il duca di Modena chiamato sul trono di Savoja; e per giunta proibiti tutti i culti non cattolici, e lo sfratto agli Ebrei ed ai Valdesi. *Vox populi vox Dei!* (v. MANNO (Giuseppe) *Fortuna delle frasi*; 285).

[2] Non mancava chi rammentasse il detto di Sully: *Si la sagesse descendait sur la terre, elle aimerait mieux se loger dans une seule tête que dans celles d'une Compagnie.*

[3] *Révol. Piém.* 28.

[4] RICOTTI (E.) *Vita e scritti di Cesare Balbo*, Firenze, 1856, p. 49.

[5] BALBO (Ces.) *Autobiografia.*

Nè il ceto medio, di fresco deluso dalle insidiose promesse dei lordi Bentinck ed Eymar, e non ancora beato adoratore della panacea dell'*ottantanovismo*, vi s'incaloriva da vantaggio. Benchè più di tutti avesse sofferto per la eguaglianza civile cessata in parte, per le risorte disparità giuridiche, [1] o per il frammettersi del sovrano, con pietose intenzioni, ma con importune e talore ingiuste intromissioni nelle faccende dei sudditi, mediante quelle Lettere Patenti (*lettres d'Etat*) che rimasero famose, benchè se ne sia esagerato assai ed il numero e l'importanza. A questo operoso e colto ceto poco caleva di una libertà, escogitata da nobili ed imposta da soldati. Quiete, giustizia, benessere, conviene ripeterlo, quelle erano allora le comuni aspirazioni.

Da per tutto poi traspariva un fatale colore di caducità, ed in tutti la facile persuasione che non si riuscirebbe. Oltrechè, è dovere dirlo, la poca fama di alcuni fra i novatori ritraeva molti dall'accostarvisi; perchè a quei dì si soleva ancora giudicare dai costumi e dalla capacità nelle cose private dell'attitudine a reggere quelle pubbliche. [2]

IX

Se gli Archivî ci fossero aperti, forse vi troveremmo buon lume per camminare nei laberinti dei lavori settari che apparecchiarono il movimento. Verrebbero fuori (e chi sa che non vengano) curiosi di-

---

[1] Fece gran senso un elenco di molti e svariati *privilegi legali* goduti allora dai nobili che pubblicò un avvocato di grido, la cui memoria, come privato, io stimo per le azioni di disinteressata onestà.

Sembra però impossibile come un avvocato di tanta scienza potesse ignorare che dopo il ristauro del quattordici « esenzione de' publici tributi sui beni feudali » più non poteva esistere perchè non v'erano più nè feudi, nè beni privilegiati — che diritto ai nobili di nominare giudici non esisteva — nè di portare armi d'offesa — nè posti distinti, nè onori straordinari nelle chiese — nè diritti esclusivi a cariche ecclesiastiche — che dal collegio detto dei nobili non si usciva nè ufficiale, nè impiegato — che non v'era privilegio più ai nobili che al ceto medio di amministrare le cose municipali, ma ad entrambe le classi — che tortura non si dava — che *tutti* i canonici della metropolitana torinese non furono nobili ecc.

Chi vuole conoscere questa sbagliata serie la cerchi in un libello in quattro volumi intitolato *Storia d'Italia continuata da quella del Botta dall'anno 1814 al 1834* (Torino, 1850-51) e la rinverrà nell'ultimo volume a p. 334.

[2] Conosco popoli che adesso possono ripetere coll'antico: « cum nos graeco-« rum sapientissimos esse profiteamur, ab eorum consiliis pendemus, quos nemo « est qui non aspernatur: et summae rerum omnium illos ipsos praeficimus,

spacci del De Maistre, il quale in gioventù fu ascritto alla *massoneria bianca*, cioè da scherzo, ma tosto se ne ritrasse; ed informazioni del La Margarita sui Carbonari di Napoli; e le notazioni del *buon governo*. E ne verrebbe la dimostrazione che tutto fu opera di sette, [1] le quali non riescono senza potenti appoggi, ma possono, come lo zero nei numeri, diventare moltiplicatori tremendi.

Subito dopo la restaurazione si attese a propagande. Fin dal 1815, un Pallavicini, lucchese, spargeva largamente in Piemonte libelli rivoluzionari. Poi emissari delle vendite, mandatari di Parigi, iniziazioni dei nostri viaggianti all'estero, conventicole in paese, protette e coperte dagli ambasciatori di Francia e di Spagna, e l'uno e l'altro rivestiti di alti gradi massonici, e dal ministro di Baviera che brigava sperando di preparare coi nuovi tumulti una restaurazione al Beauharnais.

Io però porto convinzione che i veri caporioni, iniziati ai più reconditi segreti, fossero in Alessandria; ma che essi, e per la condizione dei tempi e per le opinioni che correvano, si celassero dietro ai nobili di Torino ed agli uffiziali dell'esercito. Ammessi però a certi gradi, ed istruiti dalle alte vendite di Parigi e di Londra, furono almeno due fra i ministri della Giunta; cioè Ferdinando dal Pozzo e Santorre di Santa Rosa.

X

Il cavaliere Dal Pozzo, già deputato al corpo legislativo (1803), nel 1814 trovavasi a Genova primo presidente di quella Corte imperiale. Nello approdarvi il re Vittorio, quale suddito, [2] lo inchinò e nell'arringa pronunciò come non fosse demerito avere servito quell'imperatore cui s'era curvata l'Europa. Ma il Re gli fece fredda accoglienza, non tanto per l'incauto e poco cortigianesco discorso, quanto perchè l'offendeva l'avere egli nel 1813 preso parte ad amministrare lo stato pontificio; e non lo ammise a cariche convenienti.

« quibus nemo privatim quidquam commiserit » (ISOCRAT. *Or. de pace*). Ed anche l'Apostolo in altro campo, dice: « Si quis domui suae praeesse nescit, quo-
« modo Ecclesiae Dei diligentiam habebit? »

[1] « Effervescenza isolata, sorta nel seno delle società segrete, che non si estese e non poteva estendersi » (AZEGLIO; *Miei ricordi* c. xvj).

[2] Era nato a Moncalvo (Casale) il 25 marzo 1768. Morì a Torino il 29 dicembre 1843.

Deluso perciò, indispettito, menò arditamente la sferza, flagellatore applaudito degli infausti provvedimenti dei primi anni coi famosi *Opuscoli di un avvocato milanese originario piemontese*, [1]) continuando poscia con altre severe e presuntuose, e talora strane pubblicazioni [2]) finchè mandò ai torchi quella sua famigerata dissertazione *della felicità che gli italiani possono e debbono dal governo austriaco procacciarsi*, [3]) che fu, siccome notò argutamente il conte Sclopis, il tumulo della sua carriera letteraria e politica. [4])

Non ha stretto e rigoroso vincolo col soggetto che tratto, ma lo rischiara assai bene, il seguente documento, affatto inedito che mi vale a giudicare il Dal Pozzo. Ma specialmente a dimostrare come Carlo Alberto, già Re, lasciasse ai savi libertà di consiglio e di censura; e come onestamente se ne valesse quel rispettabile personaggio che fu il marchese Antonio Brignole Sale in allora privato cittadino. [5]). Lo

---

[1]) « Questo libero linguaggio, in così difficili tempi, fu cosa più straordinaria che rara; e sarà sempre di Dal Pozzo onorata la memoria. Sbigottiti i cortigiani da questa audacia di antico tribuno, affrettavansi a denunciare al re l'*avvocato Milanese*... Ma Vittorio Emanuele non volle che fosse molestato l'illustre scrittore; ed egli continuò a scrivere » (BROFFERIO, *St. Piemonte*; I. 104).

[2]) Observations sur le régime hypothécaire sarde (1823) — Le catholicisme en Autriche (1829). — Sur les anciennes assemblées de la Savoje et du Piémont (1829) — Motifs de la publicité donnée à la lettre à S. M. Charles Albert (1831) — Édit sur le Conseil d'État (1831) — Se vi fu un miglior piemontese e miglior italiano ad un tempo di Ferdinando Dal Pozzo. Se fu pur egli buon francese e buon inglese, e come una tale pluralità di patrie sia stata in lui legittima e naturale (1837) — In occasione del faustissimo maritaggio di S. A. R. il duca di Savoja. Sonetto e note sulla legge salica (1842) ecc.

[3]) *Della felicità..... Col piano di una associazione per tutta Italia avente per oggetto la diffusione della pura lingua italiana e la contemporanea soppressione dei dialetti che si parlano nei vari paesi della penisola.* Parigi, A. Cherbuliez, 1833, in-8° — Contro violente censura, rispondeva col *Programme d'un prix d'une médaille en or de la valeur de mille francs offert par M. le comte F. Dal Pozzo au meilleur mémoire qui aura pour objet de réfuter son ouvrage intitulé Della felicità.....* Paris, 1834.

[4]) SCLOPIS (Fed.) *Storia della legislazione del Piemonte dal 1814 al 1847*; pagina 50.

[5]) Antonio Brignole Sale, Marchese di Groppoli era nato in Genova nel 1785, dal Marchese Pietro e da Anna Pieri da Siena; visse sino al 14 d'ottobre del 1863. Prefetto a Savona per l'imperatore Napoleone, plenipotenziario della sua patria a Vienna e dopo l'unione di Genova ministro, e poi ambasciatore a Firenze, a Madrid, a Parigi, a Vienna. Presiedette in Genova l'ottavo congresso degli scienziati nel 1846. Ebbe la collana dell'Annunziata (3 ottobre 1848), sedette nel Senato e ne uscì con coraggio il 21 marzo 1861. Occupossi anche di lettere. Fu presidente, in Francia, dell'*Institut historique*.

scrisse poco dopo le energiche repressioni ordinate per i movimenti del trentatre, ed ha il titolo di *Pensées et vœux politiques*. Vi avvisa Carlo Alberto che, malgrado le riforme di Roberto Peel, i *wighs* trionferanno in Inghilterra, e gli suggerisce pel bene suo e del paese di ravvicinarsi a Luigi Filippo e dar mano a migliorie interne,

« ...afin que notre administration et notre situation vis-à-vis nos confrères gouvernés par un gouvernement étranger, soient si non au-dessus, au moins égales.... En Lombardie l'administration publique y est plus régulière que chez-nous, et surtout beaucoup plus éclairée. Le cœur m'en saigne de l'avouer, mais c'est un aveu que je me sens obligé de faire.... »

E così spiega, in parte, le cagioni che mossero il Dal Pozzo a pubblicare, appunto allora il suo libretto, che qualifica:

« Infame brochure, dans laquelle parjure à sa patrie il propose le joug autrichien à nos confrères.... Le Gouvernement autrichien non seulement il a applaudi à cette publication, mais il l'a peut-être même provoquée sous main; il se réjouit et triomphe de notre marche tantôt rétrograde, tantôt stationnaire.

« L'infamie a part, ce livre nous fournit une grande leçon, il nous avertit de l'urgente nécessité où nous sommes d'abandonner au plus vite le chemin des erreurs et des chimèriques illusions et de nous établir sur celui des réformes matérielles propres à consolider la propriété généra'e; prenant, si l'on veut, pour type les gouvernements de Prusse et d'Autriche.... »

Ma l'argomento delicatissimo che il Marchese svolse in questo memoriale fu quello di indicare al Re il pericoloso cammino pel quale s'avviava lasciando che reprimessero i moti con più apparato e scandalo che efficacia ed antiveggenza.

« ....Oserai-je aborder le sujet le plus spécial, les plus épineux et en même temps le plus dangereux à produire devant un prince? Au risque de ma disgrâce je vais l'entreprendre; ma conscience, le sentiment de mon devoir, m'y portent irresistiblement.

« Malgré le déspotisme affreux que le gouvernement autrichien exerce en Lombardie, contre tous les prévenus ou les
suspects politiques, il n'y a jamais, depuis 1814 jusqu'aujour-
d'hui, fait couler le sang d'aucun des nombreux coupables qui
à différentes époques furent condamnés à mort par les tribunaux.
Aucun! »

E cita l'esempio notevole, incalzante, della grazia conceduta al generale Zucchi.

« Mais tandisque l'Empereur d'Autriche exerce ainsi sa
clémence dans les provinces italiennes soumises à sa domina-
tion, par un calcul du plus profond et astucieux machiavellisme,
non seulement il laisse les autres princes d'Italie envoyer à
l'echafaud les coupables politiques de leurs pays, qu'il pourrait
sauver d'un seul mot, mais il regarde à cela, pour ainsi dire,
avec une maligne complaisance, en raison de l'avantage immense qu'il gagne nécessairement dans l'opinion publique par
le contraste de sa clémence avec ces supplices.

« Ce fut ainsi que le duc de Modène, blessant même la
forme judiciaire et manquant à l'amitie promise, fit condamner
et supplicier tant de personnes politiques en présence même des
troupes autrichiennes; tandis qu'un seul mot de l'Empereur aurait pu tout empêcher.... ce fut ainsi qu'à Naples le sang des
coupables politiques fut également versé.... C'est ici que le
coeur m'en saigne et que la main m'en tremble de devoir rappeler que nous mêmes nous nous sommes laissés aller dans
le piége de cette astucieuse et infernale politique autrichienne.
Lors de l'invasion abominable et injuste de Ramorino, n'a-t-il
pas le ministre d'Autriche sollicité de tous ses efforts la punition des coupables?

« Eh bien! tandisque son ministre à Turin, s'entourant de
la conspiration de ceux des autres puissances du Nord, en agis-
sait ainsi, et coopérait à ce que le sang coulât aussi chez-
nous; l'Empereur d'Autriche faisait publier de nouveau dans

ses provinces d'Italie la loi contre les sociétés secrètes et nommément la *Jeune Italie*, et assurait en même temps amnistie
entière aux coupables jusqu'au jour de cette nouvelle publication. Et, chose remarquable, cette nouvelle publication et cette
amnistie fut, même de suite, insérée dans notre *Gazette piémontaise.* [1]) Comment, Sire, aucun de vos ministres ne s'est-il
aperçu de cette strategie....

« C'est surtout vers le Piémont que sont tournés les yeux
de toute l'Italie; nous seuls nous avons une armée coura-
geuse et brave qui dans un cas de crise serait le point de
ralliement des braves de toutes les autres parties de l'Italie.
Une armée qui réunie avec une armée française conquérerait
dans dix semaines toute l'Italie. Cette crise, Sire, est inévitable. Elle n'aura pas lieu en 1835 en 1836, en 1837 mais
elle aura inévitablement lieu dans peu d'années....

« Quant à l'Italie je suis mortifié de devoir avouer que nous
n'y aurions par les mêmes brillantes chances assurées. Elle a
naguère payé trop cher à Naples, à Bologne, à Modène etc. ses
élans nationaux et patriotiques; il y faudra donc deux armées
nombreuses et braves, et leurs éclatantes victoires, avant de la
déterminer à se lever en masse. Mais dans l'attente que l'époque
de cette grande crise approche, que devons nous faire jus-
que-là? »

E suggerisce rinnuovamenti nelle armi, tenendo saldissima la disciplina, ma estirpando abusi, studiando e applicando le scoperte uti-
li. Infine nuovamente esorta il sovrano a vegliare acciò l'Austria non
ci aggioghi al suo carro. Il duplice matrimonio del Re d'Ungheria
e del Viceré con Principesse di Savoja provano, ei dice, quanto l'Austria vi tenda; e soggiunge: forse vorrebbe ancora la mano del Principe Ereditario e quella del Principe Eugenio!

Il marchese Brignole Sale, che allora viveva vita privata, in aprile 1836
riceveva, coll'ambasciata di Parigi, una solenne testimonianza della

---

[1]) Vedi *Gazzetta Piemontese*, 8 agosto 1833, N° 94.

stima e della fiducia di Carlo Alberto ed in quella splendidissima città i suoi modi signorili, e lo sfarzo principesco lo fecero soprannominare il grande ambasciatore di un piccolo Re. [1]

XI

Eccomi, dopo non oziosa digressione, al cavaliere Ferdinando Dal Pozzo. [2] Dopo i trenta giorni dei moti piemontesi esulò a Ginevra; ma quel governo ne lo allontanò nel 1823. [3] Abitò allora prima Londra e poi Parigi ed andava periodicamente invocando da Carlo Alberto il benefizio del rimpatrio.

Egli aveva successivamente chiesta, ed ottenuta la naturalità inglese e la francese. Laonde il Re dubitava se ancora fosse suddito suo, ma i ministri interpellati risposero che sì. [4] Finalmente Carlo Alberto lo prosciolse dall'esilio; [5] e fu dopo avere letta una sua supplica più stringente, che mi pare cosa ragionevole farla cono-

---

[1] Ringrazio quel cortese che mi comunicò questo documento, facendo così buona opera verso questo suo benemerito concittadino; ornamento a Genova che tanto s'avvantaggiò dei benefizi del marchese Brignole e della sua figlia la duchessa di Galliera.

[2] « Di gran merito, e molto affezionato alla libertà » lo dice il Farini (Storia d'Italia; II. 225) « Nè agli stessi re vincitori mancava Dal Pozzo di « gettare in faccia gagliarde proteste.... e queste parole trovarono eco nel « cuore di tutti, ed erano da pertutto accolte con lunghi e clamorosi applausi. » (BROFFERIO. Miei tempi; VII. 246).

[3] Ho avuto sott'occhi un bozzetto di suo pugno di quell'anno. — Divisava scrivere un opera con questo titolo: Anciennes libertés et franchises de la Savoje et du Piémont; son état plus moderne; ses malheurs des mois de mars et avril 1821, avec des pièces inédites relatives à cette dernière époque. Il y est joint une Défense des proscrits et un Mémoire justificatif de l'Auteur. Par le chevalier Ferdinand Dal Pozzo; sous le règne de Napoléon, Baron de l'Empire, chevalier de la legion d'honneur, commandeur de l'ordre de la Réunion, maître des requêtes au Conseil d'État, Premier Président de la Cour Impériale de Gênes; sous le Prince Régent Charles Albert de Savoje-Carignan, premier secrétaire d'État au département de l'Intérieur.

E volea mettervi la bizzarra epigrafe: Qui sine peccato est vestrum, primus in illam lapidem mittat.

[4] In seduta del Consiglio di conferenza del 30 aprile 1835.

[5] Ottenne il rimpatrio nel 1838. Ai 7 aprile di quell'anno il Dal Pozzo ringraziava il Re per avergli conceduta l'esenzione dai diritti di dogana sui mobili che dall'estero spedirebbe in Torino per accasarvisi.

scere, acciò ognuno possa giudicare il carattere di questo baldo, ed un dì temutissimo censore degli ordini della Monarchia sabauda.

Eccola tal quale:

« Sacra Reale Maestà.

Il conte Ferdinando dal Pozzo, prostrato davanti al R. Trono, implora ferventemente l'inesauribile clemenza di V. M. onde ottenere magnanimo perdono di tante sconvenienze ed imprudenze, di tanti errori dal supplicante commessi, e dell'essere incorso nel torto, sopra tutti gravissimo, che tutti li contiene, e il quale più di ogni altra cosa lo addolora; il torto di aver dispiaciuto al suo natural sovrano e a così gran Principe.

« Eppure la sorgente di tutti questi errori e torti, sorgente buona all'origine, sviata quindi e traboccata, altro non fu che l'amor immenso del suo paese, giunto ad un rispetto e attaccamento sommo alla Real Casa di Savoja; questo più vivo ancora e infinitamente più sentito per l'augusta persona di Carlo Alberto, cui il supplicante apprese a rispettare ed amare *profondamente* [1]) infin dall'infanzia della M. V. cioè infin dal tempo in cui la sua futura e fausta elevazione al trono non si poteva che confusamente prevedere, nè se ne poteva che sommessamente, e cogli *intimi*, parlare, come al supplicante spesse volte avvenne. Per mezzo a tutte le letterarie produzioni, di cui il supplicante è autore, e a tutti i lavori che l'occuparono lungo li vari anni trascorsi dalla ristorazione della Monarchia sabauda in poi, questi ben *vivaci* sentimenti, di cui ebbe sempre la mente ed il cuor ripieno, erompono costanti, comunque trasformati, o involti in censure imprudenti, in considerazioni avventate, e sotto più rapporti improprie.

« Alcuni ci vollero vedere dell'*ambizione*. Se s'intesero dell'*ambizione di essere utile alla patria ed al sovrano*, che è il padre della patria; questa sì, il supplicante lo confessa, essa fu in lui grandissima e, arditamente dice, da niuno dei

---

[1]) Le parole in *corsivo*, nell'originale sono sotto lineate.

suoi compatrioti superata, sebbene lo scopo sia stato raramente eseguito. Se intesero ambizione *d'onori, di ricchezze, di potere,* il supplicante ne rigetta francamente e disdegnosamente l'imputazione falsissima, ed arrossisce oltre a ciò di essere stato ad un tempo giudicato sì stupido per battere una via, agli occhi più volgari, così opposta al fine che gli si attribuisce.

« La clemenza di Vostra Maestà, a' piedi di cui il supplicante con viva fiducia si pone, dovrebbe, secondo che egli crede e *spera* rassembrar quella di chi disse in S. Luca (15. 7) con sacrosante parole :

« Che più gloria è nel regno degli eletti
« D' un spirito converso e più s'estima
« Che di novantanove altri perfetti.

« Se Vostra Maestà benevolmente commossa dalle umili preci del supplicante si degna di riceverlo di nuovo nella sua Real grazia, e rendergli la patria accessibile, egli farà *tutto il suo possibile, l' impossibile anche e l' inpossibilissimo* per provare ch' egli è veramente uno *spirito converso* e tale ad eguagliare nel suo zelo e nella sua divozione al Re ed alla patria molti altri perfetti.

« E termina la sua preghiera e proteste con fare alla Maes'à Vostra profonda riverenza.

Londra, 25 marzo 1837

L' umilissimo e obbedientissimo suo
Servitore e Suddito
Ferdinando dal Pozzo.

XII

Ben diversa la tempera del conte di Santa Rosa. Certe sue lettere, e certe memorie molto opportunamente pubblicate, benchè a brani, ed incomplete e tradotte, da Nicomede Bianchi, custode massimo dei nostri segreti, [1]) danno un ritratto bene riuscito di questo forte uomo,

---

[1]) V. *Curiosità e ricerche di storia subalpina;* Torino, 1877, III. 81-192.

più somigliante agli antichi nella schietta e ruvida sua fermezza che
non affazzonato alle convenienze ed alle convenzioni dei moderni.
Animo invitto in inviluppo di bronzo. Nella vita sociale « veramente
puro, disinteressato « oltre ogni dire, mente alta, immaginosa ed anche
colta. [1] » Nella vita intima più credente che fedele, più religioso in
propositi che in opere, insofferente d'ossequio, anche ragionevole; epperciò ne' giorni della sventura privato del conforto supremo che viene
dalla interiore tranquillità. Bel tipo, insomma, di energia pagana.

In politica; entusiasta, caldo, impaziente d'indugi, sprezzatore d'o-
stacoli. Uno di quei forti caratteri che servono ad una nobile causa
anche conoscendola disperata; anche malgrado l'ingratitudine o l'indifferenza dei contemporanei.

Bella lode non avere trasmodato in tanto sfogo di passioni; bellis-
sima avere trattenuto altri da eccessi.

Così un dì si presentano alla Giunta messi di quei d'Ivrea chiedendo con fiero cipiglio e con alte grida di potere mettere a morte
i cavalieri di Faverges e di Colobiano, sorpresi mentre di ordine del
generalissimo La Tour trasportavano a Novara la cassa della loro
provincia. Chi salvò questi due coraggiosi gentiluomini dai furori di
quei Robespierrini, fu il Santa Rosa che con voce tremenda e con
assoluto comando intimò ad essi, non contaminassero di delitti la
causa santa della libertà.

Quando il marchese di Breme non volle accettare per se il portafogli dell'estero, fu il Santa Rosa che supplicò il cavaliere Lodovico
Sauli d'Igliano acciò lo ritenesse. Certo che il Sauli non era nè *fe-
derato* nè aderente alla setta; ma persona simpatica ed onoratissima.
S'egli ricusava, la *vendita* avrebbe imposto ben altre persone; e lo
stesso Santa Rosa temeva che così geloso deposito, quale quello dei
segreti diplomatici, diventasse ludibrio di settarî. Ho letto ciò in
un inedito ricordo dello stesso Sauli, cui non si strappò l'adesione
fino a che non ne ebbe istanze dal legittimo ministro dell'estero,
dal marchese di San Marzano. [2] La trattativa più importante con-

---

[1] BALBO, (Ces.) *Autobiografia.*

[2] « .... Je sais avec quelle peine vous avez obéi dans ces jours malheureux
« et je n'oublierai point que c'est à mes instances que vous avez cédè pour
« adhèrer, afin d'éviter la subversion du ministère. » (*Da lettera inedita del Marchese San Marzano al cavaliere Sauli, da Nizza 13 aprile 1821*).

Mi è grato dovere dimostrare la mia riconoscenza all'egregio conte Luigi
Franchi di Pont (tanto benemerito della popolare istruzione in Piemonte) perchè

dotta dal Sauli, nel suo breve reggimento, fu quella proposta a nome
del conte Mocenigo, ministro russo a Torino, per mezzo del suo segretario Andrea Mustoxidi corcirese, amico al Sauli per ragione di
studi. Il diplomatico consigliava ai ribelli, in nome dell'imperatore
Alessandro, rimettessero in lui le differenze, facendo ritorno all'antica
obbedienza, promettendo che lo Czar persuaderebbe Carlo Felice a
concedere una amnistia ai compromessi, esclusi i soli capi che però
si lascierebbero partire, e che s'inframmetterebbe per acconciarli col
nuovo Re e perchè largisse « istituzioni abbastanza larghe, conforme
« alla ragione dei tempi. [1] »

In qual modo fallissero questi negoziati, iniziati a fin di bene, con-
dotti con perizia, ma che riuscirono fatali per avere distolto il La
Tour dall'operare subito, da Novara, con energia, e così scansare il
brutto, e non necessario intervento straniero, fu detto recentemente
ed anche, in parte, rivelato dall'illustre Nicomede Bianchi. [2] Ma il

per cortesia sua potei consultare e valermi delle *Memorie* e di altri scritti inediti di quel vivace, ariosteo ingegno che fu Lodovico Sauli d'Igliano; collega,
amico e coetaneo al venerato mio genitore.

Fu detto di queste memorie, con distrazione e semplicità grande, che *potrebbero veder la luce con soddisfazione di molti*; e da altri che l'*autobiografia* del
Sauli *per avventura non è stampabile senza mozzicarla al punto da deformarla.*
Fra la sbadata asserzione del primo e le troppo caute perplessità del secondo
potrebbe scegliersi una via mediana. Ed io sono certo che quegli scritti ridotti
da mano saggia e perita a prudente misura sarebbero gustatissimi dal pubblico,
e rivelerebbero curiosità anche importanti.

[1] « Il ne les fit point au nom du Souverain qu'il représentait mais de son
« propre chef; en assurant toutefois les deux personnes aux quelles il s'adressait
« (*Sauli e Marentini*) qu'elles pouvaient compter sur l'intérêt de l'Empereur
« Alexandre à l'heureuse pacification du Piémont. » (SANTA ROSA, *Révol. Piém.*
pag. 124).

[2] « Su quel proposito racconteremo qui un fatto non per anco raccolto in
alcuna storia, » così il Bianchi l. c. 112). Parmi però che egli stesso già l'avesse
narrato nelle sua importante *Storia documentata della diplomazia Europea in
Italia* (II. 62). D'altronde era conosciuto per la romanzesca e gazzettiera
Storia del Piemonte di quel poetico ingegno di Angelo Brofferio (II. 28). E
nella pesante e partigiana *Storia d'Italia dal 1814 sino ai giorni nostri di
Luigi Carlo Farini* (Torino, 1854) nel secondo volume furono pubblicati questi
documenti: *Memoire de la Junte de Turin sur les propositions du comte Mocenigo*
(Turin, 31 mars 1821) — *Instructions du comte Mocenigo pour M. le Baron de
Moltke chargè d'affaires de Russie* (Novare, 2 avril 1821). — *Réponse de la Junte
de Turin aux comunications du Baron de Moltke* (Turin, 3 avril 1821). *Lettera
del Marentini e del Dal Pozzo al conte Mocenigo* (Torino, 6 aprile 1821). « Il
Mocenigo s'era querelato della « mauvaise foi de M. de Santa Rosa. » La Giunta

documento ch' egli pubblicò, qualunque ne sia stata la cagione, non è intero, anzi con qualche distrazione o nell' amanuense o nel tipografo. Epperciò parmi utile di trascriverlo novamente tutto, lasciandovi certi epiteti benchè poco pesati, e certe sfumature che possono aiutare a rifare il quadro ed a conoscere come si pensasse in quei giorni.

« ....Dal canto della Giunta non si tralasciò, in sulle prime, diligenza alcuna per porci in grado di far godere al Piemonte il beneficio che dalla Russia ci veniva profferto. Il canonico Marentini [1] fu spedito alla Giunta d'Alessandria per dimostrare il pericolo in cui versava la patria, per dar cognizione dello spediente che ci rimaneva, ed esporre come sarebbe stato colpevole follia di non abbracciare quell'ancora di salvezza che ci si offeriva. I più valenti, i più ragionevoli dei capi, fra i quali non mi sembra dover tacere i nomi del marchese di Caraglio, del conte Lisio e credo eziandio del cavaliere Giacinto di Collegno, non indugiarono a riconoscere la giustezza e la convenienza delle parole recate innanzi dal Marentini: ma gli altri gonzi, furibondi o tristi [2]), ond' era composta la Giunta di Alessandria, minacciarono quei capi di trucidarli a furia di pugnalate qualora avessero aderito, e perciò la missione del Marentini rimase vuota d'effetto. Ciò non pertanto, affine di mantener viva la pratica, la Giunta diede al conte Mocenigo una condegna risposta nella quale, dopo avere spiegato nei migliori termini la sua gratitudine e toccato per sommi capi delle condizioni mercè delle quali si sarebbe potuto porre un termine allo sconvolgimento in cui si avvolgevano miseramente le sorti del Pie-

rispose essere « M. le comte de Santa Rosa régent la secrètairerie de guerre « et de marine, homme aussi loyal que brave, environné de l'éstime de ceux « mème qui sont dans les opinions contraires. Ce militaire parait, dans le fait « dont il s'agit, d'autant plus irréprochable qu'il n'a pas même consenti, ainsi qu'il « est bien connu à M. le comte Mocenigo, à signer la note sus-énoncée, donnée « par la Junte. »

[1]) Vedi in fondo il *Dizionarietto dei compromessi*.

[2]) Tali li giudicava, nè voglio tacerlo. Tocchi pure al Sauli la taccia di passionato.

monte, prometteva di adoperarsi col massimo zelo per far consentire coloro i quali tenevano in mano l'esercito, sovra di di cui senza confessarlo ad alta voce, ben si poteva comprendere che la Giunta non esercitava un imperio assoluto. Tale risposta fu sottoscritta dai membri della Giunta e da tutti i Ministri, meno che dal conte di Santa Rosa. L'animo di lui era retto, la sua bontà non aveva confine é la nostra amicizia era così stretta ch'io non ebbi difficoltà di porgli sott'occhio la dura responsabilità cui egli si assoggettava per siffatto rifiuto. Non faceva di mestieri usar troppe parole per convincerlo, ond'è ch'egli si risolvette di scrivere una lettera al conte Mocenigo. La cosa era di per se molto delicata, i termini ne'quali facea d'uopo spiegarla volevano essere calcolati con maturità impossibile a conseguirsi nel solito suo cabinetto al Ministero della Guerra, dov'erano incessanti le udienze sommamente importune. — Orecchio ama pacato la musa — e perciò egli si chiuse quasi di soppiatto nel mio cabinetto dove si diede a scrivere, ed io gli recai sotto al tabarro un po' di vino ed alcuni confetti per ristorar le forze sue mezzo sfinite dall'affanno e dalla fatica »

« Povero Santorre! Forse non ti uscì mai dalla penna una pagina migliore di quella in cui dichiaravi esser utile e benefica la proposta fatta in nome dell'imperatore Alessandro, a cui per altro non ti potevi accostare perchè non ti reggeva il cuore di separarti dagli amici e dai consorti, ai quali avevi giurata la fede tua. »

Ed il Sauli colse il destro per consigliare i giovani di cautelarsi nell'impegnare la parola. E disse eccellentemente perchè prima condizione per far bene è lo avere, *ses coudées franches*, come notava l'arguto Montaigne; e di non essere, come esortava Massimo d'Azeglio, « nè carbonaro nè di quei muratori che non so perchè si chiamano liberi, se non perchè sono costretti d'ubbidire a due governi invece d'uno [1]). »

-----

[1]) Azeglio, *ricordi*, c. xvj.

XIII

Fra i luoghi comuni più sonoramente declamati dal dotto, dall'avvocatesco e dal giornalistico volgo

« Decoro e mente al bello italo regno »

v'è il tema delle inconsulte severità, delle sterminate inchieste, delle feroci giustizie fatte prendere, dopo Novara, da re Carlo Felice [1]).

Non mancarono i tribunali di eccezione, ed in ciò il Re credeva di operare con più celerità e con migliore energia. Ed a chi gli osservava che lasciasse il passo alle ordinarie leggi: Che! rispondeva, credete forse che gl'inquisiti preferirebbero il Senato!

« Non mancarono le giunte di squittinio, ordinate ad esercitare una inquisizione politica, non che su gli atti, sui pensieri degli individui; non mancarono infine que'che collo spandere terrori e sospetti cercavano di godere i frutti dell'altrui male; ma non mancarono altresì uomini saggiamente devoti al sovrano ed alla patria che cercarono d'impedire le ingiustizie e le vendette, e fra questi.... il cavaliere Roget di Cholex, primo segretario di Stato per l'interno [2]) »

È curioso che Carlo Felice operava all'unisono con quanto allora meditava fra gli ozî obbligati e fra i disinganni di Poggio Imperiale il Principe di Carignano. Attendeva egli a raccogliere favolette morali che avrebbe fatto leggere ai figli, faceva tesori di proverbî, de'quali si compiaceva, ed andava notando in un quaderuccio certe massime politiche. Dichiarino i saputi, se la seguente è di suo conio, o se Carlo Alberto la trascrivesse da qualche libro.

---

[1]) Dei presenti, la R. Delegazione giudicò 142 imputati. Due soli lasciarono la vita, Laneri e Garelli, stati arrestati a Genova dal Des Geneys, ed erano ribelli militari, capi e promotori di ribellione, coll'aggravante delle violenze a' superiori. Cosicché il Revel non li poté salvare. Poi cinque in galera, 16 al carcere e 54 mandati assolti. Dei contumaci 54 a morte ed 11 in galera.

La Commissione di scrutinio esaminò la condotta di 565 ufficiali e di 123 bassi ufficiali. Dei primi 322, e dei secondi 48 vennero riammessi coi loro gradi. Furono destituiti, o dismessi, o giubilati 243 uffiziali e 75 bassi uffiziali. Ai bisognosi fra i destituiti ed i dismessi, si distribuirono sussidi a titolo di pensione alimentaria; che fu fissata in 50 lire mensili. (*Decreto. Thaon 25 giugno 1821*) I condannati a detenzione, fra dieci giorni dovevansi consegnare a Fenestrelle (*ordine 26 giugno*).

[2]) SCLOPIS; l. c. p. 29.

« Arrive-t'-il une révolution, un amutinement, ou toute autre chose de ce genre? il faut que la punition soit non seulement sévére, mais encore qu'elle soit prompte et pour ainsi dire instantanée avec le crime; et aussi terrible que possible sur les grands coupables, afin d'en imposer à la multitude. Nulle grâce dans le premier moment; mais aussitôt qu'il est passé et que les premiers criminels ont été chatiés, le Souverain doit pardonner et couvrir d'un voile les fautes des autres complices.... »

E così Carlo Felice più che colle persone fu severo coi nomi. Di due soli si prese il supplizio nel capo, ed il Revel avrebbe desiderato che non glieli avessero arrestati. Ma sui contumaci giustizie inesorabili, tanto che mormoravasi che fra poco tutte le famiglie nobili conterebbero un appiccato. « Disapproviamo pertanto altamente quei processi e quelle forme eccezionali (osservava saggiamente il conte Sclopis), ma non passiamo neppure sotto silenzio una certa temperanza con che si eseguirono le sentenze di confisca di beni. Nulla dei proventi di essi cadde a profitto del fisco, tutto s'impiegò in pagamenti di debiti ed in migliorie, od in soccorsi a congiunti più prossimi de' condannati finchè venne il giorno in cui furono ad essi que' beni interamente restituiti [1]). »

---

[1]) Sclopis; l. c.

I beni confiscati si diedero ad amministrare agli *Insinuatori*, col lucro dell'uno per cento sul prodotto netto.

Con declaratoria camerale annualmente si liberavano i contabili dalla loro gestione, dopo minutissimo e scrupoloso esame dei conti.

Nel 1824, ad esempio, la Camera dei Conti liquidò le entrate, o riscossioni per l'annata precedente in queste somme:

Beni confiscati al medico Urbano Rattazzi	L.	480.00
» Giovanni Appiani	»	2,060.30
» Andrea Garrone	»	7,704.79
» Conte Angelo Francesco Bianco di S. Jorioz	»	6,977.00
» Conte Santorre di Santa Rosa	»	14,133.00
» Pietro Garda	»	12,296.70
» Giuseppe Osella	»	180.00
» Giuseppe Tacchini	»	9,583.88
» Avvocato Fortunato Luzzi	»	119.73
» Giuseppe Pacchiarotti	»	709.58
» Conte Alerino Palma di Cesnola	»	1,397.50
» Principe della Cisterna	»	97,054.30
» Clemente Marvaldi	»	455.00
» Luigi Monticelli	»	600.00
	L.	153,751.78

Le *memorie* del Sauli poi forniscono particolari sui modi tenuti con i compromessi.

« Ebbi occasione di vedere il conte Thaon di Revel, e sulle prime gli dissi ch'egli non mi chiedeva e ch'io non era in debito di rendergli conto delle cose operate durante la sua lontananza; ma che mi correva l'obbligo di dichiarargli che, di mia spontanea volontà, io avevo ordinato di spedire gratuitamente i passaporti a tutti quelli cui metterebbe in conto di sottrarsi colla fuga ai primi impeti della reazione, [1] persuaso che la restituita autorità legittima, avrebbe amato sempre di punire i semplici nomi degli assenti, anzichè cacciar in prigione e castigare una infinità di vittime infelici: che perciò io mi credeva in debito verso alla finanza della somma che importavano tutti quei passaporti, e ch'io lo pregava, o di condannarmi al pagamento di siffatto mio debito, o di darmi un assolutoria ogni volta che la mia intenzione gli sembrasse ragionevole, vantaggiosa e corrispondente alle sue mire. Non aveva ancor finito di parlare ch'egli mi disse: — non solamente Le concedo l'implorata assolutoria, ma Le porgo le più vive grazie d'aver operato secondo la buona ispirazione ch'Ella ebbe. Mi risparmiò così molte angosce. Ella non sa quanta fatica ho

---

Quasi tutte queste amministrazioni erano passive, od oberate da forti pesi, puta quella del Santa Rosa; in profitto quelle del Garda e del principe della Cisterna.

Manca in questo elenco la sola partita del Marchese di Priero. Con declaratoria camerale (23 settembre 1823) era stata assegnata alla moglie, Lidia Solaro del Borgo, ed alla famiglia una pensione alimentare di L. 10,000 oltre a L. 2400 per educare due figli nell'accademia militare, ed oltre ad annue lire 11,733.34 di ragione della madre Polissena Gamba della Perosa. I proventi erano stati di L. 49,440.60. Ma nell'anno seguente (10 febbrajo 1824) un Regio Biglietto rimosse la *mano regia* da quei beni, e ne affidò l'amministrazione alla famiglia.

[1] Questi moti cagionarono tanti disturbi, tanti guai, tante disgrazie che l'odio pei novatori spinse molti a desideri di eccessiva reazione. Mi fece sempre senso leggere, a tale proposito, fra i versi di un gentile poeta nizzardo, uomo mite e colto:

« .... che non s'affretta
« Forca salutar l'alta vendetta! »

durato, chiudendo gli occhi per agevolare la fuga al conte di Saluggia [1]); non avrei potuto fare di più senza mettermi in compromesso; ma Egli s'ostina a rimanere, e sarò costretto a metterlo in ceppi questa sera. — Scorgendolo in vena di così lodevole indulgenza, gli posi sott'occhio la lettera che m'era stata indiritta dal mio collega di segreteria Amedeo Ravina, [2]) nella quale mi partecipava d'esser Egli stato arrestato a bordo d'una nave spagnuola ancorata nel porto di Savona, e di là condotto nelle prigioni di Millesimo. Allegava il principio che la bandiera copre la mercatanzia per dichiarare illegittimo il suo arresto e per essere in conseguenza restituito in libertà. Invocava ad un tal fine i miei buoni uffizi e feci osservare al conte di Revel essere opinione dei pubblicisti che un principe ha il diritto di esercitare la pulizia sul mare nello spazio di dieci miglia al di là della sponda dei proprii Stati; che perciò la ragione assegnata era di niun valore, ma ch'io lo pregava di menarla buona, e che, dopo d'avermi dato quitanza pei diritti dei passaporti, v'aggiungesse ancora il dono, assai più prezioso al cuor mio, della libertà e della vita dell'amico. Nè egli si fece punto pregare, diede immantinente l'ordine di ricondurre il Ravina a bordo della sua nave su cui salpò alla volta di Barcellona e così fu salvo. Le quali cose io noto per dimostrare come nel conte di Revel, di cui per l'uffizio ricevuto tanto male si è detto, erano molte parti buone e meritevoli d'essere commendate. » [4])

Carlo Felice aspettò la fine dei processi per fare ritorno in Piemonte.

« ....Toutes nos sentences à Turin sont presque achevées, et sur la fin du mois je partirai. Je vous assure que ce

---

[1]) Tomaso Pastoris, conte di Saluggia: V. il *Dizionarietto dei compromessi.*

[2]) Vedi il *Dizionarietto dei compromessi.*

[3]) « Le comte Palma ayant été obligé de relâcher à Monaco, où on l'avait « arrêté; Revel fit déclarer par la Délégation qu'il n'était pas justiciable, et on « le conduisit à la frontière, malgré la sentence de mort prononcée contre lui. » (RÈVEL Ignace) *Mémoires sur la guerre des Alpes*: Lxij.

moment est bien triste pour moi; mais il n'y a qu'à se mettre entre les mains de Dieu et lui dire; je ne suis rien, et vous êtes tout; ainsi aidez-moi. » [1]

Facevasi però precedere da un R. Editto di indulto parziale (30 Settembre 1821), ed il perdono, ora agli uni ora agli altri andossi via via allargando, sino a che Carlo Alberto, per giocondare, con un magnanimo oblio, le nozze del principe ereditario, con Regie Patenti del 26 Marzo 1842 abolì

« .... Tutti gli effetti risultanti dalle rispettive condanne, reintegrandoli nel godimento dei diritti civili per l'avvenire.... ordinando che loro vengano restituiti i beni confiscati insieme coi frutti arretrati esistenti presso gli Economi od Amministratori, i quali saranno tenuti a render conto delle loro gestioni alla Camera Nostra dei Conti. » [2]

A questi compromessi poi, nel 1848, furono restituite le decorazioni, riconosciuti i servizi e riammessi nei ruoli con un grado superiore a quello perduto nel ventuno. [3] I ministri genovesi d'allora, Pareto e Ricci, volevano che la restituzione della grazia fosse incondizionata. Vinse invece il partito sostenuto del conte Sclopis, [4] Guardasigilli, e nell'articolo 2° fu scritto:

---

[1] Lettera inedita di C. Felice a V. Emanuele I del 3 settembre 1821. L'ingresso solenne in Torino lo fece ai 17 ottobre.

[2] E nel giorno susseguente, mandò a Vercelli le insegne del Gran Cordone Mauriziano al generale Gifflenga fino allora in disgrazia.
Conchiudeva nozze austriache carezzando i liberali.

[3] R. D. 8 aprile 1848 firmato da Carlo Alberto nel suo Quartiere Generale di Asola.

[4] Il seguente brano di una lettera indirizzata dal Re Carlo Alberto da Valeggio il 26 aprile 1848 al conte Sclopis, allora guardasigilli, rischiara i sentimenti che nodriva questo illustre ministro verso i degni fra i compromessi:
« La proposition que vous me faites, très-cher Sclopis, d'employer quelques uns des magistrats qui furent compromis dans l'année 1821, me parait d'autant plus convenable qu'elle s'accorde avec ce qui fut fait pour l'armée. Je ne puis seulement assez vous recommander de prendre de minutieuses informations sur les hommes que vous croirez dignes d'être rappelés au service, car il nous importe infiniment, surtout depuis nos nouvelles institutions, d'avoir une magistrature à toute épreuve, et qui puisse jouir de la vénération publique. »

« Quelli tra i sudditi che vorranno rientrare nei Nostri stati dovranno davanti ai Nostri Agenti Diplomatici o Consolari dichiarare per iscritto, sul loro onore, di voler serbare fedeltà al Sovrano, ed obbedire alle Leggi dello Stato. »

XIV

Il conte Carignano (così Napoleone, nella sua prepotenza di rifare il passato, volle si chiamasse Carlo Alberto), [1] nato principe, ma cresciuto nell'esilio fra stenti e disgrazie, non era quasi conosciuto sì dalla famiglia reale che dal paese, se non per certi clamorosi dissidi di quei di sua casa col ramo sovrano, e per interminabili contese sull'appannaggio e sulle doti di alcune principesse Carignano, e per il clamoroso matrimonio della principessa madre, con un gentiluomo francese [2].

Delle quali nozze private assai lagnavansi gli altri Savoia. Quando il Re Vittorio n'ebbe notizia, mandava al fratello Carlo Emanuele IV queste linee che trascrivo da una lettera inedita:

« La princesse de Carignan est sortie de notre famille sans mon agrément et sans participation, en passant à secondes noces avec un fils de Madame de Montléart que nous avions connue ici dame de palais de ma très-chère soeur, et que par cette raison suivant nos lois et nos anciens usages, elle ne peut plus

---

[1] Carlo Alberto fu destinato uffiziale in un reggimento di dragoni e creato *conte dell'Impero*, e nel concedergli l'uso d'uno stemma, gli fu negata l'antica croce sabauda, ma invece ottriata una figura di un cavallo di argento spaventato, in campo rosso, imitazione del punto di Vestfalia usato nelle arme piene di Savoja; aggiuntovi poi il solito quartiere franco dei *conti proprietarj*, ch'era di rosso alla spiga di frumento d'argento, in palo. (SIMON (H.) *Armorial général de l'empire français*; Paris, 1812, p. 33).

Anche al conte di Villafranca, padre dell'attuale principe EUGENIO di Savoja Carignano, Napoleone rifece stemma e titolo. Lo creò *barone dell'Impero* e lo autorizzò ad armarsi d'azzurro al cane levriero d'argento, ritto, adestrato in capo da una stella dello stesso metallo, colla bordatura composta di argento e di nero, e col quartiere franco a sinistra di *barone militare*, cioè di rosso alla spada d'argento alta in palo (SIMON; p. 38).

[2] Fu creduto che concedesse la sua mano al Montléart piuttosto che cedere a pressioni dell'imperatore che le proponeva nozze Napoleoniche.

être regardée comme princesse de notre sang, ni en avoir le traitement.

« Je vous avouerai de plus, avec tout le secret, qu'elle s'est conduite ici d'une manière peu convenable après notre départ; se rendant dans les corps de garde, où le prince de Carignan son mari se trouvait pour monter la garde nationale; et celà d'une manière si publique que le peuple en a été dans le temps fort scandalisé et indigné contre elle. »

Permodochè quando Carlo Alberto in sui diciassette anni seppe che era richiamato agli agi, alle splendidezze ed anche ai fastidi della vita principesca (cose alle quali forse non aveva neppure sognato) dovette alquanto dubitare dell'accoglimento che gli si farebbe in Corte ed in paese. Ma presentatosi ardito e prestante della persona, aggraziato cavaliero, istruito, affabile, col piglio e colla scioltezza e coi gusti da gentiluomo, trovò cordiali accoglienze e divenne il lieto compagno ed il principe della gioventù, destando simpatie e speranze.

Il buon Re Vittorio, ammessolo alla intimità della famiglia, provvide acciò vivesse con educazione e stato di principe; e fregiatolo della collana della Casa, [1] e datogli grado nella generalità, gli affidò poi, come a Gran Mastro, il corpo degli artiglieri.

Anche il vecchio, e quasi cieco, Re abdicatario Carlo Emanuele IV amorevolmente lo ricevette in Roma e ne scriveva al fratello:

« J'ai vu le prince de Carignan, dont j'ai été très-content de toutes manières ... [2] mais je me suis aperçu qu'autant que son fond est bon, autant sa première éducation a été mauvaise. Il me parait pourtant très-porté pour la Religion et la bonne conduite humaine. [3] »

Ma questo giovane principe come quei che sempre era vissuto alla sciolta, così rimaneva impacciato fra la compostezza cortigiana ed il perpetuo sussiego di ceremoniose regole [4], delle quali dappoi fu tenero

---

[1] Lettera sovrana del 31 ottobre 1816, nella ricorrenza della natività della Regina.

[2] Lettera inedita al Re Vittorio da Roma, 2 aprile 1817.

[3] Altra lettera inedita da Roma, 10 aprile 1817.

[4] « Mostravasi noiato oltremodo delle usanze di corte e della gravità pedantesca di quelle parrucche piemontesi; in casa però e massime con la moglie il diportarsi di lui aveva dell'arido e del contegnoso. » (CAPPONI GINO Scr. ined. Firenze 1877; II, 31.)

e geloso. Donde stupori e bisbigli, e scandolezzarsene i cervellini che, non trovando di peggio, lo rodevano per queste bajate.

Delle quali però mi fo a dire alcun poco; serviranno a svago per chi legge.

Col nome di conte di Crenberg venne in Torino il 25 maggio 1815 il famoso arciduca Giovanni, fratello dell'imperatore Francesco II. Dopo pranzo ricevette la visita del principe di Carignano, e quindi accompagnato dai generali Revel e Bubna, *essendo tutti e tre in fracco:* furono a salutare il vecchissimo maresciallo barone De la Tour, allora ammalato; poi a sera, l'arciduca accettò l'invito del principe di Carignano di recarsi al suo teatro per udirvi l'opera buffa. Ma quivi, per l'imperizia o per la sbadataggine di Carlo Alberto, succedette cosa che fece inorridire il grave conte Carlo Romano Gianazzo di Pamparato Gran Mastro delle ceremonie, cui parve dovere di notare nel suo magno registro:

« In siffatta occorrenza ebbero luogo due irregolarità, che credo di non potere passare sotto silenzio. La prima per inavvertenza del guardamobili e dei tappezzieri (*non osò scrivere del principe*), che posero nel primo palco due sedie a braccia eguali, dovendo solo essere tale quella del Re, e l'altra una semplice sedia d'appoggio, ossia dofina (*dauphine*) locchè produsse la seconda irregolarità che Sua Maestà, per un'abbondanza d'amore offerse all'arciduca il posto d'onore, il quale per rispetto all'età ed al carattere reale onde è S. M. rivestita non venne dal medesimo accettato. ¹)

XV

Ma, lasciando le piacevolezze, ben altri sospetti destava Carlo Alberto fra i zelanti di corte.

Che fosse fatto segno a premure, a blandizie, a seduzioni di ogni ragione; che su di lui, i carbonari, o federati che dire si vogliano, fondassero altissime speranze, è fuori dubbio. La pronta dimissione del conte Grimaldi, suo governatore, fu dovuta appunto a somiglianti sospetti, nè infondati. Non così il clamoroso allontanamento da pa-

---

¹) *Cerimoniale Pamparato dal 1 gennaio 1815 al 20 febbraio 1817.*

lazzo di Alberto Nota, il comico, precettore del principe; che da parecchi ben si sa siccome in questa faccenda non v'entrassero affatto affatto nè ragioni di Stato nè segretumi di sette. [2] Ma taluni degli aiutanti di campo, e perfino due dei suoi scudieri, i cavalieri Collegno [1] e Baldissero, [2] erano fra gli iniziati.

A lui giovanissimo ed inesperto, naturalmente ambizioso ed impaziente, ed infastidito da quelle che giudicava pedanterie di governo; a lui adulato con raffinate piacenterie [3] (le volgari l'avrebbero disgustato), forse, e senza forse, diedero vampe di passione i fulgóri della *santa corona del ferro* fattigli destramente balenare quale premio supremo di difficili sacrificii. Che gli uscissero dal petto lamenti inconsulti, [4] che formulasse voti imprudenti, propositi avventati, o che gittasse incautamente in orecchi mal fidi qualche arrischiata confidenza è probabile non solamente, ma certo. Che in tanta giovinezza d'anni e di pensieri, con quel calore d'animo egli rimanesse affascinato dalle stupende idee di dare indipendenza a quei popoli d'Italia che non l'avevano; che agognasse ad un risorgimento nazionale è credibile; e se erano, per allora, illusioni, erano almeno generose illusioni.

Ma che poi dalle fantasie trasmodasse alle trame, e contro un Re che tanto generosamente ed amorevolmente lo trattava; che preparasse ribellioni, o peggio si lasciasse trascorrere a formali promesse, o si im-

---

[1] Cf. Brofferio (A) *Miei tempi;* IX. 95; e qui favoleggia, al solito.

[2] Il cavaliere Giacinto Provana di Collegno, di cui V. il *Dizionarietto dei compromessi.*

[3] Il conte Eugenio Filippi di Baldissero, capitano sotto ajutante generale.

[4] « Beati voi, giovani piemontesi, che vedrete la redenzione d'Italia. Voi avete il principe di Carignano. Questi è un sole che s'è levato nel nostro orizzonte. Adoratelo, miei cari, adoratelo. » — Così, si pretese, avesse parlato Vincenzo Monti ad un giovane torinese di molte speranze che poi ampiamente giustificò (Cibrario: *Re Carlo Alberto,* Milano, 1865; p. 12). L'Angeloni designava il giovanetto principe siccome predestinato alle speranze dei patrioti italiani e facevagli eco Pietro Giordani (*lettera pubblicata dal* Gualterio; documenti, p. 138). Però Gino Capponi lasciò scritto: « quando gli nacque « Vittorio Emanuele, essendo io in Parigi, mi sovviene avere non senza diffi- « coltà fatto inserire in un giornale repubblicano l'annunzio di quel regio na- « scimento, ed un accenno alle speranze che l'Italia poneva nel padre » (*Scritti ined. pubbl. da M. Tabarrini;* Firenze, 1877; II, 31).

[5] Si pretese che avesse scritto ad Ugo Foscolo, esule in Inghilterra, animandolo a ritornare in patria, per caldeggiarvi coi discorsi e cogli scritti la causa italiana. Ugo avrebbe risposto, scusandosi colla poca influenza di che disponeva dopo sì lunga assenza.

pegnasse in patti o con giuramenti; [1]) questo non solo io non credo, ma
nego; e nel nettarne la fama calunniata, ritengo di tributare un vero
atto di ossequio alla sua magnanima e venerata memoria. Non è pre-
stando aiuti a questa rivoluzione, fatale al paese, che ritardò il benefizio di mature e benefiche riforme, che scompigliò l' esercito e la finanza, seminò divisioni, dissapori, sospetti e rancori, e condusse lo straniero in casa; che Carlo Alberto, sguainando la spada di Savoja, avrebbe
potuto suscitare i prodigiosi entusiasmi del quarantotto.

Fu scritto che a ritrarlo dai mali passi si adoperassero il conte di
Revel, il cardinale Morozzo [2]) ed il conte Alessandro Saluzzo.

Che quel porporato ed il Revel lo confortàssero di consigli è vero.
Anzi Carlo Felice dubitò un istante sulla fede del suo luogotenente
generale, siccome non rimase soddisfatto delle compiacenze del La Tour.
E lo stesso Re giudicò il cardinale troppo amico del principe, cosicchè lasciava dappoi che il censore Bessone lo molestasse per quelle
sciocche ubbìe del voler radiare dal calendario ecclesiastico l'uffi-
ciatura di San Gregorio.

Ma che al Saluzzo occorresse prestarsi a quel pietoso ufficio, non
mi sembra probabile. Anzi Carlo Alberto lo trattò poco bene nel suo
Memoriale. Su Alessandro Saluzzo si versarono in minore copia che sui
fratelli suoi i benefizi di Carlo Alberto, Re. Ed egli se ne querelava
col sovrano, magnificando i servizi prestati, ma giammai fe' cenno di
questo così importante, e che gli avrebbe certamente procacciata la
benevolenza del suo signore.

E qui (seguendo il mio costume di parlare più che colla mia, colla
voce dei contemporanei) trascrivo qualche parte della rimostranza
indirizzata il 14 del 1842 dal conte Alessandro a Carlo Alberto; anche perchè ne verranno fuori alcuni particolari sulla vita di quel principe.

Accennato ai servigi suoi militari, ed ai meriti di studio, ricordava
come la principessa vedova di Carignano l' avesse scelto per sosti-
tuirla nella tutela dei figliuoli.

---

[1]) Leggo nella *Cronistoria* di Cesare Cantù (II. 180) una notizia ben grave,
che non poteva essere ignorata dal Santa Rosa, e che dal Santa Rosa, se vera,
sarebbesi certamente propalata. Asserisce che la sera del 6 marzo Carlo Alberto
assentì alla congiura, « e dell'assenso si rogò atto regolare, che esiste. » — Si
produca !

[2]) Giuseppe Morozzo dei Marchesi di Bianzé (19 marzo 1758 — 22 marzo 1842)
arcivescovo di Tebe (19 marzo 1802), cardinale (8 marzo 1816) e vescovo di
Novara (1 ottobre 1817); cavaliere della Nunziata (21 novembre 1832). Scrisse
storicamente sul *Patrimonio di S. Pietro*, ed un *Elogio* del cardinale Bobba.

« Ma famille toute entiére y applaudit, et tous nos biens, alors indivis furent hypothéqués en faveur de la Maison de Carignan selon le vœu des lois françaises .... »

Potè inoltre salvare una parte considerevole dei poderi e dei boschi di Racconigi.

« Où la hache avait été mise par les concessionaires français à l'approche de l'armée alliée. »

Ricorda come al congresso di Vienna mandasse ragionate allegazioni per provare i suoi diritti alla successione eventuale nei domini posseduti dalla linea primogenita di Savoja [1] e protestasse:

« .... contre toute innovation qui blesserait ces droits. Je le fis quoique je n'ignorasse pas les hauts intérêts que je froissais et que le coeur généreux du roi Victor Emanuel ne me fut pas connu encore. »

Fece allora tostamente appressare il principino alla frontiera;

« c'est moi qui écrivis directement au Souverain en Sardaigne pour demander le retour du prince à Turin, moi qui envoya auprés de lui en France une personne de confiance avec les fonds nécessaires pour le rapprocher de la frontiére du Piémont, et pour prévenir les dangers aux quels son jeune âge et sa haute position pouvaient l'exposer au milieu de l'incertitude des événements qui se passaient ; c'est moi qui eus l'honneur d'aller à sa rencontre et de l'installer dans son Palais.

« Resté chargé encore des intérêts de Madame Elisabeth [2] et de la princesse mère [3] j'eus le bonheur de concourir au désir

---

[1] Vedi, a questo proposito il lavoro più volte citato; SCLOPIS (F.) *Storia legisl. dal 1814 al 1847 ; 43.*

[2] La principessa Maria Elisabetta, sorella di Carlo Alberto, che poscia sposò l'arciduca Ranieri, viceré del Lombardo-Veneto, e fu madre della santa regina Maria Adelaide.

[3] La principessa Maria della casa di Sassonia-Curlandia.

du prince, et au leur, de n'être pas séparées; [1] mes démarches
à ce sujet auprès des ministres, et surtout auprès du comte de
Roburent, ainsi que celles relatives aux différents projets de
mariage de son auguste soeur et aux arrangements définitifs des
intérêts de la famille sont connus de S. A. M.° la princesse
mère, et ne sont peut-être pas ignorés de V. M. »

Ai quali sensi il Re, addì 17 di gennaio rispondeva riconoscendo
i benefizi ricevuti.

« Je n'ai point renié en devenant roi qui me reçut sous
son toit lorsque j'étais dans le malheur; qui partagea avec
moi le pain brun; et si maintenant je suis sur un trône j'ai
toujours les mêmes sentiments pour le fabricant de lampes
qui dans ma jeunesse fut mon compagnon de lit.... votre position ne vous portait point à avoir le collier de l'ordre; deux
de vos frères l'avaient déja; je fis donc pour vous ce qui ne
fut jamais fait dans notre pays. Jamais famille n'eut trois col-
liers de l'ordre dans le même temps..... [2] »

XVI

Carlo Alberto nel suo *Memoriale* confessa che fra i motivi che egli
accampava per non addossarsi la reggenza, fossevi quello di trovarsi
da due anni guastato affatto col principe reale, duca del Genevese.
Ma neppure prima correva simpatia fra lui e Carlo Felice, che ne lo
ricambiava con sospetti e con certe punzecchiate ad ogni incontro,
che per essere di cose e di usanze affatto obliate si possono notare,
quantunque di ben poco momento. In oggi chi lo crederebbe? Ogni
cosa veniva da puntigli di ceremoniale.

Carlo Felice, nato a tre gradi di distanza dal soglio, con propen-

---

[1] E ciò appunto dava rammarico alla timorosa coscienza del buon re Carlo.
« Je suis très-affligé que la soeur de ce jeune prince soit entre les mains de
cette personne; mais je conçois la presque impossibilité de l'en tirer.» (*Lettera
inedita al re suo fratello, 10 aprile 1817*).

[2] Anche ad un quarto fratello, al cavaliere Roberto, il re Vittorio Emanuele II concedette dappoi questa splendida onoranza (9 novembre 18.3).

sione a vita cheta ed appartata, con aspirazioni alla libertà del vivere privato, aveva « un contegno di dignità personale ritratto, ma temperatamente, dalla madre sua Infanta di Spagna; la quale, dicesi, trovasse in lui meglio che negli altri fratelli fronte e portamento regale. [1] » Salito al trono, ultimo del ramo primogenito volle custodito il retaggio ed il prestigio dei suoi maggiori e « mantenuto negli atti esterni severo contegno di principe, ed in nessuna occorrenza mai lasciò scadere il rispetto che a lui si doveva. [2] » Rammentava il detto del suo avo Carlo Emanuele III, i sovrani essere come le statue colossali, che non bisogna levarle nè vederle fuori della loro nicchia.

Epperciò male comportava le più sciolte movenze e le sprezzature giovanili del principe di Carignano per quelle regole della etichetta che allora riguardavansi come un accessorio importante del culto monarchico.

Carlo Alberto, quale discendente da linea collaterale a quella regnante, non poteva aspirare che agli onori di *Principe del Sangue*, ben diversi e graduati assai più basso che non quelli con che si trattava un *Principe Reale*, quale era Carlo Felice. Epperò ogni inezia, ogni menoma circostanza forniva buon pretesto per far toccare la distanza che fra essi correva.

Ma venne l'occasione solenne delle nozze che unirono Carlo Alberto con quella santa principessa che fu poi la regina Maria Teresa, secondogenita del Granduca di Toscana. Il patto nuziale fu stipulato *more principum* con solenne trattato diplomatico firmato a Firenze il 29 settembre 1817. [3] La sposa, quale figlia di arciduca sovrano, aveva il trattamento di *Altezza Reale* e fu convenuto che lo riterrebbe in corte di Torino. Era legge consuetudinaria nel patriziato nostro che la moglie non potesse usare un titolo più elevato di quello spettante al suo marito; ed era prammatica che in quei rari casi il sovrano favorisse il marito innalzandolo alla dignità propria della mo-

---

[1] Manno (Giuseppe) *Note sarde e ricordi*; Torino, 1868, p. 173.

[2] Sclopis, l. c. p. 30.

[3] Il plenipotenziario del Granduca fu il consigliere Vittorio Fossombroni; pel re di Sardegna il marchese Brignole Sale suo ministro a Firenze e per il principe sposo il conte Gianfrancesco di Robilant, suo primo scudiere, ma quale rappresentante S. E. il cavaliere Policarpo d'Osasco, suo governatore e curatore, allora ammalato. La dote fu convenuta in 200,000 fiorini del Reno oltre al corredo ed a 60,000 lire di diamanti; collo spillatico di annue lire 33,333.33 e previsto un dovario di lire 36,000.

glie. [1]) Era quindi naturale e conveniente che al principe di Carignano, d'altronde erede presuntivo della Corona, si concedesse quella
maggiore larghezza di onori che veniva negata alle *Altezze serenissi-
me*; e così, infatti, erasi proposto di concedere il buon re Vittorio.
Ma il duca del Genevese se ne adontò, fece alte lagnanze e tanto si
adoperò che il 22 settembre 1817 fu stabilito il *nuovo ceremoniale*
per la sposa che si aspettava, ed in esso ogni prescrizione riescì ad
una mortificazione per il giovane principe. [2])

Ai nostri giorni abbiamo talmente dimenticato tutte queste coserelle
che forse non riuscirà sgradito a taluno conoscere come conservando
alla sposa la dignità di *Altezza Reale* veniva essa *per questo motivo*
dispensata dalla soggezione del *baciamano* ai sovrani in tutte le occasioni nelle quali le *principesse reali* non adempissero a questo atto di
ossequio, e segnatamente nella pubblica cerimonia del *capo d'anno*. Cosicchè il principe da solo l'avrebbe compìto alla testa della nobiltà.
Essa avrebbe preso posto in corte subito dopo le principesse reali, ma
con *passo* e *destra* sopra il suo sposo. Nelle funzioni di corte sarebbe
seguita e servita da *due* dame di sua corte; il principe da *un solo*
scudiere. Nelle *Cappelle* sarebbe servita di cuscino con doppia trina
d'oro da un regio limosiniere. Il principe si inginocchierebbe su d'un
carello guernito da una sola trina e sportogli da un regio cappellano.
Nei *Circoli* alla principessa una sedia con ispalliera, cioè *alla delfina*;
al marito un seggio a iccasse (*pliant*). Recandosi a corte la carrozza
non avrebbe che una pariglia e sarebbe seguita da un paggio a cavallo. Le guardie alla porta renderebbero gli onori dovuti a lei, quelle
interne i riservati a lui. Ricevendo dame nel suo palazzo la principessa

---

[1]) Anche recentemente vi furono decisioni camerali in questo senso. Così il
28 maggio 1835 ed il 31 gennajo 1840. Così il 21 febbrajo 1843 concedette il Re
titolo marchionale al cavaliere Emilio Balbo Bertone di Sambuy, perchè si era
verificata nella moglie la *vocazione* al marchesato di Lesegno.

Questa regola non va intesa per il cosidetto trattamento di *Eccellenza*. Ne
godevano la *dama d'onore* della regina e la *governatrice* dei reali infanti. Ma
i loro mariti, se non possedevano cariche in proprio, non venivano qualificati
con quel titolo.

[2]) « Le prince se plaignait du duc de Genevois; il avait désiré partager
« les honneurs de la Princesse son épouse, en ayant le titre d'Altesse Royale.
« Le Duc, sans l'aveu duquel le Roi ne voulut pas lui accorder cette demande,
« s'y était refusé avec rudesse par une lettre dans laquelle il lui disait entre
« autres, que tant qu'il vivrait, il serait le seul prince de Savoie qui porterait
« le titre d'Altesse Royale » (REVEL Ign. de): *Mémoires sur la guerre des Alpes*;
p. XLV.)

darebbe l'abbraccio ed il *pliant* a quelle che ne godessero nella reggia, ma le altre che in certe siedono su panche, in casa Carignano avrebbero sgabelli (*tabourets*). Alle ambasciatrici seggiola simile alla sua.

Un puntiglio ne dà mille; ed il principe di Carignano cercò subito subito di francarsi dalle impostegli durezze. Cosicchè l'undici di ottobre 1817, quando gli sposi fecero dal Valentino il loro ingresso in *forma pubblica* nella capitale; nella terza stupenda carrozza dove essi si trovavano, dietro la serpa si tenevano ritti sul predellino due paggi, ed alle portiere cavalcavano altri due paggi e due scudieri (Giacinto di Collegno ed il Marchese di San Giorgio).

Il duca del Genevese, tutt'occhi, avvertì subito la irregolarità, strepitonne, e pretese che ne rimanesse perpetuo biasimo nei *Registri* del Gran Mastro delle ceremonie, dove si legge:

• Che secondo il ceremoniale fissato, S. A. non poteva essere seguitata che da un paggio a cavallo. Ma (*soggiungeva il conciliante cortigiano*) siccome l'entrata figurava continuazione di viaggio, ve ne erano due, uno dei quali poteva supporsi al servizio del principe. [1) •

XVII

Quella differenza di trattamento, per l'*Altezza Reale*, fu una spina in cuore a Carlo Alberto e giammai durante il regno di Carlo Felice potè levarsela; benchè, in molte altre cose, questo re smettesse la sua severità, dopo il ritorno del principe dal Trocadero.

E per accennare a queste relazioni fra i due principi, noterò come dopo l'ordine spiccato a Carlo Alberto di recarsi da Novara a Firenze, si sperasse in sul finire del 1821, che il re l'avrebbe lasciato rimpatriare. Un gentiluomo, amicissimo di Carlo Alberto, gli scriveva in novembre:

• À l'ancienne Cour l'opinion a beaucoup changé en faveur de V. A.... on voit le même changement à la nouvelle Cour et dans le public, malgré les machinations de quelques esprits malfaisants qui se débattent encore cachés dans les ténèbres.... [2) •

[1) *Registro Perrone* vol. I. dal 5 settembre 1814 a tutto il 1817.
[2) Lettera inedita 19 novembre 1821.

Ma un mese dopo lo stesso gentiluomo lo avvisava:

« Dans mes lettres précédentes j'ai toujours témoigné à V. A. l'espoir que je conservais de son retour prochain parmi nous; mon espoir est fondé sur le changement d'opinion que tous les jours on voit opérer à l'avantage de V. A. Mais maintenant que rien ne se réalise, j'ai fait le possible pour en connaître le motif. Finalement il m'est réussi de savoir que la cause principale est que chaque courrier on saisit des lettres de nos libéraux pié- montais réfugiés en France, en Espagne et à Genève, lesquels écrivent les noirceurs les plus abominables qu'on puisse ima- giner, il font tous ce qu'il est possible de faire et ils emploient tous les moyens qui peuvent être en leur pouvoir pour susciter des ennemis à V. A. Voilà, Monseigneur, (à ce que je crois) quelle est la cause du silence de S. M. à son égard. [1] »

Il buon re Vittorio, che sempre portò affetto a Carlo Alberto, pa- trocinava bensì la sua causa, ma il fratello rispondevagli:

« ....Quant'au prince de Carignan je pense de l'ôter au plutôt de la Toscane; sa présence y étant très-nuisible à présent, où il tracasse beaucoup. Il m'a demandé, il y a longtemps, la permis- sion de voyager, je pense de lui permettre d'aller voir sa mère, mais je vous prie de n'en rien dire encore. Je ne vous dissi- mule pas qu'il y court ici la copie d'une lettre de la Reine au dit prince que je ne sais pas si elle est autenthique, qui est entre les mains des ministres étrangers, ce qui les anime beaucoup eu sa faveur et va me causer des embarras et des chagrins à l'infini, et qui me mettent dans l'impossibilité de prendre des déterminations stables, justes et capables d'assurer le repos et la tranquillité du pays, et le décor et l'honneur de la Maison de Savoje. Tout celà me chagrine infiniment. Je ne vois d'autres moyens que celui de l'éloigner pour un temps de l'Italie, même en lui accordant une chose qu'il a désirée,

---

[1] Lettera inedita 19 dicembre 1821.

et qui dans le fond n'est d'aucune conséquence. Car ne vous le dissimulez pas, sa présence ici sous quelque aspect qu'il y vienne, ferait le plus mauvais effet. » [1])

XVIII

Le forti diffidenze di Carlo Felice verso Carlo Alberto non si rallentarono che dopo il ritorno del principe dalla spedizione di Spagna. Ma anche all'epoca di quella importante risoluzione, suggerita dal re Luigi XVIII per sottrarre definitivamente Carlo Alberto alle insidie del duca di Modena; anche allora Carlo Felice nodriva sensi di disprezzo pel suo erede, nè si peritava a dichiararli.

Ma è verità storica che sempre salvò i diritti della giustizia e la dignità della Dinastia e del paese, siccome alloraquando rifiutò netto all'Austria di privare Carlo Alberto della successione al trono, anzi di chiamarlo in aspetto di reo a rendere conto davanti ai sovrani congregati in Verona.

« Je n'ai jamais cru qu'on voulut empiéter sur mes droits de juger un Prince de mon sang. J'ai dit qu'il ne me paraissait pas qu'il fut convenable, ni même décent que je fisse moi-même le fisc à mon neveu, d'autant plus qu'on parlait de le faire paraître au Congrès. » [2])

Anzi l'Austria (e ciò non è divulgato) pretendeva che il nostro Governo s'accordasse con essa per istituire in Milano un tribunale misto, di giudici delle due potenze, che sentenziasse collegialmente ed unitamente, punisse od assolvesse tutte le colpe commesse nel fatto di politica tanto dai Lombardi quanto dai sudditi del Re. Il conte Della Valle,

---

[1]) Lettera inedita 5 dicembre 1821.

[2]) Lettera del Re al cavaliere Birago di Vische (7 luglio 1822) pubblicata dal conte Sclopis (l. c. p. 44).

Il conte Ignazio di Revel (*Memoires sur la guerre des Alpes*, p. lxij) lascia travedere che Carlo Felice fosse propenso a mettere Carlo Alberto sotto giudizio. Ma, a parere mio, la lettera reale citata da quell'illustre patrizio accenna soltanto al desiderio che aveva Carlo Felice di indagare e di notare, dalle risposte che farebbero gli inquisiti, sino a quale punto il Principe si fosse immischiato con essi. « Je veux savoir jusqu'à quel point le prince de Carignan « est compromis, par les dépositions des condamnès, ou des témoins. »

nemico dichiarato dei novatori [1]), se non lodava, non osteggiava neppure questa assurda convenzione. Ma succedutogli, per grande ventura, nel ministero dell'estero il conte De la Tour, toccò a lui, consenziente il Re, a negare perentoriamente il fatale consentimento. [2])

Per ritornare a Carlo Alberto dirò che egli in Febbraio del 1824 reduce dalla Spagna, dopo avere in Parigi subìto i sarcasmi di Luigi Filippo, allora duca d'Orlèans, che con marcata ostentazione lo presentava ai suoi dottrinari come l'*eroe del Trocadero*, [3]) trovò invece in Torino liete accoglienze da Carlo Felice il quale lo ricevette con solennità la Domenica otto di Febbraio essendovi « questa mattina la corte più numerosa del solito perchè molti personaggi desideravano di vedere se S. A. S. vi sarebbe intervenuta. » [4])

Quando poi colla moglie fece ritorno negli Stati, Carlo Alberto scriveva ad un amico suo che nelle accoglienze private fattegli in Genova:

« Le Roi m'a extremement bien reçu, il nous a logès au Palais et il a voulu que nous allassions tous les jours dîner chez-lui; nous passions aussi toutes nos soirées avec lui; enfin je ne saurais jamais assez me louer de toutes les bontés qu'il a eues pour nous.

« Je lui avais demandé un entretien particulier qui a eu lieu hier au soir désirant voir s'il avait encore quelque chose sur le coeur contre moi, et désirant aussi lui ouvrir mon coeur et prendre ses instructions sur tout ce qu'il désire que je fasse. Je suis sorti de chez-lui extrémement satisfait, et il m'a promis de me dire toujours franchement toutes ses intentions et pensées sur moi. Ainsi vous voyez, mon très-cher ami, que tout va au mieux...... S. M. m'a dit qu'elle voulait encore parler avec moi à Turin pour les nominations à faire dans notre Cour, mais que les personnes qui m'étaient déjà attachées, à l'exception de

---

[1]) Non *austriacante* però, « Songez que je suis seul ici (*a Modena*) contre » plus d'un qui voudraient les *blancs* dans leur lit, si c'était décent, et les « autres dans l'eau si on avait moyen de les y jeter » (*Lettera del conte della Valle al conte Ignazio di Revel, da Modena 14 maggio 1821.*

[2]) SAULI, *Autobiografia* MS. p. 426.

[3]) Vedi l'APPENDICE II.

[4]) *Ceremoniale Gazzelli;* registro I.

Sait-Georges, et de Tournafort, et d'Homodei bien entendu, auraient continué leur service.... » [1])

In Torino poi i principi inchinarono ufficialmente i sovrani il 26 Giugno 1824, ed il conte Gazzelli, Gran Mastro delle ceremonie segnò nel suo *Registro*:

« Non voglio ommettere di notare che in questa occasione avendo il serenissimo Principe condotto seco a corte il principino Vittorio Emanuele, suo primogenito, vestito all'ussera; S. M. nel passare dal suo appartamento a quello della R. Duchessa del Chiablese, prese per la mano il principe fanciullo e seco lo condusse nel medesimo appartamento. »

Per compiacere a Carlo Alberto il Re fece venire di Francia (7 Settembre).

« Il Principe Eugenio di Savoja-Carignano, di età di anni otto, figliuolo del principe Giuseppe, generale nelle armate di S. M. il Re di Francia, all'oggetto di entrare nel Collegio dei PP. della Compagnia di Gesù, onde farvi la carriera dei suoi studi; essendo stato quel principino affidato alla cura e direzione di S. A. S. il signor principe Carlo Alberto di Savoja Carignano suo parente. » [2])

Poscia nominò Carlo Alberto generale di cavalleria [3]) ed a significanza di maggiore benevolenza mitigò per lui le inesorabili ragioni del ceremoniale dichiarando, *per grazia speciale*, che siccome già ne era in possesso la principessa consorte, così anche il marito fosse nel primo mercoledì di quaresima segnato colle ceneri da quello stesso Cappellano di Corte che le spargeva sulle fronti dei sovrani; [4]) ed ordinò per lui onoranze più elevate quando nel 1829 s'imbarcò sulla fregata *Allacomba* per il suo primo viaggio nell'isola dei Sardi; [5]) e lorquando furono celebrate le nozze della principessa Marianna, figlia

---

[1]) Lettera inedita da Genova, 24 maggio 1824.
[2]) *Ceremoniale Gazzelli*; registro II.
[3]) R.R. Patenti 15 dicembre 1824. Ora si direbbe generale d'esercito.
[4]) Decisione Reale 23 marzo 1825.
[5]) Decisione Reale 3 marzo 1829.

del Re Vittorio Emanuele I, col Re coronato di Ungheria, Carlo Felice dichiarò essere mente sua che pure mantenendo al principe di Carignano l'appellazione di *Altezza Serenissima*, ed in quella occasione, e sempre in avvenire gli fosse accordato in Corte lo stesso trattamento che si usava coll'Altezza Reale della principessa sua moglie, prendendo inoltre il *passo* e la *destra* sulla medesima. [1] E questo favore fu stimato così sublime e prezioso che il Principe si recò tosto *in treno di gala* alla Reggia per ringraziarvi il Re, ricevendovi per la prima volta il saluto più ossequioso dalle guardie sì della porta che interne. E tutti i cavalieri della SS. Nunziata si recarono al Palazzo Carignano per complire col *cugino* di sì squisita testimonianza.

« Ed in detta visita vennero essi congedati dal Serenissimo Principe, avendone io preventivamente avvertito il medesimo di valersi di detta prerogativa, la quale gli competeva in virtù del nuovo trattamento dalla M. S. accordatogli. » [2]

Però, meglio di queste vanità, dà prova dei mutati sentimenti del Re Carlo Felice il suo testamento. Ne trascrivo qualche brano perchè non fu pubblicato. Era in forma olografa colla data del 5 Marzo 1825. Ordinava che al suo corpo, fatto cadavere, non fosse fatto l'insulto della imbalsamazione.

« Comme je n'ai accepté la Royauté que pour obéir à la volonté de Dieu, je souhaite que mes obsèques et convoi funèbre se fassent avec le moins de pompe possible.... Ayant été déstiné par la Providence à relever de ses ruines l'église d'Hautecombe, et à y replacer les cendres de mes ancêtres dans leurs tombeaux, je choisis ce saint lieu pour celui de ma sépulture.... »

Al § 4 riconosceva:

« pour vrai et légitime héritier des États de ma Maison le prince Charles Emanuel Albert de Savoje, prince de Carignan, mon très-cher neveu, et sa déscendance masculine à perpetuité... »

---

[1] Decisione Reale 21 gennajo 1831.
[2] *Ceremoniale Gazzelli;* registro IV.

Scrisse lasci e ricordi per tutti i principi della Casa, ed alla principessa di Carignano la tabacchiera d'oro, col ritratto della Regina ornato di brillanti, della quale faceva uso nei giorni di gala. A Carlo Alberto la stella diamantata dell'ordine siciliano di S. Ferdinando ed il suo Toson d'oro « que je porte quand je suis habillé. » Al principino Vittorio Emanuele una croce mauriziana in diamanti che aveva appartenuto al duca di Chablais e al principino Ferdinando, poi duca di Genova, il suo Castello di Agliè coi vasti poderi che lo attorniano.

Terminava poi raccomandandosi all'erede del trono:

« S'il y manquait quelque formalité, ou qu'il y eut quelque chose contre les règles prescrites, je prie non successeur de les convalider, car ce sont mes positives volontés, et si j'ai manqué à quelques formalités, ce n'est que pour les avoir ignorées. Étant mon intention de déroger par le présent acte à toutes lois, règlements et autres dispositions dont ils pourraient être en opposition. — Telle étant mon intention. »

Non mi s'incolpi di prolissità e di studio di minutaglie per quanto ho trascritto e pubblicato in questo capitolo. Ho voluto ritrarre alcune scene di una società che è irremissibilmente spenta. Ed ho creduto di fare conoscere al vero le relazioni che passarono fra l'ultimo re del ramo primogenito ed il primo della linea di Carignano, mettendo in miglior luce gli atti e le intenzioni dell'uno e dell'altro di questi Sovrani.

XIX

Quando però Carlo Alberto era nel bollore dei primi rancori, l'avversione per Carlo Felice gli suggerì di tentare un passo, che per quanto io mi sappia non fu peranco divulgato; cioè si adoperò con viva insistenza appresso al re abdicatario Vittorio Emanuele I al fine di persuaderlo a riprendere la rinunciata corona.

Si leggano queste pratiche nelle seguenti quattro lettere del principe di Carignano, tutte ed in tutto inedite.

« Sire,

« Cette lettre n'est point la première que j'écris a V. M. Plus de dix fûrent prêtes à partir pour Nice. Mais toutes furent déchirées, car j'aurais toujours désiré pouvoir Lui annoncer quelques novelles un peu consolantes et honorables pour moi. Mais je ne sais quel génie s'est acharné à ma poursuite, et malheurs sur malheurs venaient aggraver ma triste destinée, et achever la ruine de notre misérable patrie.

« Je ne chercherais point à détailler à V. M. tous les malheureux événements qui se sont passés ; Elle n'en sera que trop informée. Son départ fut non seulement une désolation pour tous ses fidèles serviteurs, parmi lesquels je me flatte d'occuper la première place, car je n'ai jamais senti autant comme je lui suis entièrement dévoué et attaché, que depuis le moment de son départ. Le désordre se prit parmi la troupe ; tous ses soldats demandent pourquoi leur bon Roi les avait quittés ; je ne fus de plus en plus persuadé que nos malheurs ne furent dûs qu'à la faiblesse et à la trahison de quelques personnes ; tout le monde était désolé ; plus personne n'osait couvrir aucune charge ; tous se retiraient ; je restais isolé.

Dans cet affligeant état de choses, V. M. sait que le bas peuple qu'on était parvenu à soulever entoura mon palais, que plusieurs milliers de b.... étaient arrivés à Turin, que la citadelle menaçait de brûler la ville, qu'enfin une députation de Décurions, les Syndics à la tête, tous les chefs de corps sans compter les nombreuses députations des Fédérés se rendiret chez-moi pour m'engager à accorder la Constitution espagnole. J'eus beau leur représenter qu'il fallait attendre la venue de l'auguste frère de V. M. que je ne pouvais leur accorder une telle demande : tout fut inutile. Au bout de cinq heures de discussion la citadelle étant au moment de tirer sur la ville, la canaille se préparant au pillage, et ces messieurs ne cessant de me dire que V. M. dont je pleurais encore l'éloignement, avait renoncé pour éviter la guerre civile; je fis une protestation en régle, signée par toutes les Députations présentes, déclarant que je n'accédais à la demande faite de la Constitution Espagnole que pour éviter de plus grands maux et sous l'approbation du Roi Charles–Félix, qui seul pouvait changer les Statuts de l'État.

« Diverses personnes partirent pour Modène pour prendre les ordres du Roi, le marquis de Villahermosa, [1]) le marquis de Boyl [2]) et le comte Costa [3]) furent les premiers que j'envoyai, étant dans une grande anxiété de connaître la manière dont je devais agir. J'envoyai aussi des officiers en courrier, aux Governeurs de Gênes, de Savoie et de Novarre, pour leur annoncer que tout ce que j'avais fait, n'était que provisoire, pour leur recommander de veiller sur la troupe avec la plus grande sévérité, afin de pouvoir en même temps et lieu la faire agir suivant les intentions souveraines. Une Junte fut formée, j'y allai la première fois pour l'y installer, mais dès ce moment je n'y remis plus les pieds, ne voulant prendre aucune part dans un tel gouvernement. Ils faisaient eux–mêmes leurs nominations. Le seul soin que je pris fut de diriger tous les Régiments fidèles vers Novarre et de laisser les autres éparpillés. La Junte d'Alexandrie refusa de se dissoudre, je ne pris aucune mesure pour l'y résoudre, je cerchais seulement à m'emparer de la

---

[1]) Stefano Manca, marchese di Villahermosa (30 novembre 1767 — 16 luglio 1838) gentiluomo Sassaritano, confidente e protetto di Carlo Felice. Gran Mastro dell'artiglieria, capitano della compagnia sarda delle guardie del corpo, cavaliere della SS. Nunziata (22 ottobre 1821).

[2]) Il marchese D. Vittorio Pilo-Boyl, sardo (15 maggio 1778 — 5 febbrajo 1834). Era comandante del genio militare e tenente generale. Nel 1830 ebbe il Collare dell'Annunziata. Fu benemerito dell'Isola natia per il tentativo di farla solcare da una strada centrale da aprirsi sulle traccie dell'antica via romana. Ma, per insufficenza di mezzi, l'ardita opera fu intermessa.

La ripigliò e la condusse a fine, il Re Carlo Felice, e sono orgoglioso che a questa benefica opera vada associato il rispettato nome del mio Genitore.

[3]) Il cavaliere Silvano Costa di Beauregard, scudiere del principe, conte per titolo di cortesia.

Fu a lui attribuito un curioso racconto che girava manoscritto, col titolo: *Les douze jours de la Régence.*

citadelle de Turin ; je fus au moment d'en être maître, mais au moment où la garnison allait en sortir, une personne de mauvaise intention dérangea tout.

« Le lendemain de cette désagréable circonstance, deux ou trois mille b... se réunirent de nouveau sous mes fenêtres poussant des cris abominables et des injures contre le Baron Binder, [1]) qu'ils voulaient faire sortir du pays. Mais ayant répondu à leur Députation que je me serai plutôt laissé tuer que de faire une chose que je ne devais point faire, ils se dispersèrent. J'appris le lendemain matin, à mon grand déplaisir, qu'ils avaient dans le même temps commis quelques insultes contre la maison du ministre d'Autriche; qui m'écrivit pour s'en plaindre et pour me demander ses passeports. Mais lui ayant aussitôt répondu qu'il ne devait s'en prendre qu'à lui même, puisqu'il avait refusé la garde d'honneur que je lui avais fait proposer par diverses personnes, ajoûtant qu'on ne pouvait répondre d'une populace sans frein, il resta.

« Le comte Costa m'apporta la première proclamation du Roi que V. M. connaîtra et par laquelle il désapprouve hautement tout ce qui s'était passé. Je la comuniquai aussitôt à tous les anciens ministres de V. M. et aux personnes qui étaient alors en place, pour leur dire que je me démettais de la Régence et que j'allai me rendre à Novarre avec les troupes qui étaient restées fideles. Ces Messieurs me firent de vives instances pour me déterminer à envoyer à Modène une députation pour supplier le Duc de nommer une Régence, ou la personne qui devait commander l'État. Le cardinal Morozzo et le comte de Bagnasque se chargèrent de cette mission. Je fis donner en même temps l'ordre aux chevaux-légers de Savoie de se rendre au Valentin, et je fixai mon départ au 21 au soir. Malgré tout le secret qu'on put tenir en cette circonstance, on sût que je devais partir, et on forma le projet de m'assassiner si je sortais. L'archevèque même

---

[1]) Ministro d'Austria a Torino.

m'envoya prévenir une demi heure avant mon départ, qu'on avait alors cherché à me tuer. Ne connaissant que mon devoir, je montais à cheval, et accompagné du comte Costa et du marquis de la Marmora, [1]) nous traversâmes le pistolet à la main tous les groupes. Je me mis à la tête des chevaux-légers aux quels s'unit au pont de la Sture, Piémont-Royal ; et nous mimes en marche nous dirigeant sur Novarre ; ayant de plus avec moi le colonel Birnstiel, [2]) le major Isasque, [3]) les lieutenants Marianini [4]) et Casalegno [5]) de l'état-major général; ainsi que le comte Giajme. [6]) Nous fîmes notre premier bivouac a Rondizzone, où la batterie d'artillerie Fancello [7]) vint nous rejoindre. Là nous apprîmes les défections du Régiment de Piémont et des Dragons de la Reine. Notre second bivouac fut à S. Germano, où je reçus par le général Robert [8]) une lettre du Duc qui me disait qu'il avait donné le commandement de son armée au général de la Tour, sous les ordres duquel je m'empressai de me mettre.

« J'ai la consolation de pouvoir annoncer à V. M. que toute l'artillerie à pied et toute l'artillerie légère sont venus nous rejoindre à Novarre. Je fis en arrivant à Novarre, ainsi que

---

[1]) Il Marchese Carlo Emanuele Ferrero della Marmora che poscia succedette (1843) nel principato di Masserano ad altro ramo dei suoi, e servì i due Re Carlo Alberto e Vittorio Emanuele II come primo aiutante di campo, fu cavaliere della Nunziata (25 marzo 1853) e visse sino al 21 febbraio 1854. Nel 1849 era andato ad Oporto a prendervi le spoglie mortali del suo signore per accompagnarle e riporle nelle tombe di Soperga. Suoi fratelli, i generali: Alberto illustratore dell'isola di Sardegna, Alessandro il bersagliere, Alfonso il ministro.

[2]) Enrico Birnstiel, colonnello dello stato maggiore.

[3]) Il conte Flaminio Della Chiesa d'Isasca, maggiore nello stato maggiore.

[4]) Nomignolo dato dai compagni a Luigi Mariano, tenente nello stato maggiore.

[5]) Giuseppe Casalegno, tenente nello stato maggiore.

[6]) Il conte Luigi Filiberto Giaime di Pralognan, impiegato e poi primo uffiziale (luglio 1824) del Ministero della guerra.

[7]) Fancello, capitano d'artiglieria.

[8]) Il conte Emilio Roberti di Castelvero.

V. M. le saura, une proclamation par laquelle je déclarai que je me rendais aux ordres du Roi ; que tout ce que j'avais accordé n'était que sous son approbation et que tous les militaires d'honneur devaient suivre mon exemple. J'écrivais dans le même style à la Junte pour les induire à l'obéissance.

« L'armée de Novarre se compose des Régiments-aux-Gardes, de Coni, de Piémont, d'Aoste, que le comte de Tournafort [1]) a amené d'Ivrée, de deux bataillons de la Légion, de toute l'artillerie, des Gardes-du-Corps, de Piémont—Royal, de Savoie-cavalerie, de quatre escadrons des Chevaux-légers de Savoie, qui arrivaient de Savoie sous les ordres du major de Sonnaz. [2]) Les généraux Gifflenga, Faverges, [3]) Ponte, [4]) et Monthoux [5]) sont venus ici, ainsi que les lieutenants-colonels Boyl et Balbe. [6])

Hier on crut que nous aurions pu être attaqués par Saint-Marsan, qui s'intitule le général Carail. [7]) Le comte de la Tour négocia, à ce qu'il parait, avec les factieux. Nous sommes dans l'attente de ses ordres.

Je viens dans le moment de reçevoir une lettre du Duc qui me donne l'ordre de me rendre en Toscane ; ainsi dans deux heures je partirais pour Modène, regrettant de n'avoir pu encore voire quatre aimables jeunes gens, dont l'un est habillé en femme, et qui sont ici avec ordre de m'assassiner.

---

[1]) Il conte Carlo Bruno di Tournafort, uffiziale in Piemonte Reale cavalleria, ajutante di campo del principe. Figlio di una Solaro della Margarita ; fratello di Ferdinando vescovo di Fossano.

[2]) Il maggiore, cav. Gerbaix dei conti di Sonnaz.

[3]) Il marchese Enrico Millet di Faverges, maggior generale, poi gran croce dell'ordine Mauriziano, comandante la divisione d'Alessandria, e governatore di Cuneo.

[4]) Il cavaliere Giovanni Ponte, maggiore generale, che poscia comandò la divisione di Savoja (gennajo 1823).

[5]) Il cavaliere Guillet-Pougny de Monthoux, maggiore generale, comandante lo stato maggiore.

[6]) Cesare Balbo, l' *italico*.

[7]) Carlo Emanuele Maria Filippo Francesco Asinari, marchese di Caraglio. Vedi il *Dizionario dei compromessi*.

« Voici, Sire, la narration de toutes mes actions. Permettez, je vous en supplie, qu'après avoir parlé de choses si pénibles, je trouve pour moi-même une espèce de consolation en assurant V. M. que ce à quoi je tiens le plus au monde, c'est à son estime, et que le dévouement et réspecteux attachement que je porte a son auguste personne est au-dessus de tout ce que les paroles peuvent exprimer; en conjurant V. M. de m'accorder toujours cette bienveillance dont je me glorifiai et qui me rendait si heureux.

« J'ai l'honneur d'être

    « Sire

« De Votre Majestè

        (*Novarre*) ce 29 mars 1821

le plus humble et le plus dévoué serviteur
CHARLES-ALBERT DE SAVOIE

    « Sire,

« Le chevalier de Robilant [1]) aura probablement remis à V. M. la lettre que j'eus l'honneur de lui écrire de Novarre et qui lui dépeignait la triste et déplorable situation dans laquelle notre malheureuse patrie est plongée. Eh! bien, Sire, cette position plus que V. M. ne peut se le figurer est empirée; nous sommes à la veille de la ruine complète de ce pauvre pays que V. M. rendit heureux pendant sept années consécutives. Sous peu de temps le Piémont gémira sous des forces étrangères; notre honneur national sera perdu, la haine et la mésintelligence régnera parmi nous: on ne parlera plus des anciens états de V. M., de ce peuple entier qui vous appellait son père, sans pleurer sur ses malheurs.

« V. M. sait que je fus des premiers à avertir le ministre de la guerre de tout ce que je m'étais aperçu qu'on tramait;

---

[1]) Il cavaliere Carlo Gabriele Nicolis di Robilant (- 19 agosto 1871).

que je priais souvent V. M. elle-même de faire veiller avec
plus de soin sur les malveillants; que plus tard je lui fis la
confession génuine des propositions qu'on venait de me faire,
des promesses de tranquillité que j'avais obtenu. De nouveau
je me jette aux pieds de V. M. pour la conjurer, non seulement en mon nom, mais en celui aussi de notre nation entière (car en ce vœu tous les partis sont réunis); qu'elle re-
prenne les rênes de l'Etat. En vous seul, Sire, la nation a
espoir, a confiance; tous les troubles, toutes les divisions dis-
paraitront si on m'apprend que V. M. daigne de nouveau se
mettre à notre tête. On peut encore éviter d'avoir recours aux
souverains alliés pour pacifier notre malheureuse patrie. Le duc
de Genevois lui-même, montre le désir de voir remonter V. M.
sur le trône, il n'a point accepté le titre de Roi: V. M. est
soupirée, attendue même; car on ne peut douter qu'ayant vu
mûrement tous nos événements elle ne soit complétement con-
vaincue que le nombre des factieux est en très-petit nombre,
que l'immense majorité de la nation est fidèle; la troupe même,
je dois le dire à V. M. ne se débande qu'à cause de son abdication; que de soldats, ne m'ont-il pas dit à moi-même, lorsque je leur demandais pourquoi ils quittaient leurs étendards:
— notre bon Roi nous a quittés nous ne voulons plus servir
sous un autre, d'ailleurs lui même nous a donné l'exemple, il
nous a abandonnés. — D'autres au bivouac me répétaient: —
Eh! pourquoi le bon Roi est-il parti? — Enfin, Sire, c'était
toujours du bon Roi dont ils parlaient. Une poignée de factieux,
dont les personnes faibles augmentaient immensement le nombre
dans les premiers moments, fut notre ruine en provoquant votre
abdication.

« Eh! bien, Sire, il appartient à notre bon Roi, à vous,
Sire, qui avez une âme si généreuse, de pardonner, en faveur
de l'immense majorité des bons, à notre nation la faute que
commîrent quelques jeunes gens qui déjà sont repentis, et
n'attendent, pour baisser les armes, que de savoir au moins,

qu'en se sacrifiant, s'il le faut, ils auront la consolation de laisser leurs pères, leurs fils vivant heureux sous un Souverain aussi clément, et leur patrie sauvée.

« Voilà, Sire, les voeux de notre nation entière. V. M. ne pourra résister aux cris de ses enfants qui attendent d'elle seule leur salut. Oui tous nous espérons que V. M. reprendra la couronne, et de plus, elle ne peut l'ignorer, c'est le désir manifesté très-clairement par les Souverains alliés. Les ministres des quatre grandes puissances ici réunis, me le firent clairement sentir, ils désirent que V. M. le sache, et lui feront connaître beaucoup plus clairement les intentions de leurs Augustes Maîtres, lorsque V. M. se rapprochera un peu plus de nous; c'est leur désir, c'est le notre à tous. V. M. est attendue à Lucques, ou à Livourne avec une très-grande anxiété, je peux le dire officiellement à V. M. Je la supplie donc et la conjure de penser que d'elle seule dépend le bonheur ou le malheur de notre patrie, et qu'en accédant à tous mes voeux, Elle laissera un nom glorieux et béni par tous nos descendants.

« Avec le plus profond respect et le plus entier dévouement j'ai l'honneur d'être

« De V. M.

Turin (*sic* invece di *Florence*) ce 3 avril 1821.

le très-humble, très-obéissant serviteur et sujet

CHARLES-ALBERT DE SAVOIE

Nicomede Bianchi che, a quanto credo, non ebbe sott'occhi queste due lettere, [1] pubblicò la risposta fattavi dal re Vittorio, da Nizza addì 11 aprile. Il re abdicatario schiva di manifestare i propri sentimenti con un luogo comune:

« Je n'ai eu que le temps de pouvoir vous accuser vos lettres, ce soir, avant le départ de la princesse pour Livourne. »

Nello stesso giorno Carlo Alberto si rimetteva a supplicarlo;

---

[1] *Storia della Diplomazia Europea in Italia;* II. 341.

« Sire,

« Le comte de la Serraz passant par Florence pour se rendre
à Nice, je profite d'une occasion aussi sûre, pour supplier de
nouveau V. M. de prendre en considération les désirs des Souverains alliés ; ainsi que le malheureux et désolant état dans
lequel notre pauvre pays va être plongé si V. M. n'accède aux
voeux si ardemment exprimés par tous ses sujets.

« Dans mes dernières lettres, j'eus l'honneur de mettre sous
ses yeux la désolation que son éloignement et son séjour à
Nice mettait parmi tous ses fidèles sujets. Le marquis de Saint
Marsan aura sûrement exprimé à V. M. le désir que les Souverains, ses augustes alliés ont manifesté de la voir arriver à
Lucques ou à Livourne pour être à même de pouvoir donner
ses ordres dans une parfaite liberté.

« V. M. est si bonne, elle montre toujours un si grand
attachement pour le malheureux Piémont, qu'elle n'en veut
sûrement pas la ruine, qui est inévitable si elle ne s'empresse
de reprendre les rênes du Gouvernement. Elle sauvera notre
pays et laissera un nom que nos arrières-neveux ne prononce-
ront jamais, sans y joindre leur admiration et leur reconnaissance.

« Je supplie V. M. d'excuser en moi le zèle peut-être un
peu trop sincère que je montre pour ma patrie ; mais j'ose l'assurer qu'aucun de mes désirs n'a pour but que ce qui peut
contribuer à sa gloire. J'espère que V. M. sera assez bonne
pour me mettre aux pieds de S. M. la Reine, et qu'elle croira
au dévouement sans bornes et au plus respectueux attachement
que je me fais gloire de lui porter

Avec le plus profond respect et entière soumission, j'ai
l'honneur d'être

De Votre Majesté.

(*Florence*) ce 11 d'avril 1821.

le très-humble dévoué serviteur et sujet
CHARLES-ALBERT DE SAVOIE

Nella seguente lettera poi, perduta ogni speranza di vedere raggiunto il vagheggiato scopo, si abbandona a querimonie e ad invocare per se la benevola protezione del re Vittorio.

« Sire,

« Dans l'entière ignorance où je suis du moment ou nous rentrerons en Piémont et par conséquent de celui où je pourrai avoir le bonheur de me mettre aux pieds de V. M. et de lui exprimer de vive voix les sentiments de vénération et de dévouement que je me fais gloire de lui porter, j'ose de nouveau me rappeler à son precieux souvenir. Les bontés dont V. M. daigna me combler dans tous les temps et qui sont toujours présentes à ma mémoire, furent dans nos moments de malheur une de mes plus grandes consolations, et un des plus forts motifs qui m'excitaient à bien faire, voulant toujours justifier ses faveurs. Aussi ai-je la ferme convinction d'avoir dans tous les temps fait mon devoir auprés de V. M. et de l'avoir servi avec le plus grand dévouement dans les malheureux jours qui précédèrent son abdication. Tous mes vœux, toutes mes actions n'eurent ensuite d'autre but que de la voir reprendre la Couronne. Mais nos désirs, nos espérances sont évanouies; il ne me reste que le regret et le désir toujours plus fort et toujours moins espéré, de pouvoir lui donner des preuves de mon trés-respecteux attachement, et de pouvoir la convaincre que je l'ai toujours regardé comme un pére pour lequel je donnerais mille vies si je les eusse.

Mon éloignement actuel du pays, et quelques autres circonstances ont donné matière à mes ennemis, et aux personnes qui méprisent mes avis, ou qui me croyent animé d'un faux zèle, de répandre bien des calomnies sur mon compte, pour s'excuser et pallier leur torts ou leurs faiblesses. Mais V. M. me connait assez pour me juger certainement, autrement que sur mes actions; et je me fie trop en la justice de Dieu pour chercher d'autres réparateurs de mes torts que lui seul; et pour ne vouloir perdre personne, même de mes ennemis, en faisant quelqu'espèce de justification. Puisse V. M. se rappeler quelquefois avec sa bonté ordinaire d'une personne qui lui est le plus sincérement dévoué que possible et qui n'a d'autres désirs, d'autres espérances que ceux de pouvoir toujours la servir et la suivre en toutes les occasions possibles.

J'ose supplier V. M. de me mettre aux pieds de S. M. la Reine et de croire au trés profond respect avec lequel j'ai l'honneur d'etre.

De V. M.

Florence ce 28 mai 1821

le trés humble et dévoué serviteur
CHARLES ALBERT DE SAVOIE P.° DE CARIGNAN.

XX

Ed ora dopo così ampia informazione, dopo così estesa preparazione a me sembra di poter dare il massimo dei miei documenti, cioè un *Memoriale* a discolpa, scritto da Carlo Alberto stesso in principio dell'anno 1822.

In luglio dell'anno precedente leggevasi con avidità in Torino uno scritto a penna che spacciavasi per *Apologia* del principe, ma era apocrifo o per meglio dire compilato sulla traccia d'una sua lettera privata. [1])

_____

[1]) Je donnai dans une lettre à Truchssess (*ministro Prussiano a Firenze*) « une petite relation de nos événements, après avoir eu la promesse qu'elle « n'aurait jamais été connue du public; j'étais si fort persuadé qu'elle n'aurait « jamais été publiée, que je la fis comme une lettre, et que je n'en gardais aucune « copie. » Da lettera da Firenze, 17 luglio 1821, di Carlo Alberto ad X.... (cav. Bianco di Barbania) pubblicata da Nicomede Bianchi (St. diplom. II. 342). Di questa difesa parla Carlo Felice in una lettera al Re fratello in data 17 dicembre 1821 pure messa in luce dal Bianchi (*loc. cit.* II. 341).

Nelle irreperibili *Memorie storiche sul Cibrario* scritte da Federico Odorici (Firenze, Civelli, 1872) (V. APPENDICE I) si cita tradotta una lettera di Carlo Alberto da Firenze 24 marzo (*sic*) nella quale il principe scrive al Barbania in proposito del *Récit exact des événements* attribuito al principe e inviatogli dal suo amico, che il suppornelo autore « era una calunnia di più; ve l'accerto « nel mio onore che non è vero e voi potete scommettere con tutta certezza.

Già prima aveva mandato appunti al conte Rodolfo de Maistre [1]) e questi se ne servì o per compilare, o per dare regola ad alcune pubblicazioni anonime nelle quali ebbe mano. [2])

In sul principio fu stornato dallo scrivere una estesa giustificazione; e ne lo dissuadevano l'intimo suo cavaliere di Barbania, [3]) l'abate Incisa [4]) ed il presidente Costa. [5])

Quando però s'avvide che le speranze di un prossimo ritorno in patria andavansi dileguando; quando cominciò ad angustiarsi per i suoi diritti pericolanti a Verona; allora mandò in giro alle cinque grandi potenze, e comunicò al Papa ed al Granduca, e fece girare in paese questa sua doppia difesa. [6]) La quale era già conosciuta in

---

« La riposta di Balbo non è che un'impudente buffonata. L'autore del *Récit* » non ha portato il suo giudizio che sopra i fatti più certi. In quanto a me » solo ed unico oggetto della mia ambizione è il Paradiso. »

Ma l'editore non s'avvide che questa riferivasi, non alla supposta *Apologia* del principe, ma al *Simple récit*, attribuito al de Maistre, ed in certe parti ispirato da Carlo Alberto. Cesare Cantù ricopia questa notizia e questa smentita (*Cronistoria*, II. 182.) Ma confonde poi anche quella prima apocrifa apologia col memoriale secondo, quello che io pubblico in questo lavoro, al quale si l'uno che l'altro di questi scrittori danno titolo e data sbagliati; cioè: *Rapport circonstancié sur la révolution du Piémont, fait par le prince de Carignan et remis par lui confidentiellement aux ministres d'Autriche, de Russie, de Prusse et de Florence, 1821.*

Naturalmente non ho potuto verificare se sia esatto che l'originale sia custodito nell'Archivio di Corte. Certo che là non si trova l'autografo dell'altra relazione scritta, 18 anni dopo gli avvenimenti, da Carlo Alberto, coll'epigrafe *ad majorem Dei gloriam.*

[1]) Il conte Rodolfo de Maistre, che fu poi governatore di Nizza e cavaliere della SS. Annunziata (25 dicembre 1846.).
Era figlio di Giuseppe, e nipote di Saverio, scrittori illustri.

[2]) Specialmente nei *Trente jours de la Révolution piémontaise* (Lyon, s. a) e nel *Simple Récit des événements arrivés en Piémont dans les mois de mars et d'avril 1821 par un officer piémontais* (Paris, 1822).

[3]) Il cavaliere Luigi Bianco di Barbania, che Carlo Alberto, essendo re, ricompensò col Grandato di Corona e coll'ordine supremo (20 aprile 1835). Morì il 27 settembre 1836.

[4]) Giambatista Incisa dei conti di S. Stefano Belbo, abate di S. Pietro di l'areto (22 aprile 1818); Gran Croce Mauriziano (21 settembre 1819) e governatore del Collegio delle provincie (29 settembre 1814). Aveva radunato un famoso e ricco medagliere.

[5]) Giuseppe Maurizio Costa Vercellese, già presidente di camera nella corte d'appello di Torino (19 settembre 1763 — 18 aprile 1832).

[6]) Le prince de Carignan présenta sa justification; et chose singulière, il s'y montrait hostile à Revel. Elle compromettait beaucoup de monde (*Revel, Mem. sur la guerre des Alpes;* Lxiij).

Torino nella primavera del 1822; anzi su di essa trovai fra gli zibaldoni del barone Vernazza questa noterella.

« Il principe di Carignano ha scritta una sua composizione per iscusare la sua condotta. Non fu stampata, ma se ne sono vedute copie manoscritte. [1] L' una di esse da un mio amico sicuro. Alcuni passi di questa composizione principesca si trovano in quel libro stampato che ha titolo di *Simple récit* che io vedrò unitamente all' altro libro stampato anonimo, ma certo di Santorre. *Haec scripsi* sabato 20 di aprile 1822. [2] »

Ed adesso ognuno di per se legga questo documento al quale io altro non aggiungerò se non alcune notizie di fatto, o date, o dichiarazioni di nomi.

XXI

RAPPORT ET DÉTAILS DE LA RÉVOLUTION QUI EUT LIEU EN PIÉMONT DANS LE MOIS DE MARS 1821.

« Le projet de la révolution qui vient d'avoir lieu en Piémont ne fut point formé dans notre pays, et les malheureux événements qui se succédèrent, démontrent très-clairement que les jeunes gens qui se sont mis à la tête des révoltés, ou qui coopérèrent au soulévement, furent séduits ou corrompus; et étaient guidés dans presque toutes leurs actions par des directeurs étrangers à notre nation.

« En effet depuis près de deux ans que cette conjuration se tramait assez publiquement, nos jeunes gens les plus à la mode et les plus riches, ceux qui ont paru maintenant des meneurs sécondaires, changèrent les sentiments dont ils faisaient profession auparavant, par

---

[1] Io, ad esempio, ne rinvenni due esemplari fra le carte che furono di Prospero, e poi di Cesare Balbo. Ed un altro fra i Miscellanei del Cibrario.

[2] *Miscellanee Vernazziane Mss.* XI. n. 222; nella Bibloteca del Re a Torino.

gradation et d'une manière très-visible, ne cachant point qu'ils étaient encouragés dans leur manière de penser, par le duc de Dalberg [1], le comte Bardaxy [2] et le comte de..... [3] chez lesquels ils se réunissaient souvent en sociétés assez nombreuses, où intervenaient tous les étrangers qui passaient, et qui marquaient par leurs idées libérales; et leur nombre augmentait de plus en plus.

« Nos Messieurs commencèrent aussi à voyager [4], tous se rendirent à Paris et plusieurs en Angleterre. Leurs courses devinrent très fréquentes en ces derniers temps ; quelques-uns d'entr'eux (en comptant dans leur nombre d'autres personnes des différents États d'Italie, et qui dans le séjour qu'ils faisaient à Turin paraissaient intimement liés avec eux) avaient presque fixé leur séjour à Paris et à Londres, et tenaient une correspondance très-suivie, et non ignorée du public. Un parti

---

[1] Emerico Giuseppe, barone, poi duca di Dalberg, pari di Francia, ministro di Stato ; marito di una Brignole, e così in relazioni di parentela fra noi. Dove venne ambasciatore di Luigi XVIII ai 27 settembre 1816.

Ma al tempo dei rivolgimenti più non risiedeva presso questa corte, essendo stato surrogato addì 24 settembre 1820, dal Marchese de la Tour du Pin Gouvernet. « Depuis la réstauration l'hôtel de l'ambassadeur de F..... avait « toujours été le point de réunion des personnes opposées au gouvernement du « Roi. Peu à peu cet hôtel devint le rendez-vous des malveillants et en 1819 « enfin le club des conjurés. On y prêchait ouvertement les maximes de la *Mi-* « *nerve*, et du *Nain Jaune (Simple récit, 9.)* »

[2] Don Eusebio di Bardaxy y Azara, tenne il carattere publico di ambasciatore del Cattolico alla Corte di Savoja dal 2 marzo 1817 agli 11 febbrajo 1821, lorquando il *Cortes* soppressero, col pretesto di economia, l'ambasciata spagnuola a Torino, lasciandovi una legazione. « Le chevalier Bardaxi « cachait quelquefois chez lui les mauvais sujets dénoncés à la police, et leur « fournissait ainsi le moyen de séjourner à Turin. Les caves et les salons de « cet ambassadeur étaient des chaires publiques d'insurrection (*Simple ré-* « *cit*, 9. 36). »

[3] Il personaggio che qui il principe non vuole designare è il conte di Sciboltsdors, inviato straordinario del Re di Baviera a Torino, dal 4 aprile 1817. Fors'ei ne taceva il nome perchè, mentre gli altri due diplomatici non dimoravano più fra noi, costui durava in carica, che ritenne sino al 1824.

[4] « Quelques uns . . . . nommément MM.rs de Collegno et de Baldissero, « firent le voyage de Naples, dans l'hiver de 1819, ils y furent reçus au nombre « des initiés (*Simple récit*, 7). »

libéral commence à se former ; depuis près d'un an ces jeunes gens
affectaient en public des sentiments absolument subversifs du
Gouvernement, sans que jamais la police les fit punir ou même
reprendre, non seulement sur leurs paroles, mais même sur leurs
actions. Ils s'enhardirent, ils crûrent en imposer, il devient du
ton d'être libéral ; la corrispondance avec Milan devient on ne
peut plus suivie, ce n'était plus qu'un aller et venir des personnes les plus suspèctes ; dans les derniers temps, même
quelques Milanais observés par la police arrivaient clandesti-
nement et étaient logés chez le chevalier Bardaxy.

« Trois clubs, à ce que je parvins à savoir, se formèrent à
Turin, dont un seul était composé d'étudiants, mais ils étaient
tous trois nombreux. Le chevalier de Castion, [1]) et l'avocat
Vismara, [2]) dont la résidence était ordinairement à Milan, paraissaient être ceux d'après les instigations desquels ces sociétés agissaient. Je parvins à savoir qu'à Genève existait un
club, composé en partie de Piémontais, de ces personnes per-
dues en réputation, et d'étrangers ; dont le but fut d'organiser
la révolution chez-nous. À Genève s'y arrêtaient tous les voya-
geurs suspects qui allaient ou venaient de Paris ; de là on
envoyait les proclamations les plus incendiaires. Du club de
Genève nos meneurs paraissaient recevoir les ordres que les
directeurs étrangers envoyaient des différents pays. À Genève
enfin, et c'est une chose qui se disait assez publiquement on
avait envoyée une somme de 1,800,000 livres pour faciliter
le projet libéral en Piémont ; mais cette somme fut infiniment
augmentée, car dans les derniers temps il est inoui tout ce
que les conjurés ont dépensé, surtout parmi la troupe. Je
cherchais à m'informer d'où venait cet argent, et il m'est
revenu qu'il était fourni par des banquiers de Paris, d'Angle-

---

[1]) Intendasi del cavaliere Verasis-Asinari dei conti di Castiglione e di Costigliole « surnommé le *féroce* » dice l'autore del *Simple récit* (p. 116).

[2]) Novarese, destinato capo politico in Novara — Fu preso e condannato
dall' Austria.

terre et d'Amérique, qu'une très-petite partie est due aux 48 millions que Napoléon avait laissé dans ces différents pays à la disposition des agents de sa famille. Les libéraux cherchérent assez visiblement à augmenter leurs prosélytes, ils faisaient des comptes les plus absurdes sur leurs forces, sur leurs partisans, sur leurs projets même. Ils mettaient en ridicule le plus qu'ils pouvaient le gouvernement et la Cour, [1]) cherchant à persuader qu'ils étaient unis de sentiment à toute l'Italie, qui voulait devenir indépendante; que la Constitution était une chose absolument secondaire et qui ne devait être qu'un appui indispensable pour la réussite de leurs projets que divers gouvernements soutiendraient.

Les révolutions d'Espagne, de Portugal et de Naples surtout, firent sur notre pays l'effet le plus malheureux, en donnant à notre troupe et surtout à nos officiers, déjà assez indisciplinés, un exemple fatal. Dès lors ils ne firent plus aucun mistère de leurs dessins, sans que nous en vissions un seul puni, ni sans que la police eut fait arrêter aucune des personnes de la seconde société, qui presque toute entière se livrait à sa manière de penser, de la façon la plus indécente.

Un mois à peu près avant nos malheureux événements, quelques jeunes gens qui affectaient des idées libérales, tels que le marquis Carail, le fils du comte Balbo, le chevalier

---

[1]) Notissime le facezie che alcuni begli umori fecero al Principe di Carignano per burlarsene. Famosa e crudele quella concertata alloraquando ei venne consolato dalla nascita del suo primogenito che fu VITTORIO EMANUELE II. Il 14 marzo 1819 i cappuccini del Monte entrarono processionalmente nel palazzo Carignano dicendo che vi venivano per associare al sepolcro il cadavero del nato morto principino. Nell'invito erasi falsata la firma del conte Valperga maggiordomo della Casa. E, subito dopo, avvisato l'Intendente del principe che facesse ritirare in dogana certe balle di velluti neri per tendere a gramaglia le sale del palazzo.

Meno lugubri e più spiritose le burlette al povero conte Lodi, ingenuo ministro di polizia. Un occhialaro domanda di parlargli e fa vedere l'invito scritto di portargli sua merce: — Badate, disse il Lodi, ch'io non vi ho richiesto per occhiali, mi pare che siansi burlati di voi: — Temo, Eccellenza, che la burla non sia piuttosto per lei!

de Collegno [1]) et divers autres appartenants presque tous à nos différentes Cours, et qui depuis près d'une année ne s'étaient plus présentés chez-moi, commencèrent à me faire des visites assez assidues, mais faisant toujours des discours généraux, me disant que le voeu de la nation c'était pour une Costitution, que ce serait un bonheur et une gloire de l'acquérir même par une guerre; propos qu'ils tenaient publiquement. Je leur répondis que ma conduite aurait toujours eu pour base mes devoirs et mon attachement à la personne du Roi.

Je ne pouvais chasser de chez moi des personnes de la Cour du Roi, les fils de nos premiers ministres, [2]) me montrer plus sévère que le Ministre de sa police; mais je veillais avec le plus grand soin sur le Corps d'artillerie qui était sous mes ordres, depuis peu de mois seulement, et dont on m'avait averti, en me le confiant, du mauvais esprit dont il était animé. Je parlais aussi au Ministre de la guerre, lui disant qu'il fallait veiller avec plus de soin sur la troupe, que la police ne faisait pas son devoir, mais mes paroles étaient inutiles.

Peu de jours avant que la révolution éclatât, le marquis de Carail, le comte Balbo et quelques autres du même parti, reçurent des grades militaires, des distinctions. [3]) Le Ministre de la guerre fit non seulement appeler quelques officiers pour les raisonner mais tous au sortir de chez-lui riaient de ce qu'il leur avait dit, et quelques-uns, entr'autres le comte Lisi, [4]) se vantaient qu'ayant voulu donner au ministre leurs démissions, il les avait refusées. Dans la ville même, le gouvernement ne fit prendre

---

[1]) Vedi il *Dizionarietto dei compromessi*.

[2]) Accenna a Carlo di Caraglio ed a Cesare Balbo. Erano ministri allora, il San Marzano per l'estero, Prospero Balbo per l'interno; alle finanze il marchese Brignole, alla guerra e marina il Saluzzo, e per la polizia l'inetto conte Lodi.

[3]) Caraglio, Balbo, il conte di S. Michele e parecchi altri erano stati recentemente promossi a grado superiore. Ansaldi, Regis ed altri fregiati della Croce Mauriziana.

[4]) Vedi il *Dizionarietto dei compromessi*.

aucune disposition, il réduisit le soin à faire battre quelques patrouilles de cavalerie, mais aucun officier de confiance ne fut mis dans la citadelle, aucune ronde d'officiers ne ne faisait. Enfin l'artillerie seule manœuvrait tous les jours, tandisque les autres Régiments ne faisaient absolument plus rien depuis plus de deux mois. Les Régiments en garnison près de la capitale, tels que les chevaux légers du Roi et ceux de Piémont, resterènt presque sans officiers; tous étaient à Turin ainsi que grand nombre de bas-officiers, sans qu'on s'ingérat de leur conduite, sans que le grand nombre de divers officiers des autres Régiments qui étaient toujours sur les grands chemins, donnassent aucun soupçon. Les malintentionnés augmentaient visiblement. Je me crus obligé de représenter à S. M. le Roi que la police ne se faisait point avec assez de soins. Je parlais aussi à plusieurs personnes de la Cour, mais inutilement.

Dans les deux ou trois premiers jours du mois, la police sachant qu'un voyageur apportait des lettres suspectes que le prince de la Cisterne [1]) écrivait de Paris à ses correspondants, elle le fit arrêter. On lui trouva grand nombre de proclamations incendiaires et trois lettres une pour sa sœur, [2]) une pour le marquis de Prié, [3]) et l'autre pour le chevalier de Perron. [4]) On fit arrêter ces deux derniers, et on mit le scellé sur leurs papiers. Mais la police s'y prit si maladroitement que dans la nuit le marquis de Carail entra dans leurs chambres et enleva tout ce qu'il pouvait y avoir de suspect.

Les deux lettres étaient remplies de très-mauvais principes, mais ne spécifiaient rien. Dans celle du marquis de Prié il

---

[1]) Vedi il *Dizionarietto dei compromessi.*

[2]) Barbara Dal Pozzo, morta nubile a Torino il 24 giugno 1828 e sepolta nel suo castello di Reano. Lasciò le sostanze sue al conte di Osasco ed al provicario canonico Peyron, quali fiduciari verso il fratello, cui non era lecito, quale proscritto, acquistare per eredità.

[3]) Vedi il *Dizionarietto dei compromessi.*

[4]) Vedi il *Dizionarietto dei compromessi.*

disait seulement qu'on devait faire tout le possible pour me mettre dans le parti; mais ne pas trop se fier de moi. Il parlait aussi de Gifflenga, disant que c'était une personne précieuse à employer mais de qui il fallait se beaucoup méfier; étant capable de faire deux figures; il ajoutait puis qu'il serait arrivé lui-même quelques jours après de Paris, et qu'il aurait apporté des renseignements beaucoup plus positifs. Dans la suite il fut arrêté à la frontière et conduit à Fenestrelle. Au lieu de faire arrêter de suite toutes les personnes compromises par les papiers, on mit le plus de lenteur qu'on put dans cette affaire, ils ne furent apportés à Turin que trois jours après et on les remit au substitut du procureur fiscal général, pour faire le procès. Les personnes compromises et qui avaient beaucoup d'argent à leur disposition, [1]) eurent le temps de connaître ce qu'ils désiraient, et se crûrent dans la nécessité de hâter la révolution.

Le 2 ou le 3 environ, [2]) vinrent chez-moi Carail, Collegno, Sainte-Rose et Lisi me demandant le secret sur une chose très-importante qu'ils avaient à me confier, me disant ensuite, après avoir faite une longue dissertation sur les idées libérales, qu'ils appartenaient à des sociétés qui depuis longtemps travaillaient pour l'indipendance de l'Italie, que tous leurs plans étaient à leur fin, que j'avais montré toujours un grand attachement pour mon pays, que je ne pouvais avoir d'autre but que celui de la gloire, et qu'ils espéraient que je me serais mis de leur côté pour obtenir du Roi une légère concession qui n'aurait été qu'un acheminement à la gloire future.

Je leur répondis que je ne pouvais avoir d'autre manière d'agir que celle que la religion et l'honneur me prescrivait, et que rien au monde ne m'aurait fait départir de mes devoirs. Je cherchais à les raisonner et à leur prouver la folie de leur

[1]) V. *Simple récit.* 40.

[2]) Il 6 marzo secondo il *Simple récit*, 41.

entreprise, mais il me dîrent que ce que je leur aurais dit, quant'à eux était inutile, puisque ils étaient liés par les serments les plus forts. Je leurs dis alors que si je ne pouvais les empêcher de faire ce qu'ils désireraient, je me serais au moins mis contre eux avec mon artillerie. Alors ils me réponpondirent que c'était aussi inutile puisque tous les Régiments de la garnison étaient à leurs ordres et que même je n'aurais pas pu disposer de mon Corps. Pour me le prouver ils me firent voir une liste ou je vis que la plupart des officiers étaient fédérés. [1]) Alors je leur dis que puisq'un tel malheur m'arrivait, je me serais rendu de ma personne auprès du Roi. Ils partirent en me disant qu'ils comptaient sur le secret, qu'ils espéraient que je changerais d'opinion, et que la révolution aurait éclaté le jour que le Roi se serait rendu à Moncalier, dans la soirée du même jour.

Je fis appeler le Ministre de la Guerre, je lui dis que je savais, à n'en pouvoir douter, qu'une conjuration était établie et qu'on devait prendre les mesures les plus énergiques pour empêcher son effet, qu'il y avait un Ministre de police, un Ministre de la Guerre, qu'il était impossible qu'ils ne pussent pas savoir ce que tout le monde savait, et que moi je ne pouvais point faire l'espion. Le Ministre me montra un très-grand chagrin de tout ce qui se passait, me pria de faire moi-même mon possible pour y remédier, il finit pour me dire que si je ne m'y opposai point il aurait fait arrêter Collegno, qui était major d'artillerie légère et mon écuyer. Je lui dis que ce qui m'aurait fait le plus de peine c'eut été qu'on crut que je voulais protéger les personnes de ma Cour, qui pourraient se trouver coupables. Le Ministre partit, mais il ne fît point arrêter le major. Ne sachant presque plus comment faire pour empêcher ce fatal événement, je résolus d'enlever toute l'artillerie aux conjurés; ne pouvant douter qu'ils ne comptassent beaucoup sur

---

[1]) Cf. *Simple récit*, 45.

elle. Je passai presque tous ces derniers jours dans l'Arsenal et nos casernes, parlant et raisonnant les officiers, et même les sergents, je parvins à me rendre extrémement maître de l'artillerie légère, et avoir la parole de presque tous les officiers de l'artillerie à pied qu'ils n'auraient fait aucun mouvement sans mon ordre, et que si on eut attenté à la personne du Roi, ils se seraient fait tuer pour le défendre. Sachant que le général Gifflenga a une grande influence sur l'armée, et le connaissant particulièrement, je le fis appeler pour lui confier ce que l'on m'avait dit, et les mesures que je venais de prendre. Je lui fis même parler à deux capitaines de l'artillerie légère, désirant qu'il s'aidât à prévenir les désordres qui devaient avoir lieu.

Le mercredi 7 le Roi partit pour Moncalier. Sachant qu'il désirait faire la route à cheval, le matin avant diner je lui demandais la permission de l'accompagner, car quoique le complôt ne dût éclater que dans la nuit, je craignais de le laisser dans ce jour entouré seulement de personnes agées, ou de son écuyer Carail. Aussitôt après diner je me rendis à Turin, je rassemblais presque tous les officiers de mon Corps, et leur ayant de nouveau fait redonner leur parole, j'en envoie deux, comme en leur nom, aux conjurés: qu'ils se retiraient de leur parti, et qu'ils s'étaient mis à ma disposition.

Les révoltés m'envoyèrent aussitôt une Députation. Je ne vis que S.ᵗ Marsan et Collegno qui me dîrent que je les perdrais, que je me déshonorerais aux yeux de l'Europe, en empêchant un action si louable; mais je les congédiai leur disant que j'avais fait mon devoir et que je les sauvais eux-mêmes. Ils envoyèrent des contre-ordres partout, et j'eus le bonheur d'empêcher ainsi l'exécution du premier complôt.

Deux personnes vinrent de nouveau pour me parler dans les deux jours suivants, tels que le chevalier de S.ᵗ Marsan ¹) et

---

¹) Il cavaliere Britannio Asinari di S. Marzano, fratello quartogenito del marchese di Caraglio. Era tenente nello stato maggiore generale e scudiere del Principe (— 31 dicembre 1875).

le capitaine Radice [1]). Mais je me montrai de plus en plus indisposé contre eux, et redoublai de soins dans mes quartiers que je n'abandonnai presque pas d'un moment. Ne pouvant plus disposer d'une seule compagnie d'artillerie, et étant surs de m'avoir contre eux, les conjurés, à ce que le comte Gifflenga m'envoya dire par le comte Balbo, lui avaient envoyé une espéce de Députation composée de Carail et de Sainte-Rose pour lui narrer le cas et lui demander un conseil qui fut de renoncer à une entreprise si folle; ce dont ils lui donnèrent leur parole d'honneur au nom des fédérés.

Hors de moi d'avoir fait échouer la conjuration, je fis appeler le ministre de la guerre pour le mettre au fait de tout ce qui avait dû se passer, le priant de tout conter au Roi, ajoutant que puisque la police et les autres personnes qui auraient du découvrir cette trame, n'avaient pas su le faire, j'espérai que S. M. le Roi en donnant des ordres pour que son service fut mieux fait à l'avenir, voudrait bien ne plus faire attention au passè, en grâce de ce que j'avais fait pour son service.

Le Ministre de la Guerre s'empressa d'aller à Moncalier pour donner cette bonne nouvelle au Roi, m'assurant qu'il n'aurait surement pas fait des difficultés à accorder la grâce que je lui demandai. Le lendemain matin vers le neuf heures le Gouverneur de la Ville [2]) et le Ministre de la Guerre vinrent en hâte chez-moi pour me dire que le colonel des chevaux-légers de

---

[1]) Vedi il *Dizionarietto dei compromessi.*

[2]; Governatore di Torino e comandante generale di quella divisione era il cavaliere Ignazio Thaon di Revel, conte di Pralungo, cavaliere della Nunziata (15 agosto 1820).

Uomo di amena e classica coltura, carteggiava persino in latino, e ne pubblicò garbati saggi il mio amico e collega cav. Vincenzo Promis (*Miscell. di Storia Ital. XI*). In gioventù compiacquesi nel filosofare. Anzi ghiribizzò certi sistemi filosofici ch'altri poi si appropriò, e ne lasciò traccie in un suo curioso ed anonimo *Testament politique.* Nel 1871 il suo figliuolo, conte Genova di Revel luogotenente generale, pubblicò interessanti *Mémoires sur la guerre des Alpes et les événements du Piémont pendant la révolution française*, ricavati dalle sue carte. Nelle notizie biografiche che precedono vi sono rivelazioni importanti su questi

Piémont [1]) en garnison à Fossan qui est à plus de douze lieues
de Turin aurait dit qu'il marcherait sur la capitale pour secourir
le Roi qu'on devait avoir attaqué à Moncalier, quoiqu'il n'eut
avec lui qu'un seul escadron de son Régiment, qui était tout
entier de garnison en Savoje. Ces deux messieurs étaient hors
d'eux, surtout le Gouverneur. Je fis de mon mieux pour les
rassurer; disant que ce n'était seulement qu'un malentendu,
puisque le Ministre de la Guerre savait qu'ils avaient juré de
ne plus rien entreprendre. Le Gouverneur m'ajouta que le général Gifflenga était allé à leur rencontre assûrant qu'il les
aurait fait retourner en arrière.

Le Ministre de la Guerre me pria avec instance d'accompagner
el Gouverneur qui désirait faire le tour des quartiers. Quoique
je fusse malade, je me levai aussitôt, les assurant qu'en quelque
état que je pusse être ils m'auraient toujours trouvé prêt-à-faire
tout ce qu'ils m'auraient demandé pour le service du Roi.

Nous nous rendîmes d'abord à l'Arsenal, où je fis prendre
les armes à l'artillerie, je fis préparer une batterie et donner
les ordres pour qu'on ne laissât approcher ni entrer aucun particulier dans nos casernes.

Nous allâmes depuis dans celles du Régiment des gardes et

---

moti del 21. Egli n'aggrava alquanto, e così credeva giusto, la parte presavi
dal principe di Carignano.

Nel 21 fu assai in uggia alla parte liberale, perchè lo riputavano severo non
soltanto, ma crudele nel reprimere. Invece usò grande mitezza, e diede savi
consigli di temperanza. Dopo il tumulto degli studenti avvenuto il 12 gennajo 1821, che fu sedato dal Revel, sparsero per la città una caricatura che
rappresentava un prato tutto irto di sciabole e di bajonette, colla leggenda:
Fiori di PRATOLUNGO.

Ebbe allora la plenipotenza del Re col titolo di suo luogotenente generale
negli Stati di Terraferma (19 aprile 1821). Gli venne anche conferita la suprema ed unica dignità di *Maresciallo di Savoja* (10 aprile 1829), e da Carlo
Alberto la vice-presidenza annuale del Consiglio di Stato da quel Re istituito
e presieduto. Morì il 26 gennaio 1835.

In altro scritto dovrò occuparmi di quell'egregio amministratore che fu il suo
figliuolo conte Ottavio di Revel.

[1]) Vedi il *Dizionarietto dei compromessi.*

du Régiment d'Aoste. Le Gouverneur ne parlait à aucun officier; je les ressemblai et leur recommandai la fidélité qu'ils devaient au Roi, leur disant, qu'il n'y avait qu'un seul Dieu qui voyait nos actions et que l'honneur ne permettait de suivre que la ligne droite de nos devoirs. Tous me donnaient les marques les plus évidentes de leur zèle.

Je quittai alors le Gouverneur pour rejoindre le général Gifflenga, et aller au devant des chevaux-légers; mais il était déjà de retour à Moncalier, le colonel n'étant point parti. J'y trouvais aussi le Ministre de la Guerre qui me dit ce que S. M. le Roi me confirma, qu'à condition que d'ici à l'avenir les conjurés ne fissent plus rien, il ne penserait plus au passé; et S. M. eut encore la bonté de m'accorder la grâce du Colonel.

Trois ou quatre heures après, étant de retour à Turin, j'appris que la garnison d'Alexandrie s'était révoltée et s'était emparée de la Citadelle. S. M. le Roi se rendit aussitôt à Turin avec son Auguste Famille. Peu après son arrivée l'on apprit que le Régiment des chevaux légers du Roi [1]) en garnison à Pignerol avait aussi défectionné et prenait la route d'Alexandrie.

Rentré chez-moi depuis peu de moments on m'avertit que le comte Balbe fils avait quelque chose d'importance à me communiquer, c'était pour me dire que son père et d'autres ministres croyaient que pour appaiser les esprits et empêcher que la révolution eut d'autres suites, il fallait qu'on fit au Roi la proposition de proclamer la Constitution de France, ou quelque autre de ce genre, et qu'il n'y avait que moi qui pût le faire.
— Je répondis que je n'allai pas au Conseil de S. M. et que si d'ailleurs les Ministres avaient à me dire quelque chose, ils pourraient venir chez-moi.

Balbe sortit disant qu'il allait leur faire cette réponse, et

---

[1]) Colonnello di questo reggimento era il conte Carlo Gabriele Balbo Bertone di Sambuy (— 23 luglio 1827). Egli rimase fedele. Ma aveva per capitani i conti Bianco, Baronis e Lisio, tenente il marchese Ghini; cornetta il Gambolò, tutti ribellatisi.

un moment après il vint me dire que le comte de Saluces, le comte Vallaise [1]) et son père pensaient de même et que les deux derniers seraient venus me parler. Je dis alors à ces Messieurs que s'ils croyaient pour la sûrete du Roi et pour éviter des plus grands malheurs je pusse et dusse faire cette proposition à S. M. je ne l'aurai faite qu'en présence du Conseil et eux m'appuyant, ne voulant point prendre une telle chose sur moi. Dans la soirée S. M. me fit dire de me rendre en toute hâte à son Conseil.

Tout le monde y était indécis, on ne prenait aucune résolution. Le comte Balbe me pressa de donner mon avis. Je dis alors à S. M. que l'on avait laissé aller les choses jusqu'à un point qu'il paraissait nécessaire de faire la promesse de quelques concessions pour calmer les esprits. Le comte Balbe et le comte Vallaise soutinrent beaucoup cette proposition. Le comte Saluces et le marquis Brignole ne dirent rien, et les autres membres du Conseil qui étaient le comte de Roburent, [2]) le comte Lodi, [3])

[1]) Il conte Alessandro di Vallesa, pari del ducato d'Aosta, cavaliere della Nunziata (2 novembre 1815), ministro di Stato e per l'estero. Rinunziò al portafogli per incontri avuti in certe pratiche tentate con astuzia dal Duca di di Modena al fine di escludere i Carignano dalla successione al trono.

Morendo nel 1823, s'estinse la discendenza mascolina di questo nobilissimo casato.

[2]) Clemente Gioachino Cordero, conte di Roburent, secondogenito del marchese di Pamparato.

Era luogotenente generale, cavaliere della Nunziata (20 giugno 1812), intimo amico, favorito e grande scudiere del Re Vittorio Emanuele I. Col Re Carlo Felice conservò il grado di grande scudiere e la direzione delle RR. Mandrie (22 agosto 1822), cosa che in una storia grave fece tanto ridere l'austero Brofferio. Quindi, morto il marchese di Roddi, gli succedette nella sua carica di gran mastro della casa (30 agosto 1826). Morì, celibe, di 72 anni l'11 marzo 1827.

[3]) Carlo Lodi, conte di Capriglio, maggior generale di cavalleria, Gran Croce Mauriziano, inetto ministro di polizia, già presidente del *buon governo* (11 gennajo 1815). Dopo questi movimenti, non solo non preveduti da lui, ma neppure sospettati, fu messo a riposo (18 dicembre 1821). La Regina Maria Teresa nel partirsene dalla Reggia dopo l'abdicazione, veduto il povero Lodi: — Confessate, gli disse, che abbiamo pagato ben cara una polizia che ci servì così male — « M.r de Lodi, qu'on accusait d'avoir de l'esprit, s'est pleinement justifié (*Simple récit.*, 30). » Il Cibrario dubita di tanto incredibile imperizia (*Re Carlo Alberto;* Milano 1865; p. 21) e pensa « che ripugnasse a provvedimenti di rigore perchè vi partecipavano molti de' più gran nomi dell'aristocrazia. »

le comte Revel et le comte de la Val [1]) opinèrent en sens
contraire. S. M. déclara qu'elle n'aurait fait aucune concession,
et le Conseil se termina sans qu'on eut rien décidé.

Dans la même soirée le Governeur m'ayant fait dire qu'il
désirait que la garnison d'artillerie qui était en Citadelle fût
augmentée, je donnai i'ordre au chevalier Omodei [2]) un de mes
aides-de-camp et qui est officier d'artillerie, d'y faire passer
80 hommes de plus, et de dire au Colonel d'y envoyer des officiers surs. Le lendemain 12 nous apprimes que le marquis de
Carail, colonel des Dragons de la Reine, le comte de Sainte
Rose, employé au Ministère de la Guerre, le capitaine Radice,
et le lieutenant Rossi [3]) de l'artillerie s'étaient sauvés dans
la nuit à Alexandrie. Je passai une partie de la matinée à
l'Arsenal, et ayant su qu'on avait envoyé le capitaine Enrico [4])
dans la Citadelle, je demandais la permission au Roi d'y faire
passer le colonel Des-Geneys, [5]) disant que ne pouvant avoir
les soldats sous mes propres yeux, je désirai que le commen-
dement fut donné à cet officier, de qui je me fiais entièrement.
S. M. me l'ayant accordé je lui donnai l'ordre de changer tous
les officiers qu'il aurait cru suspects, lui disant surtout que je
ne me fiai pas d'Enrico; mais il me jura qu'il en répondait.

---

[1]) Giovanni Piccono, conte della Valle, ajutante generale dell'esercito, direttore generale delle Poste e primo uffiziale nel Ministero dell'estero (27 dicembre 1817). Vedi altra nota su questo meticoloso personaggio.

[2], Francesco Omodei, nato a Cilavegna (Lomellina) dal dottore Annibale
direttore che fu degli *Annali Universali di medicina*.

Fu un colto ed erudito colonnello d'artiglieria, socio dell'Accademia delle
scienze di Torino e professore all'Accademia Militare. Mori il 16 marzo 1837.

In luglio 1835 fu tolto dalla direzione dell'arsenale e messo a disposizione
del Ministero, sotto scusa di alcune esigenze di servizio, ma specialmente perché
il Ministro Villamarina lo dipinse al Re quale *sospetto* di amare le idee liberali.

[3]) Vedi il *Dizionarietto dei compromessi*.

[4]) Vedi il *Dizionarietto dei compromessi*.

[5], Giuseppe Agnes Des Geneys, dei Baroni di Mathie, fratello del barone
Giorgio Andrea, ammiraglio, cavaliere dell'Annunziata e del Merito, morto
l'8 gennajo 1839; e del cavaliere Matteo ministro della guerra, che morì per
fulmine apopletico il primo luglio 1831 mentre stava in relazione dal Re.

La fermentation augmente beaucoup dans la Ville, pendant toute la journée le Conseil du Roi fut presque permanent, mais on n'y prit aucune mesure. Dans la soirée seulement on propose de m'envoyer à Alexandrie pour parler aux rébelles et chercher de les faire rentrer dans le devoir. Ayant seulement demandé et obtenu que le comte Gifflenga m'accompagnat, je me rendis chez-moi pour me préparer au départ.

Le général m'ayant dit d'avoir encore à faire quelques observations au Ministre de la guerre, le comte de Saluces vint quelque temps après me dire que s'il ne me faisait point de la peine, le Roi aimait mieux que je n'allasse plus à Alexandrie.

Le 13 au matin au retour de mes quartiers, un capitaine d'artillerie m'annonça que deux compagnies de la Légion Royale venaient de se révolter et étaient dehors de la Porte Neuve. Je cours en avertir le Roi, son Conseil était rassemblé. Tous les ministres furent extrémement déconcertés de cette facheuse nouvelle. Le gouverneur envoya son fils [1]) pour reconnaître l'état des choses, mais celui-ci n'étant pas sorti des portes, rapporta qu'il n'y avait rien. Le Conseil continua alors, et je rentrai chez-moi.

Vers une heure après midi, le comte de Saluces vint m'avertir que S. M. s'était déterminée à partir de Turin avec les troupes pour se rendre a Alexandrie et déterminer les rébelles à l'obéissance. Je me levai pour envoyer des ordres à l'artillerie, lorsque nous entendîmes un coup de canon, suivi de deux autres.

Le comte de Saint Georges vint aussitôt nous annoncer que c'était le signal que la citadelle donnait de son insurrection et de la demande qu'elle faisait de la Constitution Espagnole.

J'envoyai l'ordre à l'artillerie de se rendre sur la place devant le palais de S. M. pour le protéger en cas de besoin, et attendre les ordres ultérieurs.

---

[1]) Il conte Federico di Revel, tenente nei granatieri guardie, morto di 23 anni il 15 febbrajo 1824 mentre era fidanzato!

J'accompagnai le comte de Saluces, j'allais au palais de
S. M. où je trovai toutes les personnes qui l'entouraient dans
le plus grand abattement. On venait de reçevoir la certitude
de la révolte des deux compagnies de la Légion, et on ne
prenait aucun parti. Je proposai d'envoyer un officier reconnaître à la citadelle l'état des choses. Le marquis de la Marmora mon aide-de-camp s'y rendit. Le peuple l'entoura, le
jeta à bas du cheval et le retint comme prisonnier, voulant
le forcer à crier *Vive la Constitution!* Nous apprîmes dans
le même temps par le gouverneur de la citadelle que les révoltés avaient chassé le colonel Des-Geneys et qu'il avait été
tué par un sergent du Régiment aux gardes; [1]) que la plupart
des officiers avaient été renvoyés et qu' un capitaine du Régiment d'Aoste s'était déclaré commandant. [2])

Le conseil de S. M. décida d'envoyer quelqu'un parlementer avec la Citadelle et chercher à faire rentrer les factieux
dans le devoir. Personne n'y voulait aller. On m'envoya avec
le général Gifflenga. Au moment d'arriver sur les glacis, un
officier de Piémont Royal m'avertit qu'on s'était approché un
peu plus près, on avait faite une décharge sur lui, et que
son ordonnance avait été tuée.

J'allai jusqu'au bord du fossé. Les troupes révoltées composées de quatre compagnies du Régiment d'Aoste, de trois
des gardes et de 86 hommes d'artillerie restaient sous les
armes derrière le parapet, poussant des hurlements affreux, et
ne voulurent jamais envoyer un officier, ni même un bas officier sur le parapet pour parlementer.

Une foule immense de peuple à la tête duquel étaient plusieurs bourgeois de la ville et quelques officiers à demi-paye,
nous entouraient en faisant des cris si forts que nous ne pou-

---

[1]) Vedi il *Dizionarietto dei compromessi.*

[2]) Credo dovesse dire che il comando fu assunto da un uffiziale d'artiglieria,
cioè da Luigi Gambini, da Baldichieri, capitano; condannato a morte con sentenza del 6 settembre 1821 eseguita in effigie il dì 11.

vions nous entendre, même entre nous. Nous eûmes assez de peine à nous dégager d'au milieu d'eux ; plusieurs voulant nous retenir et quoique dans l'intérieur de la ville nous eussions pris le galop, ils nous suivirent jusque sur la place Château, ayant à leur tête le fils du banquier Muschietti [1]) qui portait un étendard tricolore. [2])

Sur la place étaient les régiments des Gardes, d'Aoste, le corps d'artillerie et des Gardes du Corps, qui tous à mon retour firent des cris de *Vive le Roi*, qui indiquaient très-clairement le bon esprit dont ils étaient animés ; même les officiers du Régiment de Piémont cavalerie ne pouvant retenir leurs soldats qui chargèrent aux cris de *Vive le Roi* sur les factieux qui s'étaient présentés avec un drapeau tricolore en emportèrent deux personnes.

À notre retour le Conseil de S. M. délibera sur ce qu'on devait faire. Plusieurs personnes furent d'avis que S. M. devait monter à cheval pour se présenter à la troupe. Le Roi demanda ses chevaux, mais au moment que nous sortions, le gouverneur et le ministre de la guerre représentèrent à S. M. qu'elle se serait exposée inutilement. Alors le gouverneur dit qu'il fallait s'informer de l'esprit des corps. Le premier je dis que je répondais entièrement de l'artillerie légère, que quant'à l'artillerie à pied je pouvais assurer qu'ils se seraient fait tuer pour défendre la personne du Roi, mais que je ne pouvais pas en répondre pour agir. Le Colonel du Régiment aux Gardes, [3])

---

[1]) Vedi il *Dizionarietto dei compromessi.*

[2]) Questa bandiera tricolore portava il nero, il rosso e l'azzurro emblema della setta dei carbonari, come il fumo n'era il simbolo, cosa che fe' scappare irriverenti risa al marchese Roberto D'Azeglio, quando fu iniziato. In Alessandria invece la Giunta fe' svolazzare il verde bianco rosso, colori del Regno italico.

Lo stendardo portato dal Muschietti fu lavorato in segreto da due sorelle dell'avvocato Rivoira. Svoltata la via di S. Teresa il Muschietti lo consegnò al conte Giambattista Michelini di San Martino, uno fra i pochi superstiti di quei compromessi.

[3]) Il cavaliere Vialardi di Verrone.

assura qu'il répondait éntièrement de son Régiment, celui du
Régiment d'Aoste [1]) dit que les officiers avaient déclaré de ne
vouloir point faire la guerre civile mais qu'ils auraient défendu
la personne du Roi. Le colonel de Piémont cavalerie [2]) assura
qu' il répondait entièrement de son régiment. Ces réponses
qui ne devaient donner que de l'espoir, firent croire au gouverneur et au ministre de la guerre que tout était perdu et
depuis ce moment ils ne firent plus que jeter de l'alarme.
S. M. dit que plutôt que d'accepter la Constitution Espagnole
il aurait abdiqué. J'employai tous les moyens possibles pour
le dissuader d'une telle idée. Il nous dit alors qu'il passerait
chez la Reine pour la consulter, et il entra quelques moments
après avec son auguste épouse dans l'appartement où nous étions.
S. M. la Reine paraissait incliner à accorder la Constitution
anglaise, si elle eut pu éviter des plus grands malheurs. S. M.
la Reine me dit devant tous ces Messieurs qu'elle s'étonnait que
moi qui peu de jours auparavant je disai au roi que la Constitution d'Espagne était le plus grand des malheurs pour un
pays, et qu' un souverain ne doit jamais s'abaisser, j'eusse
parlé la veille de la Constitution de France. Je répondis alors
à S. M. que telle était encore ma manière de penser; que ce
que j'avais dit était pour prévenir le mal que les employés du
Gouvernement avaient laissé aller à un point bien difficile à
remédier.

Dans ce moment on donna une fausse alarme, je courus
sur la place; à mon retour on nous fait entrer dans la cham-
bre de S. M. la Reine. Le Roi parla nouvellement de Constitution mais le Gouverneur prit alors la parole et dit au Roi:
« Sire, écoutez la voix d'un de vos meilleurs serviteurs, d'un
« vieux militaire; le mal est irrémédiable, je connais l'esprit

---

[1]) Il cavaliere Mauriziano e di Savoja, Giambattista Ciravegna fatto poi
segno a violenti invettive dell'autore del *Simple récit* (p. 25, 109;, che lo qua-
lificò come il solo fra gli uffiziali non venuti da Francia che avesse tradito (p. 4'.

[2]) Felice Cacherano, cavaliere di Brichcrasio, poi tenente generale (1832).

« du moment, il n'y a rien qui puisse nous sauver. » Le Gouverneur en disant ces paroles avait les larmes aux yeux, ainsi que le Ministre de la Guerre.

Nous restâmes dans l'antichambre de S. M. tout le reste du jour. Vers le soir le Roi nous rappela pour nous annoncer qu'il voulait renoncer et me faire Régent. Je fis de tout mon possible pur le dissuader d'un tel dessein, qui serait la ruine de notre pays, et que je n'accepterai jamais d'être Régent. Les ministres me pressent d'accepter, je leur dis qu'ils savaient que j'étais depuis deux ans brouillé avec le duc de Genevois, et que si j'acceptai la Régence celà n'aurait eu que des suites funestes.

Le Roi nous congédia. Vers les onze heures le Gouverneur et le Ministre de la Guerre me dirent qu'ils venaient d'avoir la relation que les soldats du Régiment d'Aoste se révoltaient, et qu'il fallait que quelqu' un allât à leur quartier pour leur parler, enfin il me firent entendre que j'aurais dû y aller. Je m'y rendis accompagné d'un seul aide-de-camp et je trouvais le quartier dans la plus grande tranquillité. À mon retour je trouvais deux officiers qui venaient à ma rencontre, pour me dire de me rendre de suite chez le Roi; qui entouré de son Conseil, auquel on avait ajouté le général Gifflenga, m'annonça qu'il était résolu d'abdiquer la Couronne et de me faire Régent. De nouveau je voulus m'y refuser, mais les Ministres de S. M. me rapportèrent que c'était le dernier ordre que le Roi me donnait et que je devais à mon pays d'accepter pour éviter les plus grands maux. J'ai cru de devoir obéir au Roi, demandant pourtant que S. M. la Reine fut présente à la renonciation et à la formation de l'acte d'abdication. À peine que S. M. l'eut signé, les ministres et divers autres personnes de la Cour me firent les plus grandes recommandations pour que j'eusse soin de la sûreté du Roi et de son auguste famille, dont le départ fut fixé à l'aube du jour.

Désolé de la renonciation du Roi, et n'ayant devant les yeux que ces vieux militaires couverts de larmes qui me montraient tous de si grandes craintes pour la sûreté du Roi, je me figurais que je ne comprenais pas l'état des choses et qu'elles devaient être cent fois pire de ce que je croyais.

La renonciation à la Couronne fut donc faite par la crainte des attentats qu'on pourrait commettre contre son auguste personne, et par la demande qu'on faisait de la Constitution Espagnole que S. M. ne voulait point accorder et que les conseillers croyaient ne pouvoir plus être évitée.

À peine que S. M. se fut elle retirée, tous les Ministres me déclarèrent que ni leur délicatesse, ni leur honneur, ni les convenances, ne leurs permettaient plus de continuer dans l'exercice de leurs charges et qu'ils s'en démettaient dès le moment. Le comte Balbe seul voulut bien m'écrire la lettre que j'envoyais au duc de Génevois pour lui annoncer que le Roi lui avait cédé la Couronne et me fit aussi la première proclamation qui parut en mon nom pour annoncer l'abdication, car j'étais si affligé que je ne pouvais dans ce moment presque rien faire par moi-même.

Les Ministres me quittèrent en me recommandant de nommer le lendemain matin un autre Ministère. Le comte de Revel déclara que diverses circonstances ne lui permettaient plus de conserver le commandement de la ville et qu'il se retirait. Le général Venanson [1]) qui commandait la division de Turin, et duquel je ne saurai faire assez d'éloges pour la manière franche et loyale avec laquelle il se conduisit dans ces derniers jours, me demanda aussi de pouvoir se retirer, au moins pour quelques jours, alléguant des raisons malheureusement trop justes.

---

[1]) Carlo Giuseppe Trincheri, conte di Venanzone, nizzardo, già generale ai servizi russi, poscia governatore di Novara e di Genova.

Pensionato nel 1831 si ritirò a vita quasi selvaggia e misantropica nella sua villa di S. Carlo nella collina sopra Nizza.

In questi moti aveva ajutato a reprimere il tumulto degli studenti, e trattenuto, per alcun tempo, nel dovere il presidio della cittadella.

Je fis appeler le général Gifflenga, lui disant que sachant l'influence qu'il avait sur la troupe, je comptais sur ses bons conseils et sur le zèle qu'il aurait employé pour maintenir l'ordre, et faire rentrer tout dans la tranquillité. Il me dit qu'étant dans un moment violent de fermentation il fallait pour concilier les esprits et maintenir le bon ordre nommer le colonel du Régiment d'Aoste général, [1]) et lui donner le commandement de la ville. Le général ayant parlé avec le comte Roburent, celui-ci vient me dire un moment après que S. M. désirait que le comte Gifflenga l'escortât jusqu'à Coni, ce qui me mit dans un grand embarras.

Le Roi partit à trois heures du matin ayant trouvé tous les salons, les escaliers et jusqu'à la cour remplis de gentilshommes, d'officiers et de garde du corps qui tous voulaient encore lui baiser la main. S. M. fut escortée par le Régiment entier des chevaux-légers de Savoje qui étaient arrivés dans la soirée. J'eus moi-même l'honneur d'accompagner LL. MM. jusqu'à deux milles loin de Turin.

XXII

Détails sur ma Régence

L'on vient de voir les raisons qui firent abdiquer le Roi. La faiblesse de bien de personnes, des Ministres et des premiers généraux qui étaient a Turin de se rétirer, de s'éloigner; la mauvaise volonté et la perfidie de plusieurs; de sorte que si au lieu de 22 ans j'en eus 30 et que je fus doué de tout le talent et l'expérience possibles, je doute qu'abandonné de tout le monde je pusse faire grande chose de bon. Le fait est qu'étant arrivé à 7 heures à Turin, je me rendis au palais de S. M. où je convoquai aussi-tôt les premiers Secrétaires de tous les Ministè-

---

[1]) Il succitato cavaliere Ciravegna.

res [1]) espérant de pouvoir faire faire par eux le travail; mais tous refusèrent de continuer, alléguant des maladies et l'impossibilité dans laquelle ils étaient de diriger en chef. J'employai toute la matinée à faire de nominations de toutes les personnes les plus recommandables, qui toutes refuserènt d'accepter. Je sortis à 2 heures n'ayant pu décider que le chevalier Villamarina [2]) à se charger du Ministère de la Guerre; encore fut—il malade les cinq ou six premiers jours.

Je trouvai à mon arrivée chez—moi le chevalier de Castion et l'avocat Vismara qui m'attendaient et qui employèrent tous les raisonnements dont ils étaient capables pour m'induire à accorder aux révoltés la Constitution Espagnole. Le chevalier de Castion disait qu'il arrivait d'Alexandrie, où les fédérés avaient juré de mourir plutôt que de renoncer à leurs dessins. J'eus beau leur représenter que je ne pouvais rien changer à

---

[1]) Erano primi uffiziali, o come oggi si direbbero segretari generali dei vari Ministeri, il conte della Valle che si ritirò a Ginevra, poi a Modena; per l'interno il senatore Melchiorre Mangiardi il quale controfirmò il proclama del 13 marzo 1821 promettente la costituzione spagnuola; per la Sardegna Giuseppe Manno, padre di me che scrivo, il quale segretario privato ad un tempo del Duca del Genevese ricevette ordini da Modena dal suo principe di continuare nell'ufficio; al dicastero della guerra e della marina ne compieva le veci Santorre di Santa Rosa; in finanze il cavaliere Giacomo Fulcheri, morto ai 9 ottobre di quell'anno; e per la polizia il marchese Antonio del Carretto di Lesegno; che fu in quell'anno (27 dicembre) trasferito alla Direzione dell'azienda delle finanze.

[2]) Don Emanuele Pes, che dopo avere rinunziato ad un fratello la contea di Campo, succedette ad altro fratello, Don Francesco (— 1 aprile 1847) nel Marchesato di Villamarina. Morì improvviso il 5 febbrajo 1852 dopo essere vissuto assai tempo nella difficile confidenza di Carlo Alberto, e colla credenza nel volgo che favorisse efficacemente la parte e le speranze dei liberali. Nicomede Bianchi nelle *Curiosità e ricerche di storia subalpina* (Torino, 1874, I. 142-164) avea cominciato a pubblicare certe *Memorie di un veterano piemontese*, disposte da lui sulle traccie lasciate dal Villamarina. Ma s'arrestano appunto al ventuno. Peccato; perchè quivi il Bianchi ci assicura che da quelle carte narrerebbe le vicende del ventuno con documenti inediti, pei quali non pochi fatti sarebbero rettificati, ed altri narrati storicamente per la prima volta.

Il Villamarina allora era maggior generale ed ispettore della fanteria (29 novembre 1820) e tenne la reggenza del Ministero della guerra per cinque giorni, a cominciare dal 16 marzo 1821.

l'état des choses alors existantes. Ils ne voulurent point me comprendre. M. Vismara m'ayant dit que j'aurais perdu l'affection de tout le monde, je lui répondis en les congédiant que je tenais peu à l'affection, mais beaucoup à l'estime.

Une heure après cet entretien vers les trois heures la place se couvrit d'une foule de personnes qui augmenta tellement que toutes les rues adiacentes de notre palais se trouvèrent encombrées. Les séditieux poussèrent des hurlements éffroyables, demandant la Constitution Espagnole. La garde fut obligée de se retrancher au dedans de la porte, plusieurs personnes de ma maison furent renversées. Le Comte de Tournafort fut foulé aux pieds, le Marquis de Sinsan [1] fut retiré avec peine des mains des factieux, mais il ne seraient pourtant point entrés si malgré les marques de dévouement que je reçus de la plupart des personnes de ma Cour il ne se fut trouvé aussi de celles qui me trahirent et introduisirent plusieurs chefs des rébelles, qui voulaient me haranguer, sans comprendre aucune raison. Mais je les renvoyais leur disant que ce n'était point avec des personnes de leur espèce que j'aurais pu traiter, mais avec le Corps de la Ville et les chefs des Corps. Un moment après arriva une députation de la Ville, les syndics à la tête, les [2] principaux officiers qui se trouvaient dans la garnison, ainsi qu'une quantité de chefs des fédérés. Alors je fis appeler plusieurs des anciens ministres du Roi, tels que le comte Vallaise, et le comte de Revel pour être témoins des excès et des propos que tenaient ces espèces de députations. I's m'aidèrent, ainsi que diverses personnes très-recommandables à les raisonner, mais inutilement. Enfin il était déjà 8 heures du soir, la Citadelle menaçait de tirer sur la Ville, la populace et une infinité

---

[1] Il marchese Enrico della Chiesa di Cinzano e di Roddi.

[2] Erano sindaci del corpo decurionale torinese, per la prima classe il marchese Coardi di Carpenetto e per la seconda il cavaliere Gaetano Calliani. Portò la parola il decurione avvocato Giovanni Baldassarre Galvagno, padre di Giovanni Filippo che fu ministro.

de bandits qu'on avait fait venir de tous les endroits faisaient croire qu'ils se seraient livrés aux plus grands désordres. Les Seigneurs de la Ville redoublant leurs instances, je leur dis après cinq heures de refus que je déclarais devant eux tous rassemblés que je ne pouvais rien changer aux lois fondamentales de l'État, que l'on devait attendre les ordres du nouveau Roi que tout ce que j'aurais fait, aurait été nul de fait, mais que pour éviter un massacre et tous les désordres dont nous étions menacés, après qu'ils m'auraient signé la déclaration de la première protestation que je fis, j'aurais permis qu'on proclamat la Constitution Espagnole en attendant les ordres du nouveau Roi. Un moment avant de signer je voulus de nouveau leur prouver que ce qu'ils demandaient était contre l'intention des Souverains alliés, mais ils paraissaient tous fous.

Vers le minuit de la même soirée le colonel du Régiment d'Aoste qui commandait alors la ville vint m'avertir que les soldats étaient révoltés, qu'ils s'en retournaient chez-eux. En effet les deux Régiments des Gardes et d'Aoste forts chacun de 1200 à 1300 hommes étaient réduits à 300 ou 400 chacun.

L'abdication du Roi avait jeté toute les personnes bien pensantes, et la troupe surtout, dans la plus grande consternation.

Dans les quatre ou cinq premiers jours on n'aurait tiré aucun parti des Régiments, on ne savait plus ce qu'on se fesait.

Le lendemain 15 je cherchai encore à faire un ministère qui put avoir la confiance du public, mais inutilement. Personne ne voulut se prêter aux circonstances. Il fallut mettre en place les personnes qui désiraient y être, celles que le parti mettait en avant. On parlait souvent du prince de la Cisterne, et de l'avocat Vismara. Mais je m'opposai toujours à leur avancement. Le nouveau ministère forma mon soi-disant conseil, [1]) ainsi que

---

[1]) All'interno il cavaliere Ferdinando Dal Pozzo: alla guerra, per due giorni il colonnello del genio Enrico Bussolino buon poeta in vernacolo (*l'armita d' Cavouret*); per altri cinque il Villamarina, e dal 21 marzo al 10 aprile Santa Rosa; alle finanze l'avvocato Antonmaria De Gubernatis. La polizia annessa agli

la Junte. [1]) J'allai le premier jour à leur installation, mais plus depuis; ne voulant prendre aucune part dans un tel Gouvernement. Ils fesaient toutes les nominations, et tous les actes entre eux.

Le 16 on m'avertit que les révoltès, surtout ceux de la Citadelle, voulaient changer la cocarde et mettre celle tricolore, mais je leur fis savoir que je m'y serais opposé en employant toutes les manières qui eussent été en mon pouvoir.

Le 17 arriva une députation d'Alexandrie; les révoltés dirent qu'ils ne se fiaient point à moi, refusèrent de dissoudre leur Junte, et firent des demandes toutes plus extraordinaires les unes que les autres. Je n'en accordai aucune, je ne leur donnai aucun grade, je refusai de leur envoyer un renfort de troupes, et ne permis pas non plus qu'ils pussent faire des

---

affari interni fu diretta per nove giorni (14-23 marzo) dal conte Beltramo Amedeo Cristiani. Il portafogli dell'estero rifiutato dal marchese di Breme venne retto da Lodovico Sauli d'Igliano.

[1]) La Giunta d'Alessandria proclamatasi da sè il 10 marzo, era composta così: ANSALDI (cav. Guglielmo) *Presidente* — APPIANI (Giovanni) — BARONIS (cav. Luigi) — BIANCO (co. Angelo Francesco) — DOSSENA (avv. Giovanni) — PALMA (cav. Isidoro) — RATTAZZI (medico Urbano) — LUZZI (cav. Fortunato) *Segretario generale.*

E qui seguono i nomi di tutti i nominati, in più riprese, alla Giunta di Torino: AGOSTI (cav.) avvocato dei poveri in Alessandria (14 marzo) — ARBORIO-SARTIRANA DI BREME (marchese) (14 marzo) — BALBI (cav. Emanuele) (20 marzo) — BRUNO (avv. Agostino) (14 marzo) — CAISSOTTI DI ROBIONE (co.) (16 marzo) — CHEVILLARD (cav.) (16 marzo) — COSTA (Giuseppe Maurizio) già Presidente della Corte d'Appello (14 marzo) — FALLETTI DI BAROLO (marchese Tancredi) (14 marzo) — FIGINI (avv.) (20 marzo) — FRAVEGA (Giuseppe) banchiere (16 marzo) — GARAU (G.) senatore (16 marzo) — GAZZANIGA (avv. Pompeo) (20 marzo) — GHILINI (marchese) (15 marzo) — GIOVANNETTI (avv. Giacomo) (20 marzo) — JANO, cons. di Stato (14 marzo) — LEONARDI (conte) (20 marzo) — LUPI DI MOIRANO (conte) (20 marzo) — MAGENTA (Pio) (14 marzo) — MANGA DI VALLOMBROSA (duca((16 marzo) — MARENTINI (can.) (14 marzo) — MIGLIORE (avv. Spirito) (16 marzo) — MOROZZO (Cardinale) *ricusò* (16 marzo) — NIGRA (Felice) banchiere (16 marzo) — ONCIEUX (marchese d') (14 marzo) — PARETO (marchese Agostino) (14 marzo) — POZZO (Emanuele DAL) principe della CISTERNA (14 marzo) — REBOGLIATI (avv.) (20 marzo) — RICHERI (cav. Nicola) comandante di Novi (15 marzo) — ROCCI (avv. Stefano) (15 marzo) — SERRA D'ALBUGNANO (conte) (14 marzo) — SERRA (marchese Girolamo) (14 marzo) — SPINOLA (marchese Massimiliano) (20 marzo) — VACCA (avv.) sost. avvocato generale (20 marzo).

approvisionnemments. Ils avaient envoyé des détachements de leurs troupes sur la frontière, je les fis rappeler tous, craignant qu'ils ne finissent par gâter l'esprit des autres corps, ou qu'ils ne commissent quelques actes d'hostilité. Je ne laissai prendre aucune disposition à l'arsenal pour mettre l'artillerie en état de marche, et je ne permis aucun achat de chevaux.

Alors j'ecrivis aux Gouverneurs de Gênes, [1] de Savoje [2] et de Novarre [3] pour leur dire que tout ce qu'il s'était fait, était nul, que nous devions attendre les ordres du nouveau Roi et qu'en attendant ils eussent soin de maintenir la plus grande discipline parmi les troupes pour être à même de faire exécuter les ordres que nous leur donnerions.

Comme les séditieux dépensaient des sommes considérables pour gagner les soldats, je jugeais prudent d'éloigner les Régiments, et je le dirigeais sur Novarre, dont le gouverneur (le comte de la Tour) m'inspirait une confiance sans bornes.

Le général Gifflenga en arrivant de Coni me fit dire qu'il était malade, il vint cependant deux fois encore chez-moi pour me persuader d'accepter le général Bellotti [4] qu'il me presenta.

Désirant que le commandement de la citadelle fut entre les mains d'une personne sure, j'y envoyais le général Staglieno [5]

---

[1] Il barone ed ammiraglio Des Geneys che per poco non rimase vittima dei furori dei sollevati e della plebaglia.

[2] Il conte Luigi Gabaleone di Andezeno e di Salmour, maggior generale

[3] Vittorio Emanuele Sallier, conte di la Tour, barone di Bourdeaux. Comandò in capo a Novara, e per alcuni giorni tenne la Luogotenenza generale del Regno. Il suo proclama 22 aprile 1821, quando annunciò che il conte di Revel lo surrogherebbe nella suprema rappresentanza del Re è un modello di rassegnazione, alquanto fiera, ma piena di dignità e di buona creanza.

Fu poi ministro per l'estero dei Re Carlo Felice e Carlo Alberto; quindi maresciallo di Savoja e governatore di Torino. Uomo di varia coltura, di profonda sperienza, di acuto ingegno; quando il Re nel 1847 concedette le *riforme*, gli diede consiglio di andare subito allo *Statuto* che ormai era inevitabile. Anche nel Senato del Regno fu ascoltato con deferenza ed ossequio.

[4] Generale del Regno d'Italia. Si ritirò coi Regii a Novara.

[5] Paolo Francesco Staglieno, maggiore generale, che in seguito fu governatore del forte di Bard. Conosciuto quale distinto scrittore e praticante di enologia.

qui à force de raisonnements, et en promettant qu'il y aurait été inspecter les troupes, parvint à faire enlever le drapeau de la révolte arboré sur le rempart.

Le 19 au soir un attroupement très-nombreux se forma sur la place devant mon palais, et demanda a grands cris l'expulsion du Baron de Binder. [1] On m'envoya en même temps une députation à laquelle je répondis qu'ils ne m'auraient jamais déterminé a faire une chose que je ne devais pas faire, et qu'ils eussent à se retirer. J'appris à mon grand déplaisir que ces perturbateurs (au moment qu'ils étaient venus devant mon palais), s'étaient aussi présentés devant la Maison du Ministre d'Autriche, mais je ne pouvais être résponsable de ce désordre, car j'avais offert plusieurs fois au Baron de Binder de faire placer une garde d'honneur à la porte, qu'il avait toujours refusée.

Le général d'Oncieux [2] qui jouissait d'une très–grande influence en Savoje, était arrivé à Turin après l'injonction de la Junte; je le fis repartir aussitôt en lui donnant les plus précises instructions pour qu'au prémier signal le Gouverneur de Savoje peut faire exécuter les ordres du Roi.

Enfin le 21 le comte Costa qui était allé à Modène pour porter au duc de Génevois la rélation de tout ce qui s'était passé, revint de sa mission, m'apportant pour toute réponse la première proclamation de S. A. R. avec l'ordre verbal de me mettre à la tête des troupes fidèles. Je convoquai aussitôt tous les anciens ministres du Roi, et tous les nouveaux, pour leur communiquer les ordres que je venais de reçevoir. Je leur dis que S. A. R. parraissait ne point connaître ma Régence, j'allais me démettre à l'instant même de toute autorité que S. M. m'avait confiée. Tous s'opposèrent ouvertement à

---

[1] Il barone de Binder rappresentava l'Austria a Torino, col carattere di inviato straordinario e ministro plenipotenziario. Soggiornò dal 10 ottobre 1820 all' 11 novembre 1823.

[2] Il marchese Gimbattista d'Oncieux de la Bâtie, già comandante generale dei carabinieri.

cette détermimation, ils me présentèrent que mon départ ne pouvait produire que l'anarchie, et me firent les plus fortes instances pour que je continuasse mes fonctions jusqu'à ce qu'une députation qu'on avait envoyé à Modène rapporta la nomination d'une autre Régence, ou de la personne qui devait commander à ma place. Je ne me refusai point à l'envoi de cette députation, elle fut composée du cardinal Morozzo et du comte Bagnasco, mais en même temps je donnai l'ordre aux chevaux légers de Savoie qui étaient à Savillan de se rendre à Turin, et j'envoyai un de mes aides-de-camp à Gênes pour faire connaître au Gouverneur la réponse que je venais de recevoir de Modène et la résolution dans laquelle j'étais de partir sous peu de jours. Je lui recommandais de se tenir tout prêt pour pouvoir au premier signal faire la contre-révolution; et à peine mon aide-de-camp était-il réparti de Gênes que le comte Des-Geneys reçut de la part même du duc de Génevois sa proclamation et l'ordre de remettre les choses sur l'ancien pied. Le Gouverneur voulut exécuter cet ordre tout de suite, et *c'est ce qui détermina* l'insubordination de Gênes.

J'envoyais aussi un aide-de-camp à Novarre pour annoncer au général La Tour qu'incessamment je me rendrais auprès de lui. Dans ces derniers jours plusieurs Milanais vinrent me faire des contes les plus absurdes sur leur pays et me demander du service, mais je refusais à tous.

Le 22 tous les chefs des conjurés d'Alexandrie arrivèrent à Turin et se présentèrent chez-moi. Je refusai de les voir.

Dans la journée du 22 je fis appeler les officiers supérieurs des chevaux-légers de Savoie, de l'Artillerie, du Régiment de Piémont cavalerie, après leur avoir adressé un discours sur l'honneur et sur les devoirs qu'il nous impose, je leur montrai la proclamation du Duc et j'obtins d'eux la promesse qu'ils m'auraient suivi partout.

Notre départ fut fixé à minuit, mais quelque secret que nous eussions pu le tenir, les séditieux s'en doutèrent et formèrent la résolution d'employer tous les moyens possibles pour m'empêcher de partir. Plusieurs particuliers m'avertissent que si je sortai je serais assassiné. L'archevêque même [1] m'écrivit qu'on était résolu de me tuer à mon départ. Accompagné du comte Costa et du marquis de la Marmora je traversai le pistolet à la main tous les rassemblements qui s'étaient formés autour de mon palais et je me mis à la tête des chevaux-légers. A deux milles de Turin nous trouvâmes le Régiment de Piémont cavalerie que le comte de Tournafort était allé chercher.

Le colonel d'état-major (Birnstiel) et divers autres officiers se réunirent à moi. Nous allâmes jusqu'à Rondizzone où nous fûmes rejoints par une batterie d'artillerie à pied. J'y appris par une lettre du comte de la Tour qu'à force d'argent les séditieux étaient parvenus à faire révolter les dragons de la Reine, et que ceux-ci s'étaient dirigés du côté d'Alexandrie avec un seul officier. Nous bivouaquâmes pour n'être pas surpris en cas d'attaque.

Le lendemain 24 toute l'artillerie qu'était à Turin partit sous les ordres du général Capel [2] pour me rejoindre. Notre seconde étape fut à Verceil, c'est là que le général Robert m'apporta une lettre du Duc de Génevois que le comte de la Tour m'envoyait et par laquelle S. A. R. m'ordonnait de me rendre à Novarre sous les ordres du Gouverneur. Je m'y rendis aussitôt. Tant que je fus chargé du commandement de l'armée, c'est-à-dire jusqu'à mon arrivée à Novarre j'eus le bonheur de conserver fidèles au Roi et prêts à exécuter ses ordres tous les corps de l'artillerie, de la brigade des Gardes, celle de Piémont, celle d'Aoste, celle de Coni, d'un bataillon de la Légion légère, le régiment de Piémont cavalerie, les chevaux-

---

[1] Monsignore Colombano Chiaveroti di Montolivo, torinese (5 gennaio 1757 — 6 agosto 1831), monaco camaldolese, vescovo d'Ivrea (1 ottobre 1817) ed arcivescovo riputatissimo di Torino (21 dicembre 1818).

[2] Il vassallo Luigi Severino Capel, dei signori di Salto, Priacco e Villanova, maggior generale e direttore del materiale di artiglieria (1820), poi tenente generale e comandante di quel corpo (1837).

légers de Savoie, ceux de Piémont et les gardes-du-corps [1]) tous réunis à Novarre; à Gênes les brigades de Montferrat et de Saluces et de la Reine, un bataillon de la légère et deux régiments de marine; en Savoie deux régiments d'infanterie, à Nice et à Turin la brigade de Savoie.

Enfin lorsque je quittai le commandement, les séditieux n'avaient qu'un seul Régiment d'infanterie et trois régiments de cavalerie sans officiers. Mon arrivée à Novarre les découragea, autant qu'elle encouragea les bons. Plusieurs chefs des révoltés firent sentir que si on leur donnait quelques sommes d'argent ils se seraient retirés de leur entreprise, et si les ordres du Duc nous eussent permis de marcher sur Turin, dans les premiers jours, il n'y a aucun doute que nous n'eussions tout fini entre nous.

Je restai six jours à Novare sous les ordres du comte de la Tour, passant continuellement des revues et exercitant de toutes les manières les officiers et les soldats aux sentiments de l'honneur et de la fidélité.

Après quoi ayant reçu une lettre du Duc par laquelle S. A. R. m'ordonnait de me rendre en Toscane, je donnai en quittant l'armée alors, la dernière preuve des sentiments de fidelità et de loyautà dont j'ai toujours été animé.

XXIII

Vengo ora a documenti di mano di Cesare Balbo; ed a tanto nome non occorrerà verun commento, bastando. per conoscere le sue azioni in queste vicende, rileggere le belle pagine scritte con singolare equità, e con molto affetto dall'illustre Ercole Ricotti, là nella *Vita di Cesare Balbo* dove narra delle cagioni del suo esilio. [2])

---

[1]) Comandate dal cavaliere Giuseppe Ippolito Gerbaix de Sonnaz, generale ottuagenario, capitano della prima compagnia di queste guardie, che era di savoiardi, e s'intitolava di gentiluomini arcieri.

Ebbe in ottobre di quest'anno la collana dell'Annunziata e morì il 14 aprile 1827.

[2]) Firenze, Le Monnier, 1856; p. 57.

Rettamente osserva il Ricotti che il principe di Carignano sarebbe stato il solo che avrebbe potuto rendere autorevole testimonianza della lealtà dei consigli e dei procedimenti di Cesare Balbo, allora calunniato, e che non avendolo fatto, benchè ne lo scongiurasse, rimase in cuore di Cesare un lievito di amarezza che non fu tolto se non da potenti necessità politiche, quando Carlo Alberto, dopochè lo Sclopis se ne scusò, diede incarico al Balbo di formare il suo primo gabinetto costituzionale.

Il Balbo si sentì ferito sul vivo e nell'onore quando conobbe le gravi insinuazioni, e le accuse di slealtà che si leggevano a suo carico nel *simple récit*. Nè male si appose supponendo che se il De Maistre era l'estensore di questa virulenta accusa, ispiratore e suggeritore ne fosse il principe di Carignano. Laonde mandò a stampare nei giornali di Francia una protesta riferita per sunto dal Ricotti. [1] Ne disseppellisco però, e ripubblico, un'altra dai *Débats* del 1 marzo 1822, nella quale con focoso risentimento dice:

« Vous avez annoncé hier soir un écrit anonyme dirigé contre un grand nombre des mes compatriotes, dont plusieurs occupent aujourd'hui des places dans le ministère et dans l'armée de S. M. le Roi de Sardaigne. Mon père et moi y sommes particulièrement poursuivis en près de vingt endroits différents. Une longue vie usée au service de ses Rois, des sacrifices faits à ses devoirs, une réputation tellement établie dans sa patrie et chez les étrangers que cet écrivain même n'ose l'attaquer qu'en tremblant, donnent à mon père le droit de mépriser et de se taire. Je n'ai pas encore les mêmes droits. Mais ce n'est pas ici le lieu de répondre en détail aux insinuations qui me sont faites. Je n'entrerais que tard, et si on m'y force absoluement, dans une discussion qui aurait des inconvenients plus graves pour d'autres que pour moi.

« Aujourd'hui je me borne à déclarer, moins pour mon pays, où mes actions et mes paroles sont connues, que pour celui où je me trouve momentanément et volontairement: quant'aux faits, je donne une démenti formel à cet homme qui ose se

---

[1] Tolta dal *Journal de l'Étoile*, 26 febbraio 1822.

dire officier, lorsqu'il calomnie, et se cache; pas un des faits, à propos desquels il me nomme, n'est raconté sans mensonge; beaucoup d'autres à ma connaissance sont faux également. Quant aux opinions, voici le principe de toutes les miennes. Non octroyée librement par le Roi, la meilleure des Constitutions m'aurait paru illégitime dans tous les cas, et particulièrement nuisible, lorsque je ne doutais pas qu'elle appelât les étrangers dans notre pays. J'ai invariablement professé cette opinion par mes paroles, mes actions et les conseils que je donnais à un prince qui me les demandait au nom de ma fidélité au Roi et après l'avoir prévenu.

Agréez etc.

Le Comte Cèsar Balbo »

Le azioni sue però, che in pubblico, per rispetto e per convenienza non aveva voluto nè dichiarare nè giustificare; in privato egli narrava mandandole a giudicare alla *Commissione di squittinio*, collo scritto che ora stampo, il quale fu veduto dal Ricotti[1] e dal Cibrario[2] ma però rimase inedito ed è per molti rispetti, ben degno di essere conosciuto.

XXIV

Azioni di Cesare Balbo durante la Rivoluzione

Al Castello di Susa in Delfinato 10 d'aprile 1821.

Con molti di quelli che furono poi capi di sollevati, io era dall' infanzia stretto di famigliarità, con alcuni d'amicizia, con più pochi di comuni pensieri. Gli eventi degli ultimi sei mesi del 1820, durante i quali io fui al reggimento,[3] bastarono a disgiungerci. Tornato in Torino al 31 dicembre, ne fui in

---

[1] *L. c.* 52,

[2] Cf. Cibrario (Luigi) *Re Carlo Alberto;* Milano, Civelli, 1865. pag. 21. Edizione assai ricca, a tre tinte d'inchiostro, e che non corse in commercio.

[3] Era tenente colonnello, provinciale, nella brigata Monferrato.

poche ore fatto accorto. Non fui mai di niuna società segreta. [1]
Alle dolcissime consuetudini, amarissime dispute sottentravano,
e molto desiderio ed affaticarmi a trarli, uno principalmente
che io conosceva di essere schietto, [2] su cui poteva sperare
d'avere influenza, dai disegni incerti che io temeva avesse in
mente. Oltre la persuasione ed ogni arte che tra essi e me
io seppi impiegare, niun altro mezzo, io confesso, mi s'affacciò
al pensiero. In sull'ultimo scemava la frequenza e più la confidenza del mutuo ragionare. Dei pericoli della patria io parlava in generale con ogni persona del Governo io era consueto
a vedere, e così feci con S. A. il principe di Carignano il
quale sempre mi mostrava diritti sensi di dovere e fedeltà
verso il Re. Le mie relazioni già antiche con S. A. non erano
frequenti, [3] quando il dì 5 marzo Ella si degnò informarmi
che interrogato ex ufficio sul conto di varie persone e di me,
Ella aveva fatta tal risposta, di cui a me non istà ridire, ma
di cui alcuni personaggi che mi confermarono allora quel discorso, potrebbero testimoniare. Io dovetti non solo doverne rin-
graziare S. A. ma esserne d'allora in poi assolutamente impegnato,
e per gratitudine a Lei e sopratutto pel servizio di S. M. a
correr sempre a qualunque chiamata si degnasse farmi S. A.
e non m'impedisse l'adempimento del mio dovere di servizio.

Addì 7 marzo verso le 9 della sera fui fatto chiamare da
S. A. la quale sfogando il cuore con me, dissemi aver Ella
quella sera appunto impedito lo scoppio di una rivoluzione; io
credetti non fosse adulazione il lodarnelo caldamente assai.

---

[1] Nel 1846, pubblicando la seconda edizione delle sue *lettere politiche*, as-
segnava sette ragioni per biasimare le società segrete; « deploro, e se avessi
autorità di disapprovare, disapproverei, le società segrete, molto più che non
gli stessi moti di piazza. »

[2] Accenna al Santa Rosa.

[3] « Carlo Alberto erasi recato a Genova quando il Balbo vi stava di guarnigione. Questi l'aveva accompagnato al giro delle fortificazioni.... Nei lunghi
loro discorsi il Balbo concepì di lui somme speranze per la patria e gli si strinse
di vero affetto (RICOTTI, *l. c.* 49). »

Al mattino appresso, al giorno, a notte, per le vie e le pubbliche piazze, udii romoreggiare di congiure e sollevamenti più ritardati che rotti. Contro al mio consueto interrogai, e non chiarito del tutto fui tuttavia a partecipare i miei dubbi al Principe. Egli era già sulle guardie, e si degnò informarmi e farmi testimone delle misure prese per impedir lo scoppio del corpo dell'artiglierie. Ogni cosa pareva prevista e provveduta.

Il mattino appresso io fui ad uno di quelli che più temeva e m'incresceva fossero della congiura, [1] uno che è di quelli ingannati non ingannatori nelle rivoluzioni, ed in ogni modo mi travagliai nuovamente per trarlo di quegli inganni. Io seppi poi nel medesimo giorno, che quella ed un altra persona avevano risoluto di lasciare e credevano aver impedita la funestissima impresa. Corsi dal Principe a dargliene notizia, e quel punto e le ore che l'A. S. nell'effusione di sincerissima gioia, mi concesse di passar con lui, io credea mi si dovessero rammentar sempre poi come le più belle di vita mia, ed or mi paiono quasi un sogno.

Al mattino dei 10, S. A. mi mandò a chiamare; fui al suo palazzo, non c'era; alle stalle, ei montava a cavallo, ed appena ebbe tempo a dirmi delle mosse dei cavalleggieri di Piemonte in Fossano, ed esser sull'armi tutte le truppe. Fui a casa, balzai in sella, e correndo lor dietro mi accozzai colla cavalcata del Principe e del Governatore. So essersi stupiti alcuni che fossi colà io tenente-colonnello di fanteria non addetto nè alla A. S. nè a S. E. Ma per vero dire io fui più di niuno stupito di trovarmici solo, e pensavo che ogni ufficiale che non aveva un posto cui accogliersi, potesse essere con chiunque potevasi supporre incontrasse il primo pericolo allora incognito ed incerto. Così in altre occasioni io aveva fatto, e così feci ancora seguendo il Principe a Moncalieri, dove fatta particolar

[1] Forse Collegno.

offerta a S. M. dei miei servizi per mezzo di S. E. il signor conte di Roburento me ne tornai. Tornato il Re, alla sera andai al medesimo effetto a palazzo. Ed ivi pure parevami il posto mio, e tuttavia mi fu detto aver taluni interpretato male questo mio inusitato comparir in corte; ma io credo anzi volessero costoro giovarmi con quel paragone del mio cercarvi più i giorni del pericolo, che non quelli del favore. A notte avanzata, dovendo il Principe di Carignano andare ad Alessandria, mi fece l'onore di dirmi che mi porterebbe seco se io n'avessi licenza dal Ministero della Guerra. Fui a chiederne, ed intanto non si effettuò la commissione.

Il dì 11 fervendo il tumulto in S. Salvario e minacciando sulla piazza dinanzi al palazzo, io rimasi in questo quasi tutto il dì. Ma vedendo inutilissima l'opera mia, ed in generale male interpretate le mie parole, calde pure di zelo, io l'indomani pensava di non tornarvi; quando al tocco, udito il cannone, e vedendo il correr del popolo, e il serrarsi le botteghe, ed ingrossarsi la folla intorno a palazzo, ed udendo dire come S. M. e i ministri eran sulle mosse per lasciar la città; e' non mi fu possibile rimanermi altrimenti, e serbar la risoluzione, e ritornai a palazzo. Non andò guari ed uscì il Principe con molti ufficiali del suo stato maggiore e con pochi altri per andare alla cittadella. Chi ne tornava narrava pericoli; un' ordinanza, dicono, v'era stata uccisa, e certo lo era stato Des Geneys. E nuovamente mi si rimprovera l'esser io pure andato col Principe. E si rimproveri adunque ad un uffiziale disoccupato l'andar mai volontario, si rimproveri l'accerchiare un Principe in un pericolo, ed un Principe quasi erede della Corona, un Principe che mi aveva da pochi giorni mostrata una fiducia grande, onorata in lui, onorevole per me. In somma io ci fui nè me ne pento, dappoichè mi ci trovai in caso di servire, benchè in cosa piccola assai, alla dignità di Lui.

Tornato a palazzo, e fervendo più che mai il tumulto, fui mandato da mio padre alla Segreteria degl'interni per dire che non si desse niun corso a certa proclamazione più corta contrassegnata da altro ministro e quella più lunga contrassegnata da lui non s'affiggesse, bensì si lasciasse correr di mano in mano stampata. Poc'ora appresso così facevasi fuori e dentro palazzo. Leggendosi in una camera di parata lodavanla tutti, ma pareva a molti de' più devoti a S. M. inopportuno il momento della distribuzione in mezzo ad un tumulto non preveduto quando fu sottoscritta, e ch'essa era poco atta a sedare. Mi accostai a mio padre, che sedeva allato a due persone del Consiglio delle Conferenze, gli riferii que'discorsi, e domandai se, dappoichè quella proclamazione non aveva ad affiggersi ed era distribuita già in gran numero, principalmente alle truppe, non gli parea di fermare ogni distribuzione maggiore, che non serviva che ad incendere inutilmente quella plebe. Mio padre si consigliò con quelle due persone, e mi rimandò alla Segreteria coll'ordine che bastasse la distribuzione fatta. Fui alla Segreteria e di là al palazzo del Governo, dove mi si diceva continuasse la distribuzione. Trovai non esser vero; bensì attraversando la piazza, vidi continuarsi, e salii ad avvisare mio padre, e così per me fu finito. E di ciò è stato detto che io sono andato, non a far terminare ma ad impedire, e non la distribuzione, ma la stampa, e ch'io feci romper le tavole alla stamperia reale. Nè altrimenti che mutando le cose crescono le calunnie.

Rimasi poi tutto quel giorno a palazzo, e forse un personaggio, più di niuno intimo di S. M. il Re Vittorio Emanuele, [1] si rammenterà che avendolo io veduto uscire in camera di parata, io me gli accostai, ed in modo più conveniente all'urgenza del tempo che non al mio grado ed alla mia niuna autorità, gli feci premura che per Dio volesse la M. S. e la R. Famiglia in mezzo a suoi fedeli uscendo ritrarsi da Torino, ed in qualunque luogo facendo campo chiamar l'esercito intorno

---

[1] Intendasi del conte di Roburent.

al padre, contro cui niuno io credo avrebbe ardito combattere; che i più rimasti fedeli, avrebber corso a difendere, e da lui i pochi per anco ingannati sarebbero venuti ad implorar perdono. Nè si alleghino in contrario stranieri esempi. Spagna nè Portogallo nè Napoli non avevano un Re soldato. E tale era stato il pensiero di ben altre più autorevoli persone, colle quali, una principalmente essendo mio padre, è mio vanto l'essermi incontrato. E tale era stato il partito preso avanti che scoppiasse la rivolta della Cittadella di Torino.

Poco prima di notte uscii di palazzo, ed andai cercando di una persona che io aveva, se ben mi sovviene, cercato invano il mattino, e pensai di trovarla allora al palazzo di Città; egli era infatti colà, ma non volendo io entrare in niuna delle sale ne feci dimandare, e fuori pe'gradi delle scale un breve tratto discorrendo e lamentandosi delle presenti circostanze rimanemmo; accozzandosi come passarono quattro o cinque altre persone. Si parlò del pericolo comune, e siccome si stava ordinando la milizia civica io chiesi de'posti che le si fissassero vicini a casa nostra. Si parlò della deputazione al Re che già erasi proposta a quell'ora, e se non m'inganno, più volte, e poco appresso fu fatta. Ed imagino sia questo il fondamento di certa novella ch'io fossi il dì appresso a richieder in nome del popolo sovrano ai sindaci della città di Torino, di deputare per la Costituzione spagnuola al Principe Reggente. Strano accozzamento invero di molte assurdità, delle quali una sola qui voglio dimostrare. Ed è che io, in quel giorno appunto, mi affaticava lungi da Torino contro quella medesima Costituzione.

Perchè continuando la mia narrazione io dico che dopo aver passato in palazzo quella sera e quella luttuosa notte che Vittorio Emanuele in mezzo al pianto di tutti lasciò il soglio e la capitale, consumato appena quell'atto io fui chiamato dal Principe Reggente, il quale mi comandò di partir subito per recar in Alessandria la sua prima proclamazione e le funeste notizie, vedendo di valermi del primo effetto di queste per impedir, s'era tempo, la publicazione d'ogni Costituzione, e principalmente della Spagnuola. Io chiesi a S. A. di portar meco un ufficiale che io credea mi potesse giovare per la sua stretta relazione di sangue con uno dei principali di Alessandria, e per le buone intenzioni che il dì innanzi io gli avea udito manifestare. Partimmo e giungemmo in breve tempo ed in modo a dar le prime notizie. L'effetto fu grande dapprima. Io vidi uno de'capi disperatamente addolorato di quel primo frutto funesto dell'opera loro. Molto io sperava da lui, ma non mi fu concesso conferire a lungo in privato. Domandai risposta alla Giunta per farla valere s'era buona; essendo di voler persistere nella pubblicazione fatta della Costituzione spagnuola, non la volli accettar per iscritto e partii. Avevamo incontrato a Felizzano la colonna degli studenti partiti il dì undici da San Salvario, i quali, accerchiata la carrettella, avevano incominciato a far chiasso e sparare gli schioppi, finchè chiamato il capo, questi li fece quietare. Incontratili poi nel ritornare, quasi sotto le mura della Cittadella, il chiasso fu maggiore, e secondo che inoltrando nella colonna ci scostavamo dal capo, tanto più rumorosi e premurosi inviti ci furon fatti a gridar evviva alla Costituzione. Non ci parve di aderire, e facendo buon viso, andando di passo lento finchè durò la colonna e di grandissimo galoppo subito dopo, ci scostammo. E mi fu detto poi che in Alessandria essendosi, appena partiti noi, divulgato lo scopo della Commissione contro la Costituzione spagnuola, i partigiani di questa avevano destato nuovo tumulto; onde meco stesso mi congratulai della mia pronta partenza. Per via ebbi ancora altre minaccie e mille stranissime nuove; giunsi a Torino dopo la mezzanotte. Sommo il silenzio e la solitudine in tutta la città, alcuni rimasugli d'illuminazione andavansi spegnendo qua e là; chiuse le porte dei palazzi del Principe, del Governo e della Segreteria; pensai che alla nuova di niuna riuscita sarebbe tempo al giorno; andai a letto colle notizie poco giuste dei servitori di casa. E non fu se non verso le sei che seppi la pub-

blicazione della Costituzione di Spagna. E non vi fu mestieri
gran tempo deliberare. Alle sei e mezzo del mattino fui dal
Principe e resogli conto della commissione, lo trovai addolorato
molto della forza che gli era stata fatta; onde io ardii, quasi
consiglio unico a seguirsi, confortarlo a ragunar quanto prima
l'esercito buono che io credeva maggior del cattivo, parlai del
reggimento Monferrato che io credeva, e credo ancora, sia stato
più puro di società segreto e di corruzione che niuno altro
forse ed aggiunsi che siccome la commissione testè da me ter-
minata, e più ancora le antiche dispute con gli amici allor
capi de'sollevati, avevano fatta cognita la mia avversione alla
Costituzione spagnuola, io credeva s'io fossi veduto molto a
palazzo di S. A. Ella sarebbe sempre in sospetto dei capi popolo e non avrebbe agio ad effettuare nè quello detto nè niun
altro disegno buono che potesse fare. Onde fattagli offerta di
ogni servizio a lui personale, e pregatolo di farmi avvertire
subito ch'ei si fosse appigliato ad alcun partito ch'io potessi
aiutare, abbenchè troppo m'increscesse lasciar un Principe che
in pochi giorni molte prove di fiducia s'era degnato darmi,
e molta risoluzione di seguir sempre le rette vie del dovere e
della fedeltà m'avea mostrata; con molto dolor mio, e mi parve
e me ne glorio, con alcun rincrescimento di lui, io lo lasciai.

E tuttavia non andò molto che essendo io entrato nell'uffizio
della guerra per domandare che si provvedesse alla sicurezza
del Deposito del Reggimento Monferrato in Casale, il quale io
temeva in pericolo, e pel saccheggio ch'erasi fatto di quello
del Reggimento Guardie in Chieri, e perchè io avea saputo in
Alessandria la spedizione de'sollevati verso Casale e Novara, ed
essendomi detto in quell'uffizio che non era stato spedito niun
uffiziale nè corriere al generale conte Des Geneys in Genova per
informarlo de'successi, io venni in pensiero per la recente cognizione di quel paese, che giungendo le notizie per la posta
a un tempo a lui ed a'mal'affetti fra Genovesi, questi non ne
profittassero per destar tumulti, e sollevare il popolo contro i

Reggimenti; e per questo pensiero io non potetti a meno di non rompere il mio proposito e non andare un'altra volta a palazzo ad avvisare il Principe di questa smemoratezza, affinchè ei potesse, come fece, porvi ripari. Finalmente io feci ancora passare quel giorno a S. A. un avviso datomi da persona affetta, ma da me non molto cognita, di una congiura che si diceva tramarsi contro di lui.

In tutto quel giorno quattordici io ebbi a resistere poi a due modi di replicate istanze. Le une di chi avendomi veduto accostare il Principe in que' pericoli, qualunque si fossero, dei tumulti popolari, credeva che io lo accostassi tanto più allora che dipendevano dall'A. S. i favori ed i carichi, i quali non si potea sapere ancora avessero a durar poco od assai; onde si ricorreva, ma invano alla mia intervenzione. Altri poi instavano perchè io stesso chiedessi que'favori ed accettassi carichi, in molti modi stimolandomi. A'quali tutti con assoluti rifiuti risposi, tranne a chi mi parlò di aver io il comando di un corpo militare, il quale avrei accettato purchè non fossi stretto da niun giuramento, nè promessa. Io m'era fermo ed aveva detto altamente di non voler mai far cosa contro il volere del Re; onde tutti i carichi che io prevedeva portar contro quel volere, io non voleva; bensì se m'eran dati senza chiederli e senza impegnar mia fede in contrario, quelli ch'io prevedeva mi avrebbero portato ad aiutarlo. Agli uffiziali di Monferrato che in quei giorni mi domandaron consiglio, io dava quello di seguire ogni ordine stabilito prima del rivolgimento, ed a'provinciali di aspettar la fissazione de'depositi e il comando d'aggiugnervisi. Chiedeva ad ognuno, per conoscerli, la loro parola d'onore che non erano di niuna congiura, nè società segreta; tutti quelli che vidi me la diedero. Ad uno, l'infelice Borrone, come veniva a prender commiato per restituirsi al corpo, io dissi di badar bene che in tempo di guerre civili, tutte le parti sogliono arrogarsi il nome sacro del Re, e darsi vanto d'operare in suo pro; onde egli e tutti sempre avvertissero, quella esser la parte buona, che ogni militare particolarmente dee seguire, dov'è la persona istessa e la voce del Re; e mi sovviene ch'ei mi rispose ringraziandomi dell'avvertimento, ma assicurandomi con vera effusione di cuore, che quando non fosse per dovere, egli sarebbe sempre per amore più di niun altro devoto alla persona del Re ed alla famiglia Reale di Savoia, in casa alla quale avendoci la propria famiglia, egli era nato ed era stato educato. Or vedasi quali inganni hanno dovuto farsi a cotai buoni servitori per isviarli dalla diritta via.

Ma proseguendo ciò che a me spetta, io dico che nulla mi successe in que'giorni, tranne che incontrato per le vie uno de'capi de'sollevati, io ebbi occasione di dirgli che se mi volesse domandar mai il giuramento alla Costituzione, io mi dimetterei nel punto istesso dal mio grado e dal servizio.

Intanto riseppi esser giunta al Principe la proclamazione di S. M. il re Carlo Felice, e che non potendola pubblicare in Torino, egli ragunava quel che poteva de'reggimenti fedeli in Novara e si apparecchiava a raggiungerli con le artiglierie e la cavalleria; onde io fui nuovamente da lui che io non aveva veduto più se non in una visita di rispetto, e gli domandai di seguirlo nell'impresa ch'egli stava per fare, credendo esser tornato il tempo ch'io mi poteva riaccostare a lui. Egli fattami ottima accoglienza, mi disse di tenermi lesto a partir quanto prima, e forse quella notte medesima. E così fu veramente, ma come si degnò dirmi poi, per la premura di sottrarsi alla plebe che avrebbe impedito il suo uscire, non ebbe agio a farmi avvisare. Ondechè io non seppi quella partenza se non il dì appresso a mattina avanzata, e dopo ch'io ebbi avuta una altra occasione di rifiutare ogni comando che non fosse senza giuramento nè impegno. Ma subito che seppi quella partenza io non ebbi altro pensiero che di partir ancor io senza nemmen prender commiato da mio padre ch'era in villa assai presso. Bensì mentre si addobbavano i miei cavalli che da più giorni erano in pronto, ricevetti di lui un breve biglietto per confortarmi al medesimo partito. E così mandati i cavalli fuori di città ed attraversandola di soppiatto, e ridendo della semplicità di taluno che mi fermava perchè io lo raccomandassi ad un mio amico ch'era nuovamente alla Segreteria di guerra, mentre io partiva per combattere contro, raggiunsi i cavalli e di buon trotto e galoppo finchè ebbi trovata S. A. a Rondissone io me ne andai. Giunto appena parlai ad essa ed al Capo dello Stato Maggiore di mandar ordine al Deposito di Monferrato in Casale che venisse al campo di Novara. Io pensava che essendo le provincie occupate da noi quelle appunto che mandavano il più de'loro uomini al nostro reggimento, e' si sarebbe potuto metter in ordine in pochi dì, uno e forse due battaglioni, quando i vestiti e l'armi non avesser mancato. Mi fu fatta proposizione di andar io a Casale. Risposi che mandato anderei, ma nol desiderava, perchè essendo, come ho detto più volte, cognito più di niuno per loro contrario a' capi sollevati, io sarei facilmente arrestato prima di venir a capo di nulla, e con molto rincrescimento mio di rimaner prigione durante quella guerra. E così fu detto che si scriverebbe. Si partì poi alle dieci della sera e si giunse a San Germano che aggiornava. Ivi il Principe lasciò la cavalleria, ed in posta si fu a Novara. Io giunsi poco dopo di lui e subito fui a pormi agli ordini di S. E. il signor Generale Latour. Egli mi chiese perchè non fossi col mio reggimento in Genova; risposi che essendo provinciale, e non di servizio, io non dovea nè potea raggiungere il corpo senza ordine speciale, ed avendo saputo ch'egli ragunava l'esercito pel Re, io veniva a prender quello ed ogni altro ordine da lui. Egli mi diede non poche lodi, e mi disse che si varrebbe di me per qualche commissione.

Il dì appresso, pubblicata già la proclamazione di S. M. poco prima della parata, egli mi disse che aveva a mandare a chi faceva le funzioni di Ministro della guerra in Torino l'ordine di lasciar il ministero al signor cavaliere di Lescarena, [1]) e

---

[1]) Il cavaliere Gaetano Tonduti della Scarena, fratello del celebre ministro. Era colonnello di fanteria e primo uffiziale per la guerra. Tenne la segnatura del Ministero, il 13, 14 e 15 marzo 1821; poi fu destinato fissamente a primo uffiziale il 2 marzo 1822.

che mi voleva mandare sperando che io avrei forse persuaso quell' antico amico mio. Io sperava poco, ma mi pareva dover tentare. Fui a Torino, rimasi dalle dieci della sera sino alle due dopo mezzanotte, non fui lasciato andare nemmeno a casa mia, ed avuta risposta negativa, con grave dolore me ne tornai.

Io aveva prima di quella gita, fatta premura al generale La Tour che mi fosse dato il comando di pochi uomini del Monferrato, i quali si andavan raccogliendo in Novara, che vi fosser trattenuti quelli i quali s'avviavano al Deposito di Casale, e che si mandasse ordine a questo di venire a Novara, o meglio ancora che dandomi una scorta di un centinaio di cavalli per protegger la marcia contro i cavalli di Alessandria, e i dragoni della Regina che correvan la manca del Po, io stesso fossi mandato a ricondurlo. Feci le medesime istanze dopo il mio ritorno da Torino, il generale mi rispose sempre aver più importanti commissioni da affidarmi. Ad ogni modo avendo que' di Alessandria passato il Po, corsa Lomellina, minacciate le nostre avanguardie; fu detto, quasi non mi si volesse impegnare in troppo ingrata e difficile commissione, che il generale desidererebbe assai trovar un uffiziale da mandar in Alessandria per domandar al comandante, chiunque fosse, come ragione di quell' inutile insulto, e recargli l'ordine ed il consiglio ch'ei si rimanesse sulla diritta del Po e così si risparmiasse il sangue civile, fintanto almeno che ne fosse mestieri per imprese maggiori e più decisive. Io dissi che lo farei, e il Generale con nuove lodi mi diè quell' incarico. Ma fu pur vano, come io prevedeva, perchè il Generale voleva più ordini che negoziati, e gli altri, nonchè negoziati, avrebber credo, voluto offerte; ondechè subito mi fu risposto dal comandante non voler esso far niuna promessa nè lasciar fissar niun limite alle sue operazioni. E così io avrei potuto partir d'Alessandria cinque minuti dopo il mio arrivo; ma adducendo il pretesto della fatica, del pessimo cammino, e della notte oscura, io chiesi di rimanere fino al mattino; io pensava, acquistando più tempo, di riveder il comandante ed alcun altro dei capi, e voleva sforzarmi trarli a qualche miglior determinazione. Ma il comandante accompagnandomi egli in persona in una casa, e facendomi dar parola di rimanerci tutta notte, mi vi lasciò, e venne il mattino appresso a ritrarmene ed avviarmi, dopo avermi fatta dar parola, s'io non voleva esser accompagnato dai suoi sino a Mortara, di passar per Valenza e non per Casale dove ei non voleva ch'io mi mostrassi agli uffiziali di Monferrato. E così a dispetto d'ogni sforzo non ottenni nulla. La sola commissione ch'io chiedessi mai al Generale fu quella di raccogliere i miei provinciali e il mio deposito di Casale, e tanto più quando seppi titubarne il reggimento. Egli mi fece molta istanza quando andai a prendere gli ordini di lui, che era sulle mosse per Vercelli, ma egli mi disse che aveva mestieri dell'opera mia presso di se, e che il seguissi, ed aggiunse lodi soverchie perchè io le possa riferire.

A Vercelli non ebbi incombenza di sorta alcuna. Ma l'ultimo giorno che ci si rimase, fatto chiamare da S. E. Ella mi offerse alcune commissioni e fra l'altre quella sovente chiesta da me. Il cambiamento dell'intenzioni dell'E. S. benchè mi fossero palesate con ogni amore e riguardo, era troppo evidente perchè io non dubitassi di qualche ordine supremo ricevuto da lui. A chi cerca prove di disfavore elle vengon presto trovate; io le ebbi, sentii il mio onore irrevocabilmente offeso, e non parendomi tempo nè di lagnanze, nè di difese obbedii; fui a Borgomanero ad apparecchiar ogni cosa per raccogliervi i contingenti di Monferrato, e tornai il dì sette d'aprile a Novara a render conto di quegli apparecchi e domandar la mia dimissione. Non era molto che io avevo fatta questa domanda, quando fu udito un allarme e si precipitavan tutti alle mura, prevedendo un assalto, che, siccome non erano entrati quel giorno gli austriaci, le truppe reali avrebbero avuto a sostener sole. Io sapeva esser fuori delle mura, credo alla Biccocca, un distaccamento di presso cinquanta provinciali di Monferrato. Tornai al Generale e gli chiesi ultimo favore, di combatter co'miei. Egli mel negò assolutamente. S'io non impazzai dal dolore fu grazia particolare del cielo. Mi ritrassi in casa ad un amico, leale al certo, dacchè rimanevami conoscendo il mio caso; passai così un lungo giorno, una lunghissima notte senza saper di nulla, un altro giorno udendo e vedendo il combattimento ed aspettando la tornata del generale; n'ebbi udienza ed un passaporto per raggiunger mio padre. Niun altro dolore mancavami che il sapere per certa la notizia fin allor dubbia per me, essere stato il mio reggimento uno de'ribelli, ed essere prigioni sette ufficiali; tentai vederli, non si concedeva ed era dovere; bensì ricevevansi dal maggiore di piazza i soccorsi per essi. Partii il mattino appresso nove aprile, e rapidamente viaggiando qui giunsi al diciasette, donde poi scrissi a S. E. il signor Generale La Tour pregandolo mi rispondesse sulla mia dimissione, e se nol poteva in niun modo, mi mandasse un congedo in forma, in cui fossero espressi i miei servigi in Novara; e mi evitasse così di dover fare fuori di paese quelle spiegazioni di se che sono sempre spiacevolissime. Non ebbi risposta nè da lui nè dall'Eccellentissimo signor luogotenente Generale che sottentrò nella suprema autorità ed a cui pure io aveva poi scritto. Bensì alcune persone amiche mi confortarono a ritirare la mia domanda di dimissione. Ma io risposi a tutti non potere disdirmi mai, nè rientrar al servizio, se prima la M. S. informata della mia domanda, e chiarita de'sospetti che se le eran voluti dare, non me la negava. Intanto con una dimissione domandata e non accordata nè negata; non sapendo che dirmi, nè militare nè borghese; servitore del Re per quel che a me pare aver fatto, in disfavor di lui non so perchè; ed essendo io uno di quelli a cui in niun luogo o tempo od occasione non pare di star bene, se non col capo alto e tenuto da tutti per ciò che sono nè più nè meno; io rimasi senza poter nè compire certi disegni di viaggi ch'io aveva da gran tempo, nè meno ancora tornar in patria, dove io non sapeva come vestire, se in divisa o in abito cittadino. E tuttavia il desiderio della patria soverchiando ogni ragionamento fece sì ch'io non potetti a meno, tornando mio padre, di non tornar anch'io, e così fino a Chambery l'accompagnai. Ma avendo egli pensato di prendere i bagni d'Aix, non andò molto ch'io ebbi ad intender per prova la difficoltà della mia dubbia situazione e la convenienza del mio rimaner fuori di patria, finchè io possa qual debbo ricomparire.

Ed ecco le azioni mie a cui smentire io sfido qualsiasi persona; ciò solo dalle oneste ed ingannate chiedendo, di farlo, in pubblico ed in privato, come credono, ma in faccia; non da calunniatori o traditori, di nascosto. Niuna dovuta spiegazione ai primi negherò mai.

XXV

Assai meno conosciuto, fuori del Piemonte nostro, è il Gifflenga. Alessandro De Rege, terzo conte di Gifflenga [1] e patrizio Vercellese era un provato e colto veterano degli eserciti napoleonici. Da Arcola a Dresda per Caldiero, Jena, Friedland, Wagram, Lissa e Lipsia, erasi trovato su tutti i campi di quelle battaglie di giganti. Confidente ed aiutante di Beauharnais, stimato da Murat, distinto da Napoleone. Alla caduta dell'impero offrì i suoi servigi al Re; dopo circa un anno furono accettati e combattè a Grenoble. N'ebbe la ben rara distinzione della commenda nel nuovo ordine di Savoja, grado di luogotenente generale, e l'ufficio di ispettore della cavalleria.

Per non essersi egli immischiato in queste rivolture del ventuno provò fieri assalti ed accuse di tradimento dai liberali; e fu tenuto in sospetto dai regii, che senza promuovere una condanna lo costrinsero a tenersi fuori paese, quindi nella villa sua di Tronzano, in cortese esilio: non essendo stato riammesso alla pienezza dei suoi onori che per ordine abbastanza sospirato di Carlo Alberto.

---

[1] Alessandro De Rege, figlio di Carlo Francesco conte di Gifflenga, nacque in Vercelli il 19 ottobre 1774, vi morì il 14 dicembre 1842, essendo stato rimesso in grazia del Re fino dal 1839. (v. DIONISOTTI (Carlo) *Vercellesi illustri;* 158). Cf. Appendice III.

Ma fra le recriminazioni degli uni e le diffidenze degli altri, il vero può stare, e sta, fra i due.

In queste congiure nè s'immischiò, nè s'adoperò, nè promise di farlo. Col cuore non se ne stava forse lontano. Ma come quei che ragionava con mente acutissima, che valevasi di lunga e provata sperienza, usato agli affari, conoscitore di mondo e di persone, [1]) ben si avvide che nè i caporioni, nè i mezzi, nè i tempi, nè gli umori che serpeggiavano avrebbero conceduto che le novità riuscissero. La chiave degli eventi stava in mano ai napolitani, e di quei soldati, da lui bene conosciuti, non si fidava punto.

Epperciò nè favorì, nè consigliò i ribelli, anzi dalle sale del palazzo Carignano dove confortava lealmente il Principe, al viaggio di Nizza quando vi scortò i Sovrani, [2]) sino al suo spontaneo costituirsi in Novara, sempre compì con precisione, anzi con zelo, gli obblighi suoi di soldato e di suddito, ed agli amici ripeteva: — Siete ragazzi, vi volete far impiccare!

Fu detto, fu scritto, si credette e forse si crede che in casa sua si tramasse, e che i carbonari ed i federati dell'esercito disputassero sui mezzi e sulle opportunità della rivolta in certi simposii ai quali conveniva il fior dei gentiluomini. Ma su ciò abbiamo una inedita testimonianza preziosa di un festivo ma sincerissimo commensale e lasceremo che ce ne informi in suo stile il cavaliere Lodovico Sauli. Da una dama comune amica, si parlava al Gifflenga

« soventi volte di me e delle mie nuove stranezze, onde venne il
« generale nella volontà di conoscermi, ed impegnò Provana e
« Santa Rosa a condurmi in casa sua. Se detto mi avessero
« dove intendevano di condurmi, per avventura non li avrei
« seguitati: imperocchè siccome il generale era stato molto
« innanzi nei favori del vicerè d'Italia e dell'imperatore Na-
« poleone, e siccome di virtù bellica egli prevaleva di gran
« lunga agli altri generali del nostro esercito, così la invidia

---

[1]) « Ingegno pronto, gran coraggio, nelle cose guerresche molta sperienza
« nelle civili troppa scaltrezza (FARINI, *Storia d'Italia*; II. 240.) »

[2]) La regina Maria Teresa, sospettava anch'essa del generale, ed in un momento di vivezza lo rimprocciò che volesse essere il loro Lafayette — « ma non ne avete i talenti ! »

« si scatenava contro di lui e industriavasi a dipingerlo come
« uomo di fede assai dubbia e pronto a gittarsi anche dal
« canto dei ribelli, ove scorgesse mostrarsi per essi favorevole
« la fortuna. La calunnia è un venticello che lascia pure una
« qualche impressione nelle orecchie dove spinge il velenoso
« suo fiato. Ma ben oso dire che appunto a quelle cene l'ho
« udito più volte rammaricarsi, ch'egli scorgeva con molto do-
« lor suo avvicinarsi il momento, in cui parte dell'esercito si
« condurrebbe a contaminare la coccarda cerulea ed a macchiar
« l'onor suo seguendo tutt'altra voce che non quella dei suoi
« capi. Anzi una sera si scagliò con tanta furia contro ai detti
« d'uno dei convitati sacripanti; ch'io, che avea piene le orecchie
« e la testa omai rotta da quei clamori, proruppi in questa sen-
« tenza: — Oh! barbaro generalone, tu ci hai qui raccolti per
« istare allegri ed invece funestando ci vai con troppo libero
« sfogo del tuo mal umore. Cessa per carità, o me la svigno,
« che di queste cose non debbo nè voglio saperne più che tanto.
« — Hai ragione, hai ragione, diss'egli, e di fatto subito si
« calmò.

« Quell'alterco era nato nell'occasione che io parlava della
« deliberazione presa dal Governo di allontanare da Torino,
« sotto colore di commissioni diverse, per compra di cavalli,
« o per maggiori studi circa alle artiglierie od a qualsivoglia
« altra benedizione di guerra, i principali dei congiurati ap-
« partenenti alle primarie famiglie della corte, giunti già a
« gradi elevati nella milizia e perciò meglio influenti che non
« il volgo dei cospiratori. Con tale intenzione il governo vo-
« leva senza dubbio scongiurare il turbine, e per avventura gli
« sarebbe riuscito, che senza la menoma prevenzione o vanità
« aristocratica, sono costretto a dichiarare che, nelle condizioni
« in cui versava allor la pubblica opinione in Piemonte, niuna
« cosa di rilievo vi si sarebbe potuta operare nè in bene nè
« in male senza il concorso dei nobili. Ma sventuratamente in-
« vece di dare ordini assoluti e indeclinabili, il governo ten-

« tennò, e si contentò della parola d'onore data da quei ca-
« porioni che non avrebbero giammai detto o fatto cosa alcuna
« contraria alle antiche istituzioni del paese, agli ordini del Re
« ed al giuramento da essi prestato.... »

Il *memoriale* del Gifflenga che metto a stampa qui sotto, non è ancora
stato fatto di pubblica ragione. Compie e tratteggia il quadro che adesso
ho qui disegnato, e ci porge indizi della sua coltura, del suo carattere
e come giudicasse il Principe. Stava fra le carte dei due conti Balbo.

XXVI

Memoriale del generale Gifflenga

Alcuni fogli stranieri diedero poco fa, non so se dir si debba
con leggerezza oppure con mala fede, voce nel publico che il
tenente generale Gifflenga, quasi fosse accagionato de'torbidi che
testè sconvolsero il Piemonte, e fosse stato posto prigione.
Alcuni altri poi, con un fondamento non dissimile dai primi,
asserirono con egual franchezza che temendo egli di esser ma-
nomesso, si fosse spatriato, altri lo dannarono all'esiglio. Ora
abbenchè egli sulle prime, per sì grave ingiuria al nome suo
fatta, andasse sdegnato; avea nondimeno fatto pensiero di stare
in silenzio, sprezzando i calunniatori e la calunnia, e lasciare
al tempo e al fatto la cura di far giustizia del mal detto. Ri-
pensando poi, che in quel modo egli si sarebbe scagionato bensì
coi suoi concittadini, ma non a sufficienza sdebitato cogli stranieri, appo molti de'quali gli è dolce ed onorevole serbare in-
tatta fama di illibata e fedelissima sudditanza al suo Principe:
siccome anche l'opinione di avere, e prima ed in quella cala-
mitosa circostanza, fatto largamente il debito suo; quindi fu
che egli divisò di scrivere, abbenchè controvoglia, le cose ac-
cadute esponendole colla franchezza e semplicità che si addice
a uomo di guerra e dimostrare così alli estensori di quegli
articoli e a quanti li spacciano, quanto andassero errati e di
quali vili calunniose menzogne fatto abbiano spaccio.

L'alta importanza di quell'infaustissimo avvenimento lo scolperà d'immodestia per aver pensato che tutti gli uomini dabbene avrebbongli perdonato di parlare di sè non solo, ma che avrebbero accolto eziandio non senza interessamento uno scritto divenuto necessario. Non si articola in esso, fatto o detto, che non sia della più pura verità, e noto a quelli che vi ebbero parte. E siccome fu da alcuni malevoli (e non ve ne mancano), con eguale falsità che impudenza menato rumore che esistevano alcuni scritti che mettevano in problema la sincerità dei sentimenti suoi devoti al suo Principe e Signore; così, ed a questi ed agli altri, egli getta, come dicesi, il guanto, facendo di pubblica ragione questo scritto, invitandoli ad appalesarsi ed a mostrarsi, dando a chiunque sia che abbia osato dire, la più solenne smentita.

Del resto gli è molestissimo il trovarsi costretto a nominare ed accennare alcune persone, che per motivo di privati affetti, o per altri buoni riguardi sarebbero al certo, in cosa di men grave momento di quella, questa non siasi, taciuti (trattandosi massime di altissimo personaggio). Ma fu forza alla ragione vincere la inclinazione del cuore, e fu dovere della verità il mostrarsi tutta ed intiera, epperò por silenzio, se è possibile, alla calunnia; non che l'offenda l'altrui cattiveria e sfacciataggine, perchè sa che al mondo esser non può che non vi siano cattivi e sfacciati, nè che si maravigli che uomini tali abbiano operato da par loro, giacchè

Il mondo è triste, e peggiorando invecchia.

Da molto tempo non si ignoravano in Piemonte le mosse di una fazione di cui tutti conoscevano lo scopo. Non lo ignorava il generale Gifflenga. Ne fanno fede il rapporto sull'armata scritto nel 1820 ed i rapporti particolari reiterati assai volte, in cui proponeva cambio ed allontanamento di ufficiali e misure dettate dalla prudenza.

Incaricato di una missione severa verso un reggimento, [1]) propose i mezzi atti a prevenire ogni ulteriore disordine; non fu ascoltato. Non cessò egli per questo però di domandare si andasse al riparo dei mali che potevano accadere, se non si allontanavano uffiziali, che i loro superiori non erano capaci a contenere, come nol fecero.

Fu appresso della sua opinione il primo segretario di guerra conte di S(aluzzo), o allorchè resse il Ministero. Egli propose l'allontanamento di alcuni, ma ciò non ebbe effetto, e non è qui luogo a dirne il perchè.

Mentre cercava in ogni modo di sapere le trame dei rivoltosi che certamente non avrà ignorato la polizia, tre giorni prima delle disastrose vicende ebbe vagamente notizia che un movimento dovea aver luogo in Moncalieri. Non conosceva li autori, ma dubitava di alcuni. Si portò dal Ministro della Guerra, narrò quanto era venuto a sua cognizione, e questi immantinenti fu dal ministro della polizia; si diedero ordini premurosi di portare i Carabinieri Reali in quel punto, onde essere avvertiti in tempo se le notizie erano vere e reprimere il movimento d'insurrezione.

Era il progetto, come si seppe dipoi, di marciare a quella residenza Reale con alcune truppe, e domandare al Re il patto di Spagna e dichiarare la guerra alla casa d'Austria. Doveano simultaneamente essere occupate dai rivoltosi le cittadelle d'Alessandria e di Torino.

Nel giorno stesso che comunicò quest'avviso al Ministero della guerra, essendo egli in società, tra le dieci e le undici della sera, venne da un cameriere del P(rincipe) di C(arignano) domandato onde passare da Esso.

---

[1]) « Quelques officiers des cheveaux-légers du Roi en garnison à Pignerol, avaient affiché d'une manière si indécente leurs mauvais principes que Gifflenga, alors inspecteur de la cavalerie, eut ordre de se rendre au Régiment pour informer sur cette affaire. Le général sans trop s'embarasser des auteurs du scandale, choisit pour *servir de coupable* un pauvre cornette qui.... (*Simple récit*, p. 57). »

Lo trovò solo. — Vogliono, disse, far questa notte un movimento di rivolta nell'arsenale. Due ufficiali me ne diedero avviso. Cosa debbo fare? — Entrò allora in vari particolari col Principe. Gli disse che bisognava istruirne il Ministro della guerra. Gli fu risposto: — esce di qui. — Si pensò a mezzi di comprimere, nella notte, tutte le misure dei faziosi, ed il Principe diede ordini tali a sventare ogni cosa. Gli nominò tutti li autori del movimento che conobbe allora solo. Era in sospetto di alcuno, in certezza di nessuno. Disse che voleano forzarlo a far ciò che non avrebbe mai fatto e si mostrò seco, allora e sempre, affezionatissimo al suo dovere; ed avendoli detto che avrebbe visto volentieri quei due ufficiali che gli aveano dato l'avviso fece entrare i capitani C. S.... e M. B.... che raccontarono i progetti del cavaliere di C.... cui non volevano secondare e dopo fatto loro complimento sulla loro fedeltà, si ritirò.

Se si devono ascoltare gli autori del movimento era il P(rincipe) di C(arignano) capo di questa impresa. Dicono che li spinse a ciò per molti mezzi, e che poi si ristette. Narrano dei suoi maneggi, delle congreghe in casa sua, dei suoi e loro giuramenti. Se ciò sia vero o falso non sta ad esso il deciderlo. Egli ripete solo che vedeva poco il P(rincipe) che seco si mostrò sempre attaccatissimo al suo Re. Diceva essere accertato da gente che voleva farlo mover in favore della libertà d'Italia, che Egli non voleva dar loro retta, e sempre su questo volsero i ragionamenti del P(rincipe) concludendo al generale Gifflenga che bisognava battere il sentiero dell'onore e lo accertava che non lo avrebbe abbandonato giammai.

Se Egli tenesse un linguaggio opposto a quello tenuto con gli altri, come lo si accusa, non è a cognizione neppure del generale Gifflenga, che sempre lo trovò negli stessi sentimenti di affezione e divozione verso il Re e la Reale famiglia.

Alla mattina dopo, che fu il venerdì, vennero dal generale Gifflenga due dei capi. Il P(rincipe) avendo loro fatto sapere che avea dato a conoscere i loro nomi, chiamarono il silenzio, dando la parola che avcano dato ad esso che tutto sarebbe finito. Andò allora dal Ministro della guerra, e disse che credeva ogni timore cessato. Seppe che avea parlato esso pure col P(rincipe) e che sperava bene. Nondimeno si avvisò di essere attenti ed i Carabinieri in numero erano sempre in Moncalieri ond'essere avvertiti al menomo movimento, e si pensò per il modo di finirla a dovere.

È da notare, per chi non lo sa, che il generale Gifflenga non avea comando di truppa, e non era mai stato chiamato a verun consiglio sulle cose del Piemonte, e che le sue funzioni d'Ispettore della cavalleria, l'obbligavano a poche cose d'istruzione soltanto e di riforma. Opèrava perciò per fine di bene, per la tranquillità del suo paese, per l'affezione particolare al suo Re.

La mattina dopo, che fu il sabato, entrò nella camera del generale Gifflenga il conte di S.... verso le 7 e narrò come il conte M(orozzo) colle sue truppe si era mosso da Fossano, avvertito di ciò da S. E. il Governatore che ne fu avvertito, con staffetta, dal comandante di quella piazza. ¹)

La sorpresa fu somma; bisognava credere o che li avessero ingannati, o che l'ordine di non più muoversi non fosse giunto in tempo. Opinava verso di ciò il generale Gifflenga. Montò a cavallo onde andare all'incontro delle truppe in movimento, e vedere se la cosa fosse tale a persuadere quel corpo a retrocedere. Tutta la guarnigione per ordine del Governatore era sull'armi.

Verso Carignano seppe che un secondo corriere venuto di Fossano, annunciava avere il C. M(orozzo) retrocesso. Venne a Moncalieri, ove trovò il Ministro della guerra ed altri personaggi. S. M. diede li ordini che credè al proposito. Tornò col conte S.... in Torino concertando il mezzo onde por fine a tali tentativi. Ma i rivoltosi messi in allarme dall'intempestivo movimento della guarnigione di Fossano, sul timore di venire arrestati, se

---

¹) Il colonnello, cavaliere Luigi Macro.

ne erano partiti tutti sul disegno, come seppesi, di fare quello non si dovea far più.

Fu riunito un Congresso, cui fu chiamato per la prima volta; si diedero li ordini necessari, per la pubblica tranquillità. Si spedirono uffiziali in tutti i punti. Arrivò in quel tempo l'avviso della sorpresa della cittadella d'Alessandria. Allora l'affare si fece serio. La Corte rientrava a Torino.

Nulla si decise intanto. Si avvisò di mandare il P(rincipe) di C(arignano) ed il generale Gifflenga in Alessandria. Egli che lo seppe si rifiutò. Ne fu avvisato il Re a mezzanotte, trovò le sue ragioni buone e lo dispensò.

Appoggiavano esse sulla probabilità che il P(rincipe) fosse arrestato, ed esso pure, e che allora poteva il pubblico credere ciò fosse stato operato non a caso. Aveva egli la sua fama a mantenere, e la credeva con ciò in pericolo.

Si conoscono gli avvenimenti della Domenica. Egli fu sempre al Palazzo pronto ad ogni comando. Alla notte fu ammesso il progetto di marciare sopra Alessandria colle truppe. Quale fosse l'avviso suo lo dicano i membri del Consiglio; e se ciò avesse avuto luogo erano finite le giornate di lutto. Si pensò alla cittadella di Torino e se re occupò chi dovea, il governatore.

Si venne al Lunedì, nulla era stato conchiuso, e si titubava sempre quando la cittadella della capitale verso le 12 del mattino inalbera lo stendardo della rivolta.

Allora marciare sopra Alessandria non era più caso. Il Re consultò i suoi Ministri e nella sera fu conchiusa l'abdicazione. Domandato particolarmente dai Sovrani quale sia stato il suo parere, e quale la sua idea, lo dicano li augusti Personaggi. Richiesto di servire alla scorta della Reale famiglia ed onorato di questa prova di onorevole confidenza, in quale modo abbia eseguito il doloroso incarico, lo dicano pure quegli augusti Sovrani.

Di ritorno si presentò alla Giunta, espose in queste parole l'esito della sua missione. — I sovrani, disse egli, hanno avuto per ogni dove quell' omaggio di rispetto che buoni sudditi fanno al migliore fra i Re. — La fermezza di spirito dei sovrani meritava una menzione, e la fece; nè dimenticò l'eroica costanza dell'augusta Regina, donna di tanto animo ed ingegno.

Pregato di sedere colla Giunta, espose il suo parere su un progetto di proclama, e quale fosse, tutti i membri di essa possono dirlo. Egli la combattè acremente, e tutti si riunirono al suo parere. Finì col dire che egli non avrebbe mai preso impiego, e non avrebbe giurata la Costituzione spagnuola.

Ve ne sono eglino molti che abbiano fatta publicamente questa professione di fede, e nei primi giorni non vi hanno eglino aderito pressochè tutti i pubblici funzionari? se non col giuramento, almeno colla publicazione, ed assistenza alle pubbliche preci?

Gli fu letto il giuramento della Giunta, quello del Principe e gli articoli ristrettati. Quale fosse la sua risposta, lo può dire tutto quel Consesso. Egli dirà solo che espose che a quel modo avrebbe detto Europa che il patto di Spagna si accettava per l'utile solo e personale. Non avendo che fare si ritirò.

Non ne volle nè di governatore di Torino, nè di qualunque altro impiego; e come servire chi s'era messo al luogo del migliore dei monarchi? cui fu così vilmente fatta violenza, e per cui nulla si fece in difesa? Si dispose a partire per andare in villa. La notte del suo ritorno era quella del 15 a 16 marzo.

Assestate le cose sue partiva, quando lo fece dimandare alle 7 del mattino il P(rincipe) di C(arignano) gli mostrò il decreto del Re Carlo Felice dato in Modena li 16 e li domandò il suo consiglio. In cose di grave momento, egli disse che bisognava accerchiarsi de'lumi dell'antico ministero. Il P(rincipe) gustò tale avviso, e gli diceva: — io non voglio essere ribelle; lascierò subito le redini del governo. —

Combattè questa sua opinione di chiamare l'antico ministero, persona che avea fatto domandare il P(rincipe). Egli allora si ritirò. Ma alle 11 un suo aiutante lo venne domandare per parte sua dicendogli avrebbe trovata numerosa compagnia. E trovò infatti i due ministeri riuniti.

Quello si passasse in quell'adunanza, e quale fosse la sua opinione, lo dicano i membri di essa.

Conosciutasi così la proclamazione del nuovo Re, protestò che si ritirava subito, per non prender parte alcuna alle deliberazioni, cui potrebbe venir chiamato soggiornando in Torino. Partì per la sua villa, e scrisse al conte La Tour, governatore di Novara, offrendogli i suoi servigi. Ignorava allora che il Re gli avrebbe commesso di raccogliere l'esercito. Ebbe in risposta che sarebbe stato avvertito al momento del bisogno.

Aspettava.

Ma nella notte delli 20 alli 21 saputo a caso che il P(rincipe) con due reggimenti passava pel suo soggiorno, egli s'avviò ad incontrarlo e si rese a Novara.

Quale sia stata ivi nell'azione e nei consigli la sua condotta lo dicano i corpi dell'esercito, e chi li comandava.

Giunto a Torino la riconoscenza gli dettava di essere a piedi di quella Reale Famiglia che lasciata in giorni di lutto, riveder voleva fra i primi nei giorni di gioia. Andò a Nizza, e ritornò dopo il soggiorno di alcune ore.

Ecco in iscorcio la condotta del generale Gifflenga. Egli nulla aggiungerà che la semplice dichiarazione, che comunicando alcune volte per doveri d'impiego, o per urbani affari con due o tre fra quelle infelici persone strascinate alla colpa, nulla mai esse diedero a conoscere di loro progetti, e niuno fra essi ebbe egli in sospetto giammai.

Comunicato questo scritto a persona amica, li si fece osservare che bisognava raccontare come fosse andato col P(rincipe) di C(arignano) alle porte della cittadella. Egli non ne aveva parlato, come di molte altre cose di poco momento, ma ora il fa perchè vi potrebbe essere chi gliene facesse carico.

Dopo la rivolta della cittadella il P(rincipe) di C(arignano) fu mandato dal Re per vedere se si poteva parlare ai rivoltosi.

Sortendo esso dall'appartamento reale trovò nella camera detta di parata il generale Gifflenga e gli disse che S. M. lo mandava alla cittadella e che egli aveva detto di prenderlo seco. Obbedì. Montò a cavallo con esso, ne fu alle porte, ma non furono ricevuti. Il popolo schiamazzava e s'aggruppava. Vi fu chi voleva costringere il P(rincipe) a prendere una bandiera. Allora il generale Gifflenga lo avvisò che bisognava lasciare quella gente, e quell'insegna, e ritornarono di galoppo al palazzo.

GIFFLENGA.

XXVII

Rinvenni pure, del Gifflenga, uno scritto minore; composto, a quel che giudico, per farlo correre più lestamente per i fogli. Ma ignoro se lo facesse stampare su qualche gazzetta, o se soltanto lo mandasse agli amici. Che che ne sia può battezzarsi per inedito.

PROTESTA

Alcuni malevoli (e non ne mancano) dissero avere letta una mia memoria indirizzata alle Alte Potenze riunite nel Congresso di Verona.

Io protesto false simili asserzioni. Non scrissi parola sulle cose mie che al mio Re ed ai suoi Ministri.

Chiesi, chieggo (lo farò sempre) ritorno in patria, carcere e giudici; giustizia cioè; ma al mio Sovrano unicamente. Mi spetta, e benchè tarda, io l'ho per certa.

Il dubitarne, e ricorrere a chi ha più possanza è un ingiuria al mio Signore, all'indipendenza del suo Trono, alla sua onnipotenza nel reggimento dei suoi Stati.

Nessuna circostanza muterà questi sensi. Tranquillo e fiero ho largo compenso, in una illibata condotta ed onorata vita, a quanto in questi tempi infelicissimi accade d'ingiustamente soffrire.

Clermont, 3 ottobre 1822.

Il Luogotenente Generale
GIFFLENGA.

XXVIII

E così dò termine a questa non numerosa, ma neppure spregevole serie di documenti, che la sorte benigna pose fra le mie mani. Che se mi si domandasse perchè li ho pubblicati, risponderei: per servire alla verità, ed anche perchè mi pare sia tempo omai di meditare sul confidente abbandono col quale viviamo, e sulla fatale indifferenza con che lasciamo disarmare ogni autorità, scherzando coll'ingiustizia, e godendoci magari i frutti portati *matre pudenda*.

S'accavallano nere nubi sull'orizzonte. Ieri camminavamo per una via battuta, ma oggi siamo allo svolto, e ci si affaccia un deserto impraticato. Il mondo antico è irremissibilmente finito, il liberalismo ha vinto e regna, ma forse è sorto chi lo caccierà di nido. L'ingordigia del lucro, lo speculare sfrenato, la concorrenza nella vece dell'emulazione, la libertà dell'usura e del male, l'esagerazione dei diritti, coll'oblio dei doveri, faranno apparire la terza, paurosissima incarnazione del verbo rivoluzionario. [1]

Uomini di ferro, imaginosi e forse colti, colla parola affascinante, rotti a tutte le astuzie, pronti a tutti i mezzi, lavorano in ogni paese per agitare e sommovere le ultime riserve delle falangi che assiepavano l'autorità. Ed i così detti potenti della terra, (vogliano o non possano) li abbracciano e li aiutano:

« Majoresque cadunt altis de montibus umbrae [2] »

Non più questione d'indipendenza; vile chi l'osteggiasse. Non più questione di libertà; anzi questa è stranamente insidiata. È questione di stomaco affamato, ribelle all'intelletto. « A che discutere, se si vuole « distruggere. Quando ci sentiamo forti, meniamo le mani, se ci tro-« viamo deboli ci raccogliamo [3]. » — « Scrutare se la libertà sia « un bene, è altrettanto ozioso ed illogico, quanto disputare se il fuoco « sia buono o cattivo. Vanissimo discutere cogli avversari; si crede di « avere ragione, e basta. Purchè trionfino le nostre idee; che c'importa « di libertà? [4] » — Il persuadere a che monta? — guerra a coltelli. — Non più apostolato, non più logica: — petrolio e picrati! —

---

[1] Tanto per rispettare la cronologia, affermo che ho scritto questo capitolo in ottobre 1878.

[2] Virg. Ecl. I. 83.

[3] Cluseret, ne' giornali francesi di gennajo 1873.

[4] Pergami (H.), nella *Revue de Belgique*, n: *15 oct. 1875.*

Io so bene che il mondo oggi corre sorti più liete e più miti, anche all'infuori degli interessi materiali. Io ben so che l'umanità cammina; non trasformandosi per *evoluzioni*, ma progredendo per legge e benefizio di Dio. Ma il peggiore nemico dell'utile progresso, sono le rivoluzioni. E fidandosene e servendosene si precipita ad un malefico *ricorso* di barbarie!

Il socialismo è latente, *eppur si muove!* balordo chi nol vede. Inutile punzecchiarlo, ferirlo, inasprirlo; come l'orsa di Lucano diventa *post ictum saevior.* [1]) Occorrono ben altre precauzioni che quelle politiche, le quali hanno sempre in sè stesse qualcosa di brutale. Poi politica e giustizia fanno due. E non fu soltanto per quella degli Czari che il Souwarow la definì, l'arte di prendere molto, di non mai rendere e di sempre pretendere.

S'ha da cercare il rimedio in regioni più serene, con aspirazioni più generose, con fini più sublimi. Non gridate al proletario — godi se puoi! Ma ripetetegli — pazienta e spera! Istruitelo, educatelo, lasciando educare, tralasciando le preoccupazioni delle parti per le convinzioni della giustizia; e ricorrendo a quella potenza sovrana, che *bella, immortal, benefica,* segna il suo nome sopra tutte le rovine.

---

[1])　　« Pannonis haud aliter post ictum saevior ursa
Cui jaculum parva Lybis amentavit habena:
Se rotat in vulnus, telumque irata receptum,
Impetit et secum fugientem circuit hastam.
(LUCAN. *Phars.* VI. 220). »

APPENDICI

APPENDICE I.

LA RELAZIONE A. M. D. G.

Menò gran rumore, fra certi monarchici ritinti, la pubblicazione fatta da Federico Odorici di un libro col titolo: *Il Conte Luigi Cibrario ed i tempi suoi — Memorie storiche con documenti*. Se lo cercate nelle biblioteche non v' è; dai librai, a pagarlo un occhio, non lo trovate. Eppure seppi che il valoroso tipografo Giuseppe Civelli (che a tutte sue spese lo fece stampare con veste splendida a due e talora a tre inchiostri, nell'autunno del 1872, in Firenze) ne avea tratto il discreto numero di trecentocinquanta esemplari, dei quali nessuno ne vendette, tutti destinandoli in regalo, mandandone cencinquanta alla Repubblica di San Marino della quale il Cibrario avea assunto una specie di protettorato.

Ma checchè ne fosse, certo che, con poca tolleranza, gli scrupolosi padri di una novella Congregazione dell' Indice lo tolsero alla curiosità degli Italiani; indispettiti specialmente per una franca e schietta apologia scritta da Carlo Alberto a Racconigi diciott'anni dopo i casi del ventuno, quando già era Re, nè volendo divulgarla, epperciò non parlando che alla propria coscienza.[1]) Vi rinnega con vivacità ogni suo legame o promessa alle sètte. Di ciò io sono bene convinto, e perchè altri lo resti, e perchè si tratta di documento sconosciuto, irreperibile e molto onorevole per quel principe magnanimo e per la lealtà storica della sua Casa; io educato a sensi di riconoscente riverenza verso i Sabaudi lo ripubblico tal quale, trascrivendolo dall' esemplare che posseggo; anche perchè si cessi dal citarlo a smozziconi e non sempre lasciandovi il colore impressogli da chi lo scrisse.

---

[1]) Il Cibrario ne aveva già dato alcuni brani nel cap. VII dei suoi *Ricordi di una missione in Portogallo* ed il marchese Gualterio li aveva riprodotti. *(Rivolg. ital. I. 578)*; come nuovamente il Cibrario stesso nella *Vita di Carlo Alberto* (ed. Botta, 1861, 35).

AD MAIOREM DEI GLORIAM

« Voici dixhuit ans que les événements de l'année 1821 se sont passés ; depuis lors je dois croire que les passions s'étant amorties, la vérité a dû se faire jour au milieu des calomnies de toutes sortes qui furent enfantées par l'esprit de parti, par les intérêts privés, et par les amours propres froissés ; je dois espérer qu'un jugement suivant l'esprit du Seigneur aura remplacé les opinions erronées. S'il n'en est pas ainsi, je ne cherche point à me disculper ; je ne pourrais le faire sans dire du mal de plusieurs, sans relever des faiblesses ; je persévererai constamment dans l'attitude impassible que j'ai prise ; mon coeur ne contient aucune espèce de rancune contre personne au monde ; ma bouche, à moins d'y être forcée par mon devoir, ne prononcera jamais le moindre blâme ; puissai-je n'avoir toujours que des éloges à faire de ceux qui se déchaînèrent le plus violemment contre moi. Bénissant la main de Dieu dans les événements de ma vie, tels qu'il lui plait de me les envoyer, le peu de mots qui suivent n'ont pour but que de retracer quelques faits purement personnels, dont le lecteur tirera les conséquences qu'il croira.

Je fus accusé de carbonarisme ; j'avoue qu'il eut été plus prudent à moi d'avoir la bouche constamment fermée sur les événements qui se passaient sous mes yeux ; de ne point blâmer les lettres patentes qui se donnaient ; les formes judiciaires et administratives qui nous régissaient ; mais ces sentiments de ma jeunesse sont ceux qui se sont toujours plus consolidés et épurés en mon coeur, et que depuis mon avènement au trône je fais tous mes efforts pour diriger au plus grand bien de notre patrie, en y établissant un gouvernement fort, basé sur des lois justes et égales pour tous devant Dieu : en mettant l'autorité royale à l'abri de graves erreurs, d'injustices ; en lui faisant renoncer irrévocablement à s'immiscer dans des faits uniquement du ressort des tribunaux ; en montant une administration à l'abri des intrigues, des vues personnelles, dans un esprit de progrès raisonné, mais constamment progressif ; en facilitant, en encourageant tous les genres d'industrie ; en honorant et recompensant le mérite dans quelque classe il puisse se trouver ; en formant une armée qui puisse être à même de soutenir l'honneur et l'indépendance nationale avec gloire ; en mettant dans l'administration des finances une règle, une économie, une intégrité et une sévérité telles, que nous puissions être à même d'entreprendre de grandes choses, et en même temps de soulager le peuple ; en montant les choses de façon à ce qu'il y ait chez-nous une liberté pleine et entière, à moins que l'on ne veuille faire le mal.

Voici six faits qui répondent au reproche de carbonarisme :

1. Les *carbonari* et autres sectaires de cette espèce, s'engagent par les serments les plus terribles à la destruction de l'Autel et du Trône ; ils ont la haine des princes, ils s'obligent par leurs mêmes serments à les poi-

gnarder toutes les fois qu'on le leur commande pour arriver à leurs fins, qui est la république. Comment donc alors supposer qu'ils eussent pu confier leurs secrets à un prince destiné à monter sur un trône ? Ou qu'un jeune prince, et qui avait déjà un fils, eut pu s'affilier à eux, embrasser leurs maximes et partager leurs desirs ?

2. Les procès politiques faits à Turin et à Milan n'ont pu, malgré toutes les investigations dirigées contre moi, rien produire.

3. On sait que peu avant nos troubles, de nombreuses mystifications libérales furent dirigées contre diverses personnes : mon fils aîné venait de naître depuis peu : on fit arriver presque jusque sous mes fenêtres les capucins chantant processionnellement le *De Profundis* pour la princesse de Carignan qui venait de mourir ; on sait aussi qui dirigeait ces mystifications ; certes ce n'était ni une preuve d'affection, ni une marque de complicité que l'on me donnait.

4. Lors de la rébellion des étudiants, qui précéda de peu l'insurrection, je me portai de suite au palais du roi pour lui offrir mes services.

5. Du moment que la révolte éclata, je fus presque continuellement auprès de lui, m'employant de mon mieux pour son service ; ce fut moi qui le prévint du rassemblement armé de San Salvario ; ce fut moi que l'on envoya partout où il y eut du danger à courir ; c'est ainsi qu'au milieu de la nuit je fis le tour des casernes pour surveiller ce qui s'y passait, pour rappeler et ranimer les sentiments de fidélité et de dévouement. Ce fut ainsi que lors de l'insurrection de la Citadelle on m'y envoya pour chercher à faire rentrer les troupes dans le devoir. En m'en approchant un capitaine de Piémont Royal me prévint que l'on venait de tuer un de ses soldats ; je ne m'en avançais pas moins au milieu de la foule jusque contre la porte, mais elle resta fermée ; la garnison était sur les remparts en état de défense et me reçut au cris de *Vive la Constitution*, auxquels je répondis par celui de *Vive le Roi:* on voulut saisir la bride de mon cheval, mais je me dégageai. Le refus de l'entrée, cette réception et l'assassinat du colonel Des-Geneys, que j'avais fait entrer dans cette place au moment des troubles pour y prendre le commandement de deux compagnies de notre corps qui s'y trouvaient, ne sont certes point des preuves que les révolutionnaires me regardaient comme leur complice.

6. Lorsque l'abdication eut lieu, de quel moyens se sont servis les conspirateurs contre moi ? Des mêmes absolument que contre le roi ; c'est-à-dire de l'insurrection du peuple, des hurlements, de la révolte menaçant les plus grands désastres. Or mon salon fut alors encombré de personnes de tous les partis : une députation des Seigneurs de la Ville s'y trouvait me suppliant d'accéder au désir des révoltés pour sauver la capitale : qui peut dire d'avoir entendu en ces moments sinistres un seul des révoltés me rappeler des serments, ou seulement des engagements ?

Je fus accusé d'avoir conspiré. Cela n'eût pu être à moins que mû par un sentiment plus noble et plus élevé que celui des *carbonari:* j'avoue qu'il eut été plus prudent à moi de me taire, malgré ma grande jeunesse, lorsque j'entendais parler de guerre, du désir d'augmenter les États du Roi, de contribuer à l'Indépendance italienne; d'obtenir au prix de notre sang une force et une étendue de territoire qui put consolider le bonheur de notre pays; mais ces élans de l'âme d'un jeune soldat ne peuvent pas encore être désavoués par mes cheveux gris. Certes, en ce moment, je ne voudrais aucun fait contraire aux maximes de notre sainte Religion; mais je le sens jusqu'à mon dernier soupir, mon coeur battra au nom de patrie, et d'indépendance de l'étranger. Si j'eus pu désirer pourtant que notre bon Roi Victor Emanuel nous eût ordonné de marcher aux frontières; qu'il m'eut mis à même de donner de grand coeur ma vie pour lui acquérir quelque gloire, les choses changèrent absolument d'aspect au moment de son abdication. Tous les prestiges les plus séduisants disparurent, un voile lugubre couvrit tout le pays, toutes les âmes élevées se sentirent glacées, et moi si jeune, abandonné en ce moment par tous les hommes de poids qui dirigeaient l'administration, qui crurent justement devoir se retirer; je me trouvais seul, pour ainsi dire, devant une révolution de *Carbonari.* Je devais sauver la famille royale, la capitale; j'étais responsable devant Dieu et les hommes de l'Indépendance nationale, qui pouvait être gravement compromise par la moindre fausse démarche envers l'étranger..... [1]

Notre nouveau Roi se trouvait dans les mains de la puissance que le parti révolutionnaire eut voulu porter l'armée à attaquer; et les Souverains des puissance du Nord se trouvaient près de l'Italie réunis en congrès. A la tête de l'État, je dus voir que nous n'avions absolument rien de ce qui était indispensable pour entreprendre une campagne; que si même notre bon roi Victor-Emanuel eût été à notre tête, que nous n'aurions pu, dans l'état que nous étions, que sacrifier notre pays, et que les transports politiques des provinces italiennes qui nous entourent, se seraient réduits en grande partie en vers et en vains discours emportés par les vents. J'aimais profondément le roi Victor-Emanuel; je devais fidélité à son successeur. Du moment que l'abdication fut signée, ma vie lui fut vouée. J'escortai moi-même à son départ la famille royale, et je m'occupai avec zèle à tout disposer de façon à pouvoir exécuter les ordres du roi Charles-Félix quels qu'ils eussent pu être, et à cet effet je fis passer ma famille en France. [2]

---

[1] Non tralascio nulla, ma i puntini sono nella edizione Odoriciana.

[2] Ordine 21 marzo 1821 al cav. Bianco di portare la principessa di Carignano da Nizza al Varo, dirigendola a Marsiglia, collo scudiere marchese di Moncrivello, e colla dama contessa Filippi. Nel passaporto per la moglie avea fatto scrivere il titolo di contessa di Barge e anche quando andossene esule volontario ad Oporto si fece chiamare conte di Barge, che era un feudo dell'appanaggio Carignano.

Voici sept faits qui répondent à l'allégation que je fus à la tête du mouvement militaire qui eut lieu.

1. J'accordai une amnistie aux officiers qui en firent partie, ce qui était constater qu'ils étaient coupables, aussi s'en plaignirent-ils amèrement. [1]

2. Ces officiers se trouvaient à la tête des insurgés; je ne leur donnai ni grades, ni récompenses.

3. Aucuns des chefs des révoltés que j'avais le plus connu, soit qu'ils eussent fait partie de la cour, soit qu'ils eussent été de mon corps, non seulement ne vinrent pas me voir; mais ne vinrent pas même a Turin, tant que j'y fus.

4. On ne chanta où j'étais aucun *Te Deum*, ni on ne fit aucune réjouissance pour cette fatale révolution.

5. Les insurgés cherchèrent deux fois à m'enlever; la première à Turin, tandis que je m'en revenais du palais du Roi au mien; et la seconde sur la rampe qui conduit au château de Montcallier, tandis que de nuit, accompagné du seul comte de Tournafort, j'allais au devant du roi Charles-Félix, que le commandant des carabiniers induit en erreur, m'avait assuré être prêt à arriver. Ce fut là que nous fûmes chargés par deux escadrons insurgés des chevaux-légers du Roi.

6. La citadelle de Turin étant dans les mains des rébelles, je leur donnai pour commandant le général Staglieno, contre lequel ils s'étaient révoltés à Alexandrie. Certes ce n'était point une marque de complicité, ni d'approbation.

7. Le corps d'artillerie, dont j'étais le Grand-Maître, à part les compagnies qui se trouvèrent dans la citadelle de Turin et d'Alexandrie, où elles étaient dans une extrème minorité en comparaison des autres armes; resta entièrement fidèle au Roi, et le peu d'officiers qui se trouvèrent liés par des serments aux révoltés, n'osèrent pas même après les dispositions que j'avais données, faire des efforts pour enlever la troupe, et se rendirent seuls de leurs personnes à Alexandrie. J'ai encore un mot à ajouter à ces faits: c'est que nous voyons dans l'histoire que lorsque des princes conspirèrent, ce fut ou pour usurper des couronnes, ou pour obtenir des avantages personnels; et qu'aucun des mes ennemis les plus acharnés, de quelque parti qu'ils aient été, n'ont jamais pu écrire ni soutenir que mes actions ou pensées, eussent pour but de satisfaire des vues personnelles; et je défie que l'on me puisse citer le moindre acte contraire à cette allégation.

Je fus accusé d'avoir trahi. Notre bon roi Victor Emanuel avait abdiqué sans avoir donné l'ordre d'attaquer les rébelles; il préféra renoncer au trône, quoique nous fussions encore autour de lui grand nombre de coeurs dévoués. Était-ce alors à moi, après cet exemple, à mon âge, sans connaître les intentions du nouveau roi, de prendre une aussi grave responsabilité que celle

---

[1] Vedi BOLLATI, (E.). *Fasti parlamentari;* I. 11. 12.

d'attaquer en ce moment les Constitutionnels, tandis qu'ils étaient maître de la Citadelle? Je n'eusse pu emporter un avantage qu'en inondant la ville de sang. Notre vieux Roi conseillé par ses vieux et expérimentés ministres ayant abdiqué parce qu'ils croyaient qu'il était impossible de ne point donner la Constitution; je crus devoir gagner du temps pour sauver le pays; et en l'accordant, je protestai hautement que ce n'était que sauf l'approbation du roi Charles-Félix, dont j'aurais attendu les ordres. Je fis pourtant encore inclure deux restrictions à cette concession, pour que, quel cas qu'il pût arriver, qu'on ne pût en tirer des conséquences fatales.

La première fut en faveur de la religion catholique. La seconde concernait l'hérédité au trône. J'employais le temps qui s'écoula jusqu'à l'arrivée de la réponse du Roi, à remettre l'ordre dans le pays, et à tout disposer pour exécuter les volontés qu'il me manifesterait; et ainsi qu'on l'a vu par l'article ci-dessus, je ne fis rien qui pût encourager les rébelles, ni leur faire croire que j'agissais dans leur sens. Le comte Costa m'ayant rapporté de Modène les ordres du Roi, je donnai immédiatement les dernières dispositions qu'il me restait à faire parvenir pour effectuer la contre révolution. J'avais fixé l'heure de minuit aux chefs des corps que je désirai réunir pour former l'armée royale; mais le secret n'ayant pu être scrupuleusement observé, les révolutionnaires se doutèrent du mouvement que je désirais effectuer, ils résolûrent de s'y opposer et de me tuer lorsque je sortirai de mon palais. Une dame le sut et m'en fit prévenir. En effet vers les huit heures du soir mon palais était déja environné; la place était encombrée, et l'on entendait le bourdonnement hideux de la populace révoltée. Pensant qu'il n'y avait plus de temps à perdre, j'envoyai le comte de Tournafort à la Vénerie pour ordonner au régiment de Piémont Royal de se mettre en marche. Accompagné du comte Costa et du marquis de la Marmora, je me rendis à l'écurie et du moment que nos chevaux furent sellés, nous nous rendîmes au Valentin; j'y fis monter à cheval le régiment de Savoie-cavalerie. A la pointe du jour nous arrivâmes à Rondizzone, où tous le corps que j'avais prévenus se rendirent. Ce fut de ce bivouac que je fis connaître aux Constitutionnels les ordres du Roi. Je comptais de me rendre à Novarre pour y réunir tous les autres corps fidèles que j'y avais primitivement envoyés, pour ensuite marcher contre le rébelles s'ils eussent refusé d'obtempérer aux ordres royaux. De ce bivouac la Constitution reçut son coup mortel. On cria alors à ma trahison on le répéta depuis..... Mais la Constitution au nom de qui avait-elle été donnée? Au nom du roi Charles-Félix qui était hors des États, et bien entendu sauf son approbation. Quelle fut ma conduite jusqu'au moment de la réception de ses ordres? Celle d'un chef qui constate qu'il y eut faute dans l'insurrection militaire, et qui attend des instructions dans une sévère impassibilité. Nommé Régent du Royaume par le roi abdicataire, et non par les révoltés, je n'étais que l'organe des volontés souveraines, dont je tenais seules mon autorité, ma force. Le Roi ayant prononcé, tous ses soldats fidèles n'eûrent qu'à obéir. Tandis que je faisais ma seconde étape, je reçus une lettre de Charles-Félix qui m'ordonnait de remettre le commandement au comte de la Tour. Quelque pénible que cet ordre fut pour moi, je ne balançai pas un instant; je lui laissai donc se faire l'honneur de l'armée royale que j'avais formée; je lui rendis à Novarre tous les services qui furent en mon pouvoir; je lui fis même cadeau d'un de mes plus beaux chevaux. Il me restait la pensée d'avoir sauvé la famille royale, l'indépendance du pays, qui aurait pu être si gravement compromise, d'avoir préservé la capitale des plus grands désastres, d'avoir sauvé et conservé intacts plusieurs millions déposé à l'Hôtel des Finances, d'avoir frappé de réprobation l'insurrection militaire triomphante, et enfin d'avoir au péril de mes jours élevé l'étendard royal. Je ne cessai d'insister auprès du comte de la Tour pour qu'il nous donnât l'ordre de marcher contre les rebelles à fin de terminer entre nous seuls nos fatales dissensions politiques, considérant une intervention étrangère comme le plus grand des malheurs.... Je finis par recevoir l'ordre du Roi de quitter l'armée, et de me rendre en Toscane.

Je trouvai à Florence une réunion de diplomates choisis par les grandes puissances parmi leurs employés les plus éminents, qui étaient déstinés à accompagner, et probablement à diriger le roi de Naples lorsqu'il rentrerait dans ses États. Je les vis avec bonheur partager mon désir de voir le roi Victor Emanuel remonter sur le trône: je lui écrivis à Nice à cet effet, je fis tous mes efforts pour obtenir ce but....

Mon exil dura jusqu'à l'année 1824; je fus pendant le cours de ces longues années, arraché des chasses du sanglier à la lance, que je faisais dans les bois près de la mer, par la campagne d'Espagne, où j'allai volontairement soutenir la même cause pour la quelle j'exposai ma vie en 1821. Un moment critique survint en 1831. On redoutait pour la Savoie une échauffourée de proscrits, une agression de révolutionnaires étrangers; on pensa alors à moi; j'y fus envoyé. [1]) À mon retour le Seigneur m'accorda la grâce de procurer quelques légers soulagements au roi Charles-Félix en le veillant et servant dans sa douloureuse et longue maladie.

Devenu Roi je suivis invariablement mes principes, et je n'accordai aucune amnistie aux condamnés politiques de l'année 1821 pour être conséquent à moi même.

Je vis en places et en diverses positions, plus ou moins avantageuses, les

---

[1]) I torbidi avvennero in febbraio 1831. « In questi frangenti S. M. si è degnata di gradire che S. A. R. (*sic*) il principe di Carignano si recasse in Savoia, ove di concerto con S. E. il Governatore (*marchese d'Oncieux*), avviserà ai provvedimenti che potessero essere ancora necessari e dove Ella sarà presso le truppe e gli abitanti, l'interprete della soddisfazione del Re pei loro eccellenti spiriti e per la lodevole loro condotta. S. A. R. è quindi partita ieri verso il mezzogiorno (*Gazzetta Piemontese*, n. 27, 3 marzo 1831). » Il principe rientrò a Torino il giorno 10 dello stesso mese.

personnes qui s'étaient le plus mal montrées contre moi; je n'ai persécuté personne; je n'ai pas adressé un seul reproche; j'ai fait du bien au plus grand nombre; j'ai même reçu plusieurs fois avec bonté celui qui au nom du parti révolutionnaire envoya quatre sicaires pour me poignarder. [1] Je fus assez heureux pour pouvoir retirer de l'affliction bon nombre d'anciens officiers, que le désir de la gloire, ou des irreflections, avaient placés dans une facheuse position, qui les avaient fait éloigner de l'armée. J'accordai des grâces partielles à plusieurs condamnés. Finalement la reine Marie-Thérèse, cette princesse d'un mérite si remarquable, étant morte; j'eus le bonheur de pouvoir recueillir auprès de moi, de considérer comm'un des mes propres enfants et de marier brillamment, la princesse Christine, la dernière des filles de notre bon roi Victor-Emanuel. [2]

Raconis, le mois d'août de l'année 1839. »

---

[1] Si nega da parecchi che Carlo Alberto fosse stato minacciato nella vita. Egli sempre l'asseri. Anche un gentiluomo suo amico scriveva da Firenze a Torino nel giugno 1822 : « il principe dice che la gran Vendita pronunciò sentenza di morte contro di lui, per modo che non sorte più che armato fino ai denti; come un capo di briganti, com'esso dice. Egli vuole farsi vedere in tutti i luoghi più frequentati, ed in mezzo alla folla, anche di notte. Nessuno osò mai accostargliesi.... »

Un Bernardo Pia, ministro dello speziale di Corte, Masino, era stato condotto con mistero la sera del 18 marzo 1821 al caffè Fiorio dove gli venne offerta ricca mercede purchè mescesse veleno nella medicina che in quel giorno doveasi mandare al Principe. Ricusò ed il suo padrone non seppe della sua fedeltà che per via indiretta molti anni dopo, lo regalò e gli accrebbe il salario. Questo fatto non fu noto a Carlo Alberto che dopo essere re, e quando già il Pia era morto.

[2] La venerabile Cristina prima moglie del re delle due Sicilie Ferdinando II.

APPENDICE II.

ONORI DOPO IL TROCADERO

Pompeo Litta pubblicò nella sua grande opera sulle famiglie italiane, la famosa medaglia coniata a Parigi quando i reggimenti della guardia reale offersero a Carlo Alberto gli spallini di lana rossa da granatiere; come 'sette lustri dopo gli zuavi offeriranno al valoroso figlio suo i galloni da caporale. A ragione il Cantù [1] la dice una rarità. Ma pochi sanno che non una ma tre furono le medaglie battute in quella fermata del Principe a Parigi. Posso descriverle su esemplari che posseggo:

I. — *D.* Busto del principe di profilo, a destra; coll'assisa di luogotenente generale sardo, colla stella dell'Annunziata, la sciarpa di servizio a tracolla e cogli spallini da granatiere. CH.ES AM.E ALB.T DE SAVOIE PRINCE DE CARIGNAN — DE PUYMAURIN D.

R. Una leggenda, sormontata da una ghirlanda di foglie d'alloro: LES RÉGIMENTS | DE LA GARDE ROYALE | ONT OFFERT | AU PRINCE DE CARIGNAN | LES ÉPAULETTES | DE GRENADIER. Attorno: PRISE DU TROCADÈRO LE 31 AOUT 1823.

II. — *D.* La storia registra i fasti del principe e la zecca presenta la medaglia; personificate in due donne appoggiate ad un torchio da monete, RERUM· GEST. FIDEI. ET ÆTERN. Esergo: Æ. A. A. F. F.

R. Nel campo uno scudo sannitico di Savoia pieno, cioè colla croce d'argento su rosso, cimato da un elmo di fronte, colla visiera a cancelli, coronato alla reale. Attorno, CH.ES AME.E ALB.T DE SAVOIE PRINCE DE CARIGNAN VISITE LA MONNAIE R.LE DES MEDAILLES — esergo: CAQUE FECIT | LE 7 JANVIER 1824.

III. — *D.* lo stesso del n. I.

R. il *diritto* del n. II.

---

[1] *Cronistoria*, II, 195.

Del rimanente la gloria militare acquistata dal principe in questa spedizione fu sempre cara alla reale famiglia. Seppi da una dama della regina Maria Teresa che la sua Signora portava la medaglia del Trocadèro in un braccialetto. Alla pinacoteca fu posto un bello smalto del Constantin che raffigura il principe in atto di piantare la bandiera sullo spalto. Ancor oggi nella privata biblioteca di S. A. R. il duca di Genova, in Torino, se ne conserva il trofeo in un monumentino, dove a vista di tutti stanno sottovetro gli spallini di lana e le due croci militari della legione d'onore e di San Ferdinando di Spagna, guadagnate da Carlo Alberto in quella fazione.

Anche la litografia riprodusse il suo ritratto in quella occorrenza. È disegnato a matita su pietra da Adolfo de Trobriant, ed uscì dalla litografia parigina di C. Constans. Entro ad ovato vi è il ritratto del principe in costume di generale sardo, e di sotto la figura di un basso rilievo, nel quale Carlo Alberto, col suo stato maggiore, mette piede a terra alla fronte della guardia reale e riceve gli spallini da un granatiere avanzatosi dalle file.

APPENDICE III.

CARLO ALBERTO E GIFFLENGA

Alessandro di Gifflenga accettato cadetto volontario nei Dragoni della Regina (8 aprile 1791) e distintosi nella faticosa guerra del Nizzardo fu spedito a Cagliari a recar nuove delle vittorie di Souwaroff, ed il Re in quella occorrenza lo dichiarò suo scudiere, e lo promosse a capitano: « prendiamo « volentieri l'occasione che ci ha egli raggiunto in questo Regno per recarci « il fausto annunzio della liberazione di una parte de' Nostri Stati di Terraferma « dalle armi francesi.... » [1]

Poi vennero per lui gli splendidi giorni del regno italico; e dalla restaurazione, come si disse e forse si crede, gli fu fatto l'insulto di mandargli una patente di capitano, grado che aveva nel 99. Egli invece nel 1815 venne decorato del grado di maggior generale col carico di colonnello del corpo dei Cacciatori Reali. La patente dice: « nato per la carriera delle armi il « conte Alessandro Pietro Paolo Lodovico Gifflenga fin dai primi giorni che « l'intraprese nel reggimento de' Nostri Dragoni della Regina, diede a dive- « dere coll'amor suo per lo studio delle militari discipline, col suo zelo e « colla sua attività ed esattezza nel servizio quale sarebbe egli divenuto col « tempo. Di fatti nemico d'un ozio imbelle, e spinto da generoso ardire, « prese servizio presso estera potenza, *ed a gloria del proprio nome e della* « *Nazione Piemontese,* cui appartiene, seppe colle sole sue virtù militari farsi « strada ai sommi onori della milizia. Ripieno di sentimenti d'onore e di ri- « spettoso attaccamento per il legittimo suo sovrano, appena intende il felice « cambiamento degli affari d'Europa, si dismette subito dall'estero servizio e « viene ad offerire la sua spada e la sua vita. La purità di sentimenti che « in lui conosciamo, le profonde cognizioni teoriche e pratiche di cui lo sap-

[1] RR. Patenti da Cagliari, 30 giugno 1799.

« piamo fornito intorno al mestiere delle armi ed il valore di cui ci ha dato
« in tanti incontri le più indubitate prove, ci hanno disposto.... » [1]

Nel giugno seguente gli fu affidato il comando d'una divisione nel *Contingente piemontese* mandato a Grenoble col conte La Tour. [2] E ritornato in paese ebbevi il comando provvisorio della divisione di Torino [3] poi quello effettivo [4], quindi l'ispezione della cavalleria [5] ed in fine il grado di tenente generale. [6]

Dopo i casi del 21 fu dispensato da ulteriore servizio [7] e non più richiamato ai regi favori che inoltrato già il regno di Carlo Alberto. Le due seguenti lettere diranno in qual modo ei si rimettesse in grazia.

Il cavaliere Emanuele di Villamarina, primo segretario di Stato per la guerra, al tenente generale, conte di Gifflenga.

Torino 1 ottobre 1839.

S. M. avendoci incaricato di far conoscere a V. S. Ill.ma che le faceva acoltà quindi innanzi di sostituire alla montura *in oro* quella *in bianco* che usano gli ufficiali generali non provveduti di speciale comando nell'armata attiva (epperciò *a spalline,*) io mi affretto tanto più ad adempire con giubilo a simil ordine, in quanto che ciò mi fa concepire la dolce lusinga che altro più rilevante contrassegno delle sovrane grazie abbia a tener dietro a questa prima dimostrazione, fra non ben lungo tempo.

Trovandosi nell'anno corrente compita l'organizzazione militare nella parte che concerne le otto classi di servizio temporario, e dovendo col primo del venturo gennajo cominciare il passaggio di una di esse alle riserve, impetrai ed ottenni dalla bontà sovrana, la generale chiamata, di tutte quelle che appartenevano alle due brigate chiamate al campo d'istruzione, come esperimento necessario farsi per varie ragioni, e fra le altre quella d'illuminare il Ministero sulle disposizioni necessarie a schivare ogni confusione nel riunirle, come nello scioglierle, nonchè misurare il tempo necessario a rinfrescare la loro istruzione, in modo da poter liberamente manovrare in linea. Fummi di piacere sommo il sentire che Ella, signor Generale, lo abbia visitato nel momento appunto delle grandi evoluzioni, in cui l'occhio di militare esperto, assai meglio può

---

[1] RR. Patenti, 25 marzo 1815.

[2] La divisione Gifflenga, che ebbe parte alla presa di Grenoble, si componeva dei reggimenti provinciali di Torino e di Susa, di quello d'ordinanza di Genova, della Legione Reale leggiera, e del battaglione dei Cacciatori piemontesi.

[3] RR. Patenti, 27 dicembre 1815.

[4] RR. Patenti, 10 febbraio 1816.

[5] RR. Patenti, 18 marzo 1816.

[6] RR. Patenti, 5 agosto 1820.

[7] RR. Patenti, 1° dicembre 1821, e gli fu data la pensione di L. 2385 annue.

portare retto giudizio sul vero stato dell'istruzione delle truppe che le eseguiscono.

Li molti critici che da più anni attaccavano questo mio lavoro, gridando in coro *che non poteva andare* in nulla mi servivano per riparare li gran difetti che qua e là si trovavano, giacchè ogni volta che mi raccomandava ai loro lumi, onde mi indicassero li modi di correggerli, *conservati* però *li due estremi* nei quali ero accerchiato nell'organizzare; cioè:

1° Forza abbastanza considerevole ed istrutta per mantenere la Monarchia Piemontese in conveniente atteggiamento, nella ben difficile sua posizione centrale, fra la bilancia delle due colossali potenze che la fiancheggiano;

2° Rimanere ciò non ostante in quei stretti limiti di annua spesa, in cui forza è che in tempo di pace rimanga circoscritto il Bilancio militare;

Altro non mi sapevano rispondere se non se ah! questo poi in verità non saprei dirlo, mostrando così quanto esatto sia il detto essere il *criticare* assai più facile del *fare*.

Carissimo quindi mi riusciva il sapere che il *solo* fra li generali Piemontesi, che, a dovizia di lumi militari, accoppia l'abitudine del comando in guerra di corpi d'esercito, visitasse il campo di Cirié e presenziasse le evoluzioni dei 15 mila uomini in circa, d'armi diverse, colà riuniti; giacchè il suo giudicio non potrebbe essere a meno che *ragionevole* e *ragionato* e le sue osservazioni nelli difetti che avesse avuti a scorgere, nell'organizzazione, o nella teoria che seguono le truppe nei loro movimenti, sarebbero al certo accompagnate da ottime indicazioni sul modo di rimediarvi.

Di tanto appunto la pregherei, signor Generale, di ben volermi esser cortese ove nel complesso delle cose (che pare aver passabilmente sostenuto l'esperimento), avesse osservati punti, che con ritocchi possibili da operarsi nel cerchio delli due estremi succitati, nel quale sono avviate, coreggere si potessero se *difettosi* o migliorare e perfezionare sempre più comunque buoni.

Piaccia intanto a V. S. Ill.ma di gradire li miei complimenti pel piccolo segno attuale del sovrano favore; esser convinto del vivo desiderio che nutro di avergliene ad annunciare dei maggiori, e voglia essere più che persuaso, della sincerità e cordialità dei miei sentimenti verso la di lei pregiatissima persona, disgiunti mai da quell'ossequio ed alta considerazione che mi glorio di proffessarle ecc.

Il generale Gifflenga al cav. di Villamarina

Eccellenza,

2 ottobre 1839.

Ho l'onore di accusare alla E. V. ricevuta dell'onorevolissimo foglio in data di jeri, grato quanto inaspettato.

Compio al primo mio dovere col pregare l'E. V. di mettere ai piedi del

Re nostro Signore i sensi della più rispettosa e profonda mia riconoscenza per questa prima dimostrazione di sovrana grazia, somma per me, perchè mi fa sperare che potrò ancor un giorno dare gli avanzi di questa mia vita militare al mio sovrano. L'unico mio desiderio, la sola mia ambizione è di morire pel servizio del Re e per esso.

Compiuto a questo sacro dovere con tutta l'effusione del cuore debbo all'E. V. sensi di grato animo per le gentili espressioni, che ne accompagnano l'annunzio, prova di quella bontà che mi estermò mai sempre e notamente in questi ultimi tempi.

La fortuna che mi venne di molto vedere e molto vivere ha solo potuto acquistarsi quel merito che Ella nella sua buona opinione sì largamente mi dona.

Passando all'articolo che ha riguardo alla nuova formazione, per me sì lusinghiero, giacchè mi permette di entrare in particolari, io le dirò prima, che sentite le tanto diverse voci sopra di essa, conosciute da me per la semplice lettura dello stampato, cedei al desiderio vivissimo di vederne personalmente la pratica, e mi portai al campo in quel più modesto modo che mi si addiceva.

Una sola divisione operava in quella giornata (la meno forte) ma erano combinate le mosse di tutte le armi, e l'assieme era di natura a far vedere che li scopi principali di avere numeroso agguerrito esercito, utile all'uopo, colla minor spesa fissa in tempo di pace, erano largamente ottenuti.

Desiderava di conoscere più da vicino ogni particolare, quando dalla bontà del Re, mi venne dato di seguire una seconda volta minutamente ogni evoluzione generale, o parziale, coll'onore di far la corte all'umanissimo principe.

Consolazione pari a quella di quel giorno io non aveva avuta ancora di trovarmi fra quindici mila soldati de'nostri, fatti adatti in men d'un mese, e lo davano a vedere la perfetta ordinanza, le sciolte marcie, il regolare andamento; non un fallo, non un errore.

Muovere con ordine 15 mila soldati d'armi diverse è difficile incarico a chi comanda, sempre; e se chi obbedisce è inesperto si avrebbe l'idea del Caos.

Ne'campi d'istruzione ove si deve dar molto all'occhio di pochi intelligenti, e di pochi veri critici, che la vera critica vuol essere sapere, il maneggio di tanta gente è più difficile che davanti al nemico, che operando insegna cosa, debba fare l'esperto generale. Là non vi sono nè palchi nè platea.

L'esperienza dirà se vi sono nei; forse si accrescerà in guerra il numero degli uffiziali. Il perfetto è di Dio solo, all'intelligenza dell'uomo l'avvicinarsi più o meno.

Lode dunque vera, e schietta all'autore del progetto, a chi ne volle l'esecuzione. Conoscere l'indole delle nazioni e delle provincie che compongono il Reame è pregio di chi vuole saviamente e sinceramente innovare. Gloria adunque a chi si ebbe il pensiero e non dubitò. In fisica un corpo grave spezza urtando un corpo minore, lo schiaccia, lo annichila; così sarà di questo sciame d'ignoranti, che gracchiano.

Ecco risposto, per quanto in me stà, all'onorevole inchiesta. Diffuso forse; ma la concisione di Tacito ne' suoi annali, quella de' gran capitani ne' loro commentari è cosa difficile sempre, e mi pare impossibile in lettera di tal natura.

Mi resta ad emettere un voto, che a si vantaggiosa formazione corrisponda un piano generale di difesa, uno o due campi trincerati su cui si appoggi l'armata. Le piazze forti ritardano il passo alle artiglierie nelle valli. L'uomo passa per ogni dove. Dove passa l'uomo passa il cannone. Passarono con Annibale le Alpi Greche elefanti (pochi). Le Pennine i cannoni di Napoleone.

Con un'armata come quella del Re, bene appoggiata, i due colossi che ci premono i fianchi pagherebbero assai la nostra alleanza e non venderebbero cara la loro protezione.

Rinnuovo alla S. V. ogni mio atto riconoscente e la prego di conservare nella sua grazia l'antico collega che le offre i sensi dell'alta sua rispettosa devozione

Il tenente generale
Conte GIFFLENGA.

APPENDICE IV.

LA GIUNTA AUTONOMA

Il Memoriale di Carlo Alberto cessa col finire della sua Reggenza; i due del Balbo e del Gifflenga non vanno oltre. Epperciò mi è sembrato utile aggiungere un brano dalle *Memorie inedite* di Lodovico Sauli d'Igliano perchè ci dice cosa si facesse dalla Giunta nei brevi giorni d'interregno fra la partenza del principe e l'arrivo del Luogotenente del Re.

« Per la partenza del Principe Reggente da Torino e per il scioglimento che ne seguitava del Consiglio di Reggenza, la suprema autorità si restrinse nella Giunta, la quale rimase per tal modo un potere fatto legittimo da nient'altro che dalla necessità; legge ancor essa sovente volte molto imperiosa e indeclinabile. E di fatto se in quei giorni la Giunta avesse ricusato di sobbarcarsi, il Piemonte avrebbe presentato l'aspetto di lurida anarchia, o avrebbe dovuto sottostare all'altra Giunta che s'era costituita in Alessandria composta in gran parte di gente tutt'altro che savia.

« Di simil difetto non si poteva accagionar quella di Torino. Alle nostre sedute furono invitati tutti i membri precedentemente eletti, anche quelli soliti a far dimora nelle città ed in altri paesi delle provincie. Per causa dell'incertezza dei tempi e per l'evidente colore di caducità che avea il movimento del 1821, massime dopo la partenza del principe di Carignano, la maggior parte di questi ultimi si scusò o senza più si rimase dall'intervenire. Non ho difficoltà di affermare che coloro, i quali non imitarono un tale esempio, persone distinte per lumi e per probità, si renderono colla loro costanza benemeriti della patria. A conferma di questa sentenza posso assegnare i nomi del canonico Marentini; dell'avvocato Costa, ch'era stato nei tempi del Governo francese, uno de' Presidenti della Corte d'Appello di Torino; il senatore Vacca; l'avvocato Bruno; l'avvocato Spirito Migliore; altri dimoranti parimenti in Torino di cui ora non mi sovviene il nome; e tra i forastieri, il marchese Massimiliano Spinola genovese e l'avvocato Rabogliati *juge-mage* in un paese della Valle d'Aosta.

« Il canonico Marentini fu eletto a Presidente della Giunta. A' tempi del Governo francese gli era toccato di compiere un'importante missione concernente agli affari ecclesiastici nelle Isole Jonie, e quindi fu nominato alla Sede vescovile di Piacenza. Era d'animo coraggioso, temperato ed onesto; di bellissimo aspetto, di portamento grave e maestoso; i gelosi lo rimproveravano di una lieve tinta di vanità. Qual' è l'opera della natura o dell'arte in cui non s'incontri un picciol neo?

« L'impiego di segretario fu dato all'avvocato Bruno, chiaro per scienza legale, massimamente nella parte in cui è regolata o va congiunta colla dottrina dei canoni e delle Decretali. In questi due, come negli altri ingegni Piemontesi, risplendeva il solito acume nell'addentrarsi nelle viscere degli affari, nello sminuzzarli ed esaminarli e portarne giudizio, con somma coscienza; qualità assai volgare presso di noi, dove molti sono gl'impiegati minuti addetti ad una sola e speciale generazione di faccende, molti gli avvocati ed i giudici, ma nel tempo stesso più pochi gli uomini ammessi a trattare delle convenienze dello Stato; le quali essendo soventi volte anch'esse alquanto meschine per l'angustia della patria nostra, danno bensì una certa qual sottigliezza alle menti, ma non le fanno idonee a spaziare in più vasto campo ed a sollevarsi a considerazioni generose. Della qual virtù erano solamente forniti l'avvocato Rabogliati ed il marchese Massimiliano Spinola; il primo per benefizio di natura, il secondo perchè era nato e cresciuto in tempi in cui la patria sua non avea ancora perduto affatto la qualità di libero Stato, nè vietato ai principali suoi cittadini di partecipare ai pubblici consigli. E così avveniva che in essi soli trovassi auditori intelligenti e pieghevoli ogni volta che per la natura del mio uffìcio, mi toccava d'entrare in considerazioni più larghe dell'usato, e poco gradite per essere schiette e poco confortevoli, come le richiedeva la natura degli umori e dei tempi, disposti tutt'altro che in favore de' casi nostri.

« In picciol numero, ma di assai grave momento furono gl'incombenti che toccarono a me come reggente della segreteria degli affari esteri. Per dar qualche impulso di speranza e di eccitamento ai Piemontesi di perseverare con costanza nella incominciata impresa, il ministro della guerra Santa Rosa avea dato fuori un bando nel quale, tra le altre belle cose, egli avea detto che Francia avrebbe abbracciato le parti nostre, e si sarebbe mossa alla nostra difesa ogniqualvolta che l'Austria accennasse di volerci offendere. Qual fondamento egli avesse di porre innanzi cosiffatta asserzione io non lo so. Rammento bene che il marchese de la Tour du Pin, mi scrisse una nota, per lamentarsi di quella pubblicazione, e che avendola io posta sotto gli occhi della Giunta, mi venne commesso di rispondergli che il conte di Santa Rosa avea ciò fatto di spontanea e propria sua sua volontà, senza averne parlato nè co'suoi colleghi, nè colla Giunta e che perciò a questa non toccava rispondere. Di tale riscontro si lagnò meco il Santa Rosa, ma io non potei far a meno di stringermi nelle spalle, dicendogli che non avea potuto prescindere, dall'obbedire agli ordini de' miei superiori. Avrebbe toccato a me di far rimproveri, avrei desiderato aggiungere altre parole che non avrebbero potuto andare esenti da una quale amarezza ; confesso che non me ne reggeva il cuore.. (*E qui narra delle trattatice col Mocenigo*).

BIBLIOGRAFIA

Molto si scrisse sul ventuno in Piemonte. Ma non voglio radunare altro fuorchè quello che vi è di speciale e di stampato.

Pur troppo non si leggono dai più che i giudizi dati da scrittori che non ne trattano che di sfuggita in opere di interesse più esteso e quindi con diligenza e con informazioni non sempre sufficienti.

Spiacemi però che da quasi tutti se ne prendano notizie nelle storie del Brofferio, [1] del Martini, [2] del Farini, [3] del Vannucci, [4] e, diciamolo pure di Cesare Cantù. Il quale (siagli detto con tutta la riverenza che io porto a quell'illustre storico) specialmente nella *Cronistoria* non solo mostra poca simpatia per il paese nostro (e gli amori non s'impongono), ma copiando dal Brofferio e dal Martini è inesatto in molti luoghi ed in parecchi, senza volerlo, riesce ingiusto e contrario a verità.

Si troveranno invece particolari molto osservabili ed importanti nei *Mémoires sur la guerre des Alpes* del maresciallo Thaon di Revel [5]; ed un utilissima serie di documenti nella grandiosa raccolta del ch. Emanuele Bollati, che si spera di vedere continuata e che ha per titolo i *Fasti legislativi e parlamentari delle Rivoluzioni italiane nel secolo XIX.* [6]

[1] *Storia del Piemonte e Miei tempi.*
[2] *Storia d'Italia continuata da quella del Botta.*
[3] *Storia d'Italia.*
[4] *Martiri d'Italia.*
[5] Turin 1871; *préface* p. XXXVII-LXXVI. Libro postumo pubblicato dal figlio, generale, conte Genova di Revel.
[6] *Milano, tip. Civelli.* Vedi al tomo I pubblicato nel 1863 le pagg. 1-68. Esistono nella Biblioteca civica di Torino, come presso molti privati, e specialmente presso il cortese quanto erudito collega commendatore Combetti, raccolte di documenti sincroni che gioverebbero assai a chi volesse scrivere di proposito di questi tempi. Mi valgo di questa occorrenza per ringraziarlo delle usatemi larghezze. Fra le rarità comunicatemi sono due foglietti volanti impressi alla macchia, e sconosciuti; *Gl'italiani all'esercito piemontese.* Italia, agosto 1820; e *Appel à la noblesse piémontaise.* Alexandrie, 5 août 1821.

Vi sono poi raccolte stampate che non si dovrebbero tralasciare, cioè:

la *Gazzetta piemontese* di quei giorni:

la *Sentinella subalpina*, giornale pubblicato dal Crivelli e dal Trompeo: [1]

le *Leggi ed atti del Governo* [2] che comprendono quelli della Reggenza e della giunta provvisoria.

Vi sono infine libri speciali; ecco quelli che radunai:

1. — **Costituzione politica Spagnuola**, promulgata in Cadice il 19 di marzo 1812. *Torino, dalla Stamperia Reale* 1821, in-8° di pag. 88.

2. — **Catechismo politico**, ordinato a mente della Costituzione della monarchia Spagnuola, ad uso delle scuole elementari e per istruzione del pubblico. Traduzione dallo Spagnuolo.

Torino, tip. di Domenico Pane, 1821; in-12° di pag. 64.

3. — **Sincera** e distinta relazione degli avvenimenti accaduti in Torino dal giorno di sabato 10 marzo a tutto venerdì 16 stesso mese 1821.

Torino, dalla tipografia Barberis, in-8° di pag. 15.

Scrittarello anonimo di un Francesco Arrò. Se ne hanno due tirature, con alcune varianti.

4. — **Relation exacte** et détaillée de la Révolution Piémontaise.

(Paris) impr. de P. Gueffier, in-8° di pag. 15.

5. — **Notice exacte** sur l'engagement qui eut lieu le 8 avril (1821) entre les troupes piémontaises constitutionnelles et le corps Austro-Piémontais commandé par les généraux Bubna et La Tour.

(s. d.) in-4° di pag. 3 a 2 col.

6. — **Notice exacte** sur l'engagement qui eut lieu le 8 avril entre les troupes.... *(avec* Quelques inexactitudes de la Notice exacte).

(s. d.) in-8° di pag. 32.

7. — **Esatta relazione....** Traduzione con annotazioni sopra alcune *non esatte* asserzioni dell' *esatta* relazione.

Torino, tipografia Chirio e Mina, settembre 1821, in-8° di pag. 31.

8. — **Les trente jours** de la Révolution piémontaise, en mars 1821, par un Savoyard spectateur de tous les événements.

Lyon chez Rusand; in-8° di pag. 59.

Libro anonimo scritto dal colonnello conte Rodolfo de Maistre, in allora capo di stato maggiore del generale La Tour. Vi è un'altra tiratura, con varietà, in 60 pagine.

9. — **Simple récit** des événements arrivés en Piémont dans les mois de mars et d'avril 1821. Par un officier piémontais.

A Paris chez Méquignon, M. DCCC. XXII, in-8° di pag. 205.

Anche questa narrazione fu composta con documenti forniti dal principe di

---

[1] Fu stampato in Torino prima nella tipografia Bianco, e poi in quella della vedova Pomba e figli; il primo numero comparì il venerdì 16 marzo: se ne pubblicarono undici. (?)

[2] Torino, dalla stamperia Reale, in-8.°

Manno. 15

Carignano, dal conte de Maistre. Ma correva voce che la penna fosse stata tenuta dalla sorella del conte. Checchè ne sia, io leggo nel Barbier: [1] « MM. les « auteurs du *Mémorial catholique* ont dit dans leur n° du mois d'avril 1824 « que M.lle de Maistre, si l'on en croyait quelques curieux indiscrets, avait « publié, sous la masque d'*un officier piémontais* une relation de la dernière « révolution du Piémont; j'ai cru que le *simple récit* était l'ouvrage auquel « nos journalistes faisaient allusion; mais j'ai appris de M. le comte de Maistre « que M.lle sa soeur n'avait rien publié sur la révolution de Piémont; il a écrit « à M. le C.te O' Mahony pour le prier de démentir cette fausse annonce, mais « sa réclamation est restée sans effet. »

10. — **De la révolution piémontaise.**

Paris, impr. de Huzard-Courcier, novembre 1821, in-8° di pag. 183.

— Deuxième édition.

Paris chez A. Corréard, 1822, in-8° di 2 carte e pag. 224.

— Troisième édition revue, corrigée et augmentée de notes et de l'analyse de la Constitution Sicilienne.

Paris chez Alex. Corréard 1822, in-8° di pag. 224.

— (Traduzione tedesca di Hagnauer).

Glarus, 1822, in-8°.

Sull'esemplare della 1ª edizione che si conserva nella Biblioteca del Re; vi è unito un autografo che dice:

« À M.r Alexandre Goujon — Paris.

« Monsieur

Vevey 16 oct. 1821.

« Je ne connais de vous que vos principes et votre caractère. Mais il ne « m'en faut pas davantage pour justifier ma démarche.

« Je vous envoie un manuscrit sur la Révolution Piémontaise. L'intérêt de « mon pays m'a mis la plume à la main. L'intérêt de la vérité, si cher à tous « les hommes de bien, vous engagera à ne pas vous refuser aux instantes « prières que je vous fais de vouloir bien procurer l'impression de mon ouvrage. « Vous êtes le maître des conditions. Je m'en rapporte entièrement au résultat « de vos soins.

« Agréez, Monsieur, mes salutations les plus distinguées, et permettez-moi « d'y ajouter dès à présent l'expression de ma vive reconnaissance

« Le comte DE SANTA ROSA. »

« Le manuscrit de la 1re édition de la Révolution piémontaise, me fut remis « par le M.is de S.t Marsan, avec lequel le général Bourgaud m'avait fait faire « connaissance.

« Personne ne voulait se charger de l'imprimer; je pris tout sur moi, dès « que j'eus reçu la lettre du comte de Santa Rosa, que je fais joindre aux

---

[1] *Dictionnaire des ouvrages anonymes* 2e éd. ad V.

« deux éditions de son ouvrage. C'est un monument honorable que je désire
« que mes enfants conservent.

« La 2ᵉ édition fut faite à Paris sous les yeux du C.ᵗᵉ de Santa Rosa qui y
« était alors.

« Paris, 14 janvier 1823.

« ALEX. GOUJON. »

11. — **Della rivoluzione** piemontese del 1821. Versione eseguita sulla terza edizione francese, riveduta e corredata di annotazioni, coll'aggiunta della Biografia del conte di Santa Rosa e di importanti documenti (p. c. di P.).

Genova, tip. Ponthenier, novembre 1849, in-8° di pag. 264 e ritratto.

12. — **De la Révolution** du Piémont, avec des observations sur les diverses formes de gouvernement, et les doctrines révolutionnaires.

A Lausanne chez les libraires associés, 1822, in-8° di 2 carte innumerate e pag. 122.

Anonimo; per confutare il libro del Santa Rosa, ed attribuito al conte di Pralungo, Ignazio Thaon di Revel.

13. — **Beauchamp** (M. Alph. de). Histoire de la Révolution du Piémont, et de ses rapports avec les autres parties de l'Italie, et avec la France.

A Paris, chez L. G. Michaud, 1821, in-8° di pag. xvj-212.

— Seconde partie rédigée sur des Mémoires secrets, avec une Réfutation de l'écrit intitulé: De la Révolution piémontaise.

A Paris, chez L. G. Michaud, 1823, in-8° di pag. xxxij-137.

A pag. 117 incomincia un *Mémoire du comte de Balbe, ministre d'état, en Réponse au libelle intitulé:* Simple récit des événemens arrivés en Piémont (*Turin, avril 1822*).

14. — **Brevi osservazioni** di un Piemontese intorno alcune inesattezze di quattro racconti venuti in luce sopra la tentata rivoluzione del Piemonte nel 1821.

Parma co' tipi Bodoniani MDCCCXXII, in-8° di pag. 25.

Scrittarello anonimo del marchese di Breme, Lodovico Giuseppe Arborio-Gattinara.

15. — **Du Piémont** sur la fin de 1821 par un Piémontais.

Turin de l'imprimerie Royale, 1822, in-8° di pag. 124 ed 1 carta.

Non tutti gli esemplari hanno in fronte il nome dell'autore che fu il console generale, cavaliere Filippi. Si ristampò col titolo:

16. — **Du Piémont** à la fin de 1821, ou Effets de l'influence des sociétés secrétes.

Paris, chez Pillet ainé, 1822, in-8° di pag. 120.

17. — **Pellegrini** (Ch.) Copie de deux lettres adressées au Rédacteur du Journal de Savoie, où se trouve la conduite des Étudiants qui ont composé la phalange constitutionnelle de S. Salvario.

(*s. d.*) in-8° di pag. 16.

18. — **Cenno politico** sul Piemonte del 24 marzo 1821.

(*s. d.*) in-8° di 4 carte non numerate.

19. — **Die Sardinischen** Staaten, vom ausbruch der Unruchen in Piemont 10 märz 1821 bis zum Einzuge des Königs Karl Felix in Turin den 17 oktober 1821.

(Nel *Diplomatiches Arch.* Stuttgart, 1822, II. 1).

20. — **Palma** (le comte Alerin) ancien Magistrat en Piémont. Mémoire pour les piémontais compromis dans les événemens de mars et avril, qui, en même temps, renferme la preuve de l'injustice et de la nullité radicale des poursuites et sentences de condamnation dont ils sont victimes, et un appel aux *ministres constitutionnels*, et particulièrement à celui (*sic*) de France en faveur du Piémont.

1828 (*s. l. ma Anversa*), in-8° di pag. 57.

21. — **Palma** (conte Alerino) già magistrato in Piemonte. Difesa dei Piemontesi inquisiti a causa degli avvenimenti del 1821, con un invocazione ai ministri costituzionali (*versione dal francese*).

Bruxelles (*s. n.*), 1829, in-12° di pag. 116.

22. **Beolchi** (Carlo) Reminiscenze dell'esilio (*parte prima*).

Londra, 1830.

— Reminiscenze dell'esilio.

Torino, 1852, *tipografia Nazionale di G. Biancardi e C.* in-8° di pag. 248.

23. — **Beolchi** (Carlo). Il Piemonte nel 1821.

Torino, 1865, (*estratto dalla Rivista contemporanea* XXXIX), in-8° di pag. 71.

24. — **Beolchi** (Carlo) Vittorio Ferrero e il fatto di S. Salvario nel 1821.

Torino presso Gianini e Fiore e cugini Pomba e C. (tipografia del progresso) 1853, in-8° ritratto e pag. 42.

— L'11 marzo 1821. — Il fatto di S. Salvario, colla biografia del capitano Vittorio Ferrero. — Nuova edizione adorna del disegno dell'obelisco commemorativo.

Torino, tip. e lit. Camilla e Bertolero, 1873, in-8°; 1 tavola e pag. 31.

25. — **Précis** historique sur les Révolutions des Royaumes de Naples et de Piémont en 1820 et 1821, suivi de documents authentiques sur ces événemens et orné d'une carte pour servir à l'intelligence des opèrations militaires par M. le comte D.***

Paris, Roret et Roussel, 1821, in-8° di pag. ij-224 con 1 carta geografica.
Lavoro anonimo di Enrico Duval.

26. — **Marzo-Aprile** 1821.

(nell'*Amico d'Italia, Torino,* 1822; I, 212-225).

27. — **Witt** (Jean). Les sociétés secrétes de France et d'Italie, *ou* fragments de ma vie et de mon temps.

A Paris, chez Levavasseur 1830, in-8° di pag. xxij-376-143.
In gran parte sui nostri rivolgimenti piemontesi.

28. — **Les séductions** politiques, on l'an. MDCCCXXI. Roman par l'auteur des F... du S....

A Paris chez Pillet, rue Christine, 1822, in-8°.

29. — **Agli Italiani**, esortazione di un Piemontese, coll'esposizione degli avvenimenti politici succeduti in Piemonte nel mese di marzo 1821 e delle cause che li precedettero.

Italia, 1821, in-8° di pag. 26.

Anonimo, e firmato G. M. che dice averlo « vergato nel 18 marzo 1821. »

30. — **Brevi cenni** sulla rivoluzione del Piemonte in generale, e dei moti di Genova in particolare (scritta da un uffiziale della Brigata Saluzzo).

in MARTINI (Gius.) Storia d'Italia continuata da quella del Botta dall'an. 1814 al 1874. *Capolago, tip. Elvetica*, 1850-51; IV, 357; Cf. 279.

DIZIONARIETTO DEI COMPROMESSI

Finora non fu compilato che incompleto e di fretta. Puta caso, dell'avvocato collegiato Tubi, si fecero tre compromessi, il signor *Tubi*, il signor *Avvocato* ed il signor *Collegiato*.

Cercai usarvi diligenza, ma feci lavoro privato, con private informazioni, perchè gli archivi queste cose non le danno. Cascherebbe il mondo! Forse un pajo o tre dei militari, invece che compromessi nel ventuno lo furono nel trentatrè. Mancano forse alcuni fra i non colpiti da sentenze, ma sorvegliati con *misure*, come dicevansi, *economiche*. Ma l'importante c'è; e notai quanto mi venne a notizia come semplice registratore, ad altri lasciando le parti di giudice.

Accastello (Giuseppe), caporale nel 1° reggimento dell'artiglieria di marina; sospeso per 6 mesi (28 *sett.* 1821).

Adriano (Domenico), avvocato. Fu a San Salvario.

Agosti (d. Giuseppe Carlo) capitano br. Genova; raccomandato per la sua riammissione (6 *luglio* 1821) e riammesso (28 *luglio* 1821).

Ajmino (Vincenzo) di Antonio, |da Borgomasino, sergente nei granatieri-guardie. Condannato a morte con sentenza della R. Delegazione (6 *sett.* 1821). Il Vannucci (*Mart.* 158) lo dice morto, capitano coi greci, a Napoli di Romania.

Ajmino (Vittorio) da Borgomasino, già processato nei tumulti del 1797-98, capitano in Francia, allora in riposo ad Ivrea. Cond. cont. 15 anni di galera (*S. sen. Tor.* 13 *aprile* 1822). Ammesso. con ricorso al Re, all'indulto del 1845 (*R. Bigl. al Senato* 4 *maggio* 1842, *e nella* 2ᵃ *categ. RR. PP.* 26 *marzo* 1842).

Albani (Giambattista) sergente nella brigata Genova, nominato sottotenente (3 *aprile* 1821). Riammesso al grado di sottotenente a riposo (11 *luglio* 1848).

Alberti (Pietro) tenente nella brigata Monferrato, nominato capitano (3 *aprile* 1821). Destituito (23 *maggio* 1821) ma raccomandato per la pensione, a motivo della sua giovanile età.

Albera (nobile Francesco), capitano nella br. Monferrato. Destituito (24 *maggio* 1821) perdonatagli però la detenzione e raccomandato per la pensione di ritiro, per il desiderio dimostrato di abbandonare i federati. Nominato maggiore nella riserva (22 *aprile* 1848) e poi a riposo (16 *maggio* 1848.)

Allegra (Francesco), avvocato. Fra quei di San Salvario.

Allemand (Valentino) sottotenente dei granatieri nella br. Saluzzo. Destituito (19 *maggio* 1821).

Allemandi (Benedetto), sottotenente nei carabinieri, promosso tenente (4 *aprile* 1821). Cond. cont. 20 anni di galera. (*S. sen. Tor.* 13 *aprile* 1822).

La polizia, nel 1842 quando discutevasi l'amnistia informava che l'A. era uomo immischiato in continue mene rivoluzionarie. Che il 5 agosto 1830 aveva scritta da Vevey una « lettera arrogante » al Regio ministro in Svizzera; che in quell'anno fece spargere un proclama *Ai soldati piemontesi* eccitandoli a disertare; e mandò nel 1841 un foglio stampato, sottoscritto *Allemandi capitano di cavalleria* e diretto ai *Cari concittadini canavesani.* Questo manifesto avealo trovato la polizia, l'11 del 1841 in una casa di Alessandria.

Allemano (Pietro Paolo), fu Carlo, da Penango (Casale), maresciallo d'alloggio nei carabinieri, promosso sottotenente (4 *aprile* 1821). Cond. cont. a morte. (*S. sen. Tor.* 18 *marzo* 1821).

Ameglio (Evasio), sottotenente br. Genova; raccomandato per la riammissione (6 *luglio* 1821) che ottenne (28 *luglio* 1821).

Amey (Giacomo Antonio), tenente nella br. Alessandria e promosso capitano (3 *aprile* 1821); dichiarato (16 *maggio* 1821) meritevole della destituzione, ma raccomandato alla clemenza sovrana, e riammesso nell'esercito (6 *dicembre* 1821), per le sue buone qualità morali.

Andreoni (vassallo Carlo), luogotenente nel Genio; dichiarato meritevole di destituzione e raccomandato (17 *settembre* 1821). Riammesso colle divise di maggiore nella Casa Invalidi (1 *luglio* 1848).

Anfossi (Giocondo), tenente nella br. Cuneo. Ripristinato nell'esercito come capitano negli Invalidi (16 *maggio* 1848).

Angelino (Francesco), fu Antonio, da Biella; cornetta nei dragoni della Regina. Nominato ajutante maggiore (31 *marzo* 1821). Cond. cont. a 15 anni di galera (*S. Sen. Tor.* 21 *gennaio* 1823).

Riparatosi in Francia, nel febbraio 1833 quel governo lo faceva espellere e consegnare ai nostri carabinieri in Saint–Julien. Il governo sardo lo ricacciò all'estero, ma nel 1842 lo ammise al beneficio dell'amnistia dopo sua domanda al Re (*R. Bigl. al Senato* 4 *maggio* 1842). Gli fu poi conferito il grado di tenente negli Invalidi (16 *maggio* 1848).

Ansaldi (Guglielmo) fu Andrea, da Cervere (Alba); luogotenente-colonnello della br. Savoja, cavaliere Mauriziano, e milite dell'Ordine di Savoja (6 *giugno* 1816). Creato maggior-generale (25 *marzo* 1821).

Fu dei capi della rivolta, e presidente della Giunta di Alessandria. Cond. cont. a morte (*S. R. Del.* 19 *luglio* 1821), eseguita in effigie (21 *luglio*) e cancellato dai ruoli delle due milizie equestri.

Combattè in Ispagna; nel 1830 cospirava a Parigi, a Lione, a Grenoble. Ricorse al Re nel 1842 e fu ammesso all'indulto (*R. Bigl. al Sen.* 21 *maggio* 1842). Più tardi riebbe il grado militare coll'avanzamento a colonnello in riposo (16 *maggio* 1848).

Anselmi (Giovanni) sergente nelle guardie. Nel 1848 fu riammesso all'esercito come sottotenente in riposo (4 *luglio*).

Anselmi (Giovanni Pietro) sottotenente nella Legione reale leggiera, promosso tenente (4 *aprile* 1821). Fu dichiarato meritevole d'essere destituito (25 *settembre* 1821), ma per la giovanile età raccomandato al Re, e riammesso al servizio (6 *dicembre* 1821).

Antonelli (Pietro), del fu Giovanni da Pieve d'Albenga, tenente nella br. Regina e Milite dell'Ordine di Savoja (5 *dicembre* 1816), avuto in iscambio della Legione d'Onore; nominato capitano nel battaglione dei cacciatori della cittadella di Torino (25 *aprile* 1821). Cond. cont. a morte (*S. R. Del.* 6 *settembre* 1821). Cancellato dai ruoli della milizia equestre. Riammesso come capitano nella riserva (22 *aprile* 1848).

Antoniotti (Carlo) sottotenente nella Legione reale leggiera. Destituito (11 *aprile* 1821) e condannato a 4 mesi di detenzione; avendo fra le altre accuse, proclamata la Costituzione in Voghera, con altri, prima dell'abdicazione del Re.

Appiani (Giovanni) fu Giacinto, da Torricella (Mondovì) impresario di strade, riconosciuto carbonaro. Cond. cont. a morte (*S. R. Del.* 19 *luglio* 1821), come membro della Giunta d'Alessandria. Nel Vannucci (*mart.* 146–156) è qualificato ingegnere, e lo si dice morto nel 1821 di febbre gialla a Barcellona. La Camera dei Conti nel 1823 verificava che il riscosso della sua confisca nell'anno precedente fruttò L. 2562,80.

Ara (Antonio Maria) tenente ajutante maggiore nella br. Piemonte. Senza essere condannato, fu dichiarato disertore.

Ara (Casimiro). Condannato a 15 anni di galera. Avendo supplicato il Re fu compreso nell'indulto (*R. Bigl. al Senato*, 22 *ottobre* 1842).

Arbaudi (Stefano) del fu Domenico del Villar di S. Costanzo (Cuneo). Sottotenente nella br. d'Alessandria, nominato tenente nella colonna mobile costituzionale (31 *marzo* 1821). Cond. cont. a morte (*S. R. Del.* 28 *settembre* 1821). Fu del nucleo di S. Salvario. Servì la causa spagnuola; impazzò a Parigi nel 1828.

Archinti (Nicola) sottotenente in Monferrato, nominato tenente (3 *aprile* 1821); promosso tenente negli Invalidi (16 *maggio* 1848).

Argenta (Michele), sergente nel Reggimento dragoni della Regina; riammesso col grado di sottotenente a riposo (11 *luglio* 1848).

Armandis (Giuseppe), capitano nella br. Regina; demissionato senza uso della uniforme (8 *agosto* 1821).

Armino di Grosso (conte Carlo) del conte Luigi, torinese, luogotenente ne' dragoni del Re, capitano (28 *marzo* 1821). Cond. cont. a morte (*S. R. Del.* 19 *luglio* 1821), eseguita in effigie (21 *luglio*).

Ricevette da Carlo Alberto una prima grazia parziale (5 *marzo* 1836), poi fu compreso fra gli amnistiati del 1842; e ricevette il grado di capitano in riposo (30 *maggio* 1848).

Arnaldi (Francesco) capitano nella Legione R. Leggiera; dichiarato meritevole di destituzione (24 *settembre* 1821), raccomandato al Re e riammesso fra le truppe (6 *dicembre* 1821) perchè se disobbedì, « vi fu trascinato da forti influenze. »

Arnaldi (nobile Vincenzo), sottotenente nella br. Saluzzo; dichiarato meritevole di destituzione (26 *giugno* 1821), ma per la buona sua condotta antecedente raccomandato al Trono, e riammesso nelle file (6 *dicembre* 1821).

Ascheri (Filippo), da Diano. Volontario nell' azienda dell' artiglieria; fu del gruppo di S. Salvario.

Asinari di Caraglio (marchese Carlo Emanuele Maria Filippo Francesco Saverio), primogenito dell' illustre marchese di San Marzano, già ambasciatore per Napoleone a Berlino e poscia ministro, prima per la guerra (24 *gennaio* 1815) e quindi per l'estero del Re Vittorio Emanuele I.

Nacquegli da Polissena della Chiesa di Roddi il 2 settembre 1791. Avea militato coi francesi, e riportatane la stella della legion d'onore, mutatagli quindi nella croce di milite di Savoia (4 *marzo* 1816). Era allora colonnello in 2° dei Dragoni della Regina, colla duplice carica presso il Re di suo aiutante di campo e di primo fra i suoi secondi scudieri. Fu dei capi, confessati, di questi movimenti, e li iniziò quando appunto il marchese Filippo Antonio suo padre ritornava dal convegno di Laybach colle più severe intimate dei sovrani alleati. Era stato dichiarato colonnello comandante il suo reggimento (31 *marzo* 1821). Cond. cont. a morte (*S. R. Del.* 19 *luglio* 1821) eseguita in effigie il 21 luglio.

Lasciava in paese la sposa, Cristina dei Caprè di Megéve, scrittrice di massime morali ch'essa stessa stampava ad un suo torchio, al quale è fama che nei convegni di Chambery faticasse quel grave generale governatore tirando a sè la mazza. Da essa poi ebbe due figli il primo dei quali, vivamente rimpianto, morì di cholera in Crimea (29 *giugno* 1855).

Anni dopo tutta la famiglia supplicava il Re acciò lo perdonasse (4 *febbraio* 1833) ma non gli fu per allora rimessa che la confisca e mantenuto l'esiglio. Nell'ottubre 1835 potè rientrare alquanto in Torino e villeggiare al suo castello di Costigliole. Il ministro per l'Interno era, in quel tempo, il suo cognato conte di Pralormo e ciò nonostante la polizia lo adocchiava e scoperto come d'improvviso fosse ritornato dal castello in città ne avvisò il comandante di Torino, marchese della Planargia, il quale senz'altri complimenti gli intimò lo sfratto. A Ginevra, dove abitava e donde invocava grazie (*lett.* 2 *aprile* 1835) agenti polizieschi gli si serravano ai passi, ed informavano a Torino com'ei frequentasse le case della regina Ortensia, di Luigi Napoleone, del redattore dell' *Eu-*

rope e di una cotale « dame polonaise, qui par enthousiasme a fait la vivandière à l'armée révolutionnaire polonaise. »

Avullant (Andrea) luogotenente dei granatieri nella br. Cuneo. Dichiarato disertore, ammesso all'indulto del 1842 (*disposizione sovrana 3 settembre* 1842).

Avezzana (Giuseppe), di Lorenzo, da Chieri, sottotenente nella brigata Piemonte, poi tenente, e quindi capitano nel battaglione dei veliti italiani (4 *aprile* 1821).

Cond. cont. morte (*S. R. Del. 28 settembre* 1821). S'era trovato a San Salvario. Nel 1848 ebbe il grado di tenente a riposo (27 *giugno*).

È dei pochi superstiti, siede alla Camera dei deputati, ha grado di generale.

Avio (Stanislao) da Arquata, caporale nell'artiglieria di marina; sospeso per 6 mesi (29 *settembre* 1821).

Avogadro (Carlo Antonio) da Pozzolo (Voghera) sergente brigata Aosta; sospeso per un anno (27 *settembre* 1821).

Azzario: da Pettinengo, avvocato. Di quei di San Salvario.

Baggiolini (Cristoforo) del fu Lorenzo, di Alessandria dove nacque l' 11 novembre 1796. Avea militato sotto l'impero, ed al ritorno del Re ebbe gli spallini di sottotenente nel reggimento di Tortona, che poi depose per entrare con abito chericale nel collegio delle provincie. Al tempo di questi moti vi era ripetitore di belle lettere. Fu cond. cont. a galera perpetua (*S. R. Del. 28 settembre* 1821). Riammesso in grazia andò professore di lettere nel seminario Vercellese, e vi morì il 3 dicembre 1872. Come poeta cantò la *ritirata da Mosca*, e la *venerabile Clotilde* ed il *generale de Boigne* ed il *battesimo* di una famiglia di ebrei in Vercelli, e l'*arciduchessa Adelaide* che veniva sposa al duca di Savoia e lauree, e nozze, e addottoramenti. Il suo migliore lavoro una notizia su *fra Dolcino;* di niun conto, altre coserelle e due volumi abbozzati di *Storia Vercellese*.

Balbo (conte Cesare). Basti quanto se ne disse nel testo.

Balbo (Giambattista) furiere maggiore nei Cavalleggeri del Re, nominato Cornetta (28 *marzo* 1821). Riammesso nei ruoli, come sottotenente a riposo (11 *luglio* 1848).

Baldissone, Medico; si trovò a San Salvario.

Balestra (Giambattista) sergente d'artiglieria nominato sottotenente (4 *aprile* 1821). Ricevuto nuovamente col grado di tenente a riposo (18 *luglio* 1848).

Balestra (Tomaso) tenente nella br. Alessandria, capitano (5 *aprile* 1821). Destituito (16 *maggio* 1821) e mandato ad esaminare dalla R. Delegazione, per l'attentato commesso nella notte dal 23 al 24 marzo per sommovere le truppe in Chambery, e poi contro al colonnello barone Righini in S. Jean de Maurienne. Promosso capitano negli invalidi (16 *maggio* 1848).

Balladore (Luigi) del fu Stefano, da Savigliano, possidente. Cond. cont. morte (*Sent. R. Del.* 6 *settembre* 1821).

Balzetti (Secondo Angelo Vincenzo) del fu Giuseppe, da Riva (Pinerolo), capitano nella Legione R. Leggiera; cond. cont. morte (*S. Senat. Piem.* 21 *giugno* 1822). Dopo avere ricevuto un condono parziale il 3 novembre 1834, fu compreso nell'indulto del 1842.

Barabino (cav. Giacomo Maria), genovese, tenente colonnello, nel Genio, con grado di colonnello, demissionato senza uso d'uniforme (17 *settembre* 1822 *conferma*, 30 *novembre* 1821), ma con commendatizia al sovrano perchè avesse una pensione.

Baralis-Ruffino (vassallo Clemente), sottotenente br. Alessandria; nominato tenente (3 *aprile* 1821), destituito (29 *maggio* 1821) e rimandato alla R. Delegazione per le rivolte di Chambery e di S. Jean de Maurienne. Nominato tenente a riposo (30 *maggio* 1848).

Barandier (Carlo), di Giuseppe, della Croix-Rousse (Chambery); sottotenente nella br. Savoia, e milite nell'ordine di Savoia (27 *luglio* 1818), nominato capitano nel battaglione Cacciatori di Alessandria (31 *marzo* 1821). Cond. cont. morte (*S. R. Del.* 19 *luglio* 1821). Combattè in Ispagna, e ferito all'assalto di Caristo nell'isola di Negroponte finì poco dopo la vita.

Barasa (Carlo) sergente nelle guardie. Riammesso come sottotenente a riposo (27 *giugno* 1848).

Barbaroux (Federigo) di Paolo, da Bibiana, medico. Cond. cont. a 20 anni di galera (*S. R. Del.* 28 *settembre* 1821). Graziato in parte il 27 marzo 1841, in intero coll'indulto del 1842.

Barberis (Antonio) fu Giuseppe, da Frassinetto, tenente nella br. Alessandria nominato capitano (3 *aprile* 1821). Cond. à 10 anni di galera (*S. R. Del.* 23 *agosto* 1821).

Barberis (Giambattista) da Ceva, giudice assessore in Torino. Andò a San Salvario.

Barberis (Giuseppe) fu Stefano da Felizzano; caporale nel reggimento dei Cavalleggeri di Savoia. Cond. cont. morte (*S. R. Del.* 28 *maggio* 1821) quale complice del cavaliere Pavia.

Fu ucciso in Ispagna alla difficile ritirata di Casà della Selva. Aveva allora grado di tenente.

Barberis (Giuseppe) aiutante di piazza, con grado di sottotenente, in Saluzzo. Demissionato senza poter usare della divisa militare (30 *agosto* 1821) benchè non avesse agito contro il governo, ma solo accettato un grado dalla giunta (21 *marzo* 1821).

Barbiè (Giuseppe) capitano nella brigata Alessandria, dichiarato meritevole di destituzione (21 *maggio* 1821), ma raccomandato al Re e riammesso nell'eservito (1° *dicembre* 1821).

Barelli (Ospizio), sottotenente nella br. Cuneo. Benchè meritevole di destituzione, solo demissionato senza uso della uniforme (2 *agosto* 1821) tenutogli conto delle cattive influenze che subì. Tenente negli Invalidi (10 *giugno* 1848).

Baronis (cavaliere Luigi) del conte Alberico morto nei fatti di Saorgio il 27 aprile 1794, e di Teresa Grimaldi del Poggetto; da Santena (Chieri). Era capitano nei Dragoni del Re nominato maggiore (28 *marzo* 1821). Cond. cont. morte (*S. R. Del.* 19 *luglio* 1821).

Si rifugiò in Francia, donde più volte fu espulso. Nel 1831 comandò una colonna di rivoluzionari nell'aggressione della Savoia. Il Re, senza commutargli la pena, autorizzò (*RR. PP.* 11 *febbbraio* 1837) il conte Carlo, suo fratello, a lasciarlo erede suo per testamento. Quindi ebbe licenza di ricevere successioni testamentarie o naturali (*RR. PP.* 19 *luglio* 1839). Poi gli fu concesso un temporaneo rimpatrio (*udienza sovrana* 6 *luglio* 1840) e piena amnistia nel 1842.

A Lione aveva sposata (7 *maggio* 1838) Giovanna Catton-May, Olandese. Morì in Francia il 9 aprile 1848.

Barralis v. **Baralis.**

Baruero (nobile Giuseppe Luigi), tenente nella br. Alessandria, destituito (21 *maggio* 1821) per avere fatto parte dell'esercito ribelle e come « male affetto al Governo. »

Bastin (Girolamo) tenente nel 1° reggimento dell'artiglieria di marina, nominato capitano (6 *aprile* 1821), destituito (15 *giugno* 1821), capitano a riposo (27 *giugno* 1848).

Battaglia (Filippo) sottotenente nella br. Regina; dichiarato meritevole di destituzione (8 *agosto* 1821) ma raccomandato e riammesso al servizio (6 *dicembre* 1821).

Baudi di Selve (cavaliere Maurizio) capitano nella br. Piemonte; nominato maggiore (29 *marzo* 1821), dichiarato meritevole di destituzione (7 *agosto* 1821) ma ritenuto come raggirato dagli uffiziali Cappuccino e Garrone, e raccomandato al sovrano, e quindi riammesso nell'esercito (6 *dicembre* 1821).

Bava (cavaliere Alessandro), tenente brigata Saluzzo, nominato capitano (3 *aprile* 1821); riammesso come capitano in riposo (16 *maggio* 1848).

Bech (Girolamo), sottotenente br. Saluzzo, destituito (29 *maggio*), per essersi il 3 aprile in Poirino distaccato da otto ufficiali che si recavano a Novara, per rinchiudersi in Alessandria.

Becchio (Filippo), tenente a mezza paga, nominato capitano (31 *marzo* 1821); messo in ritiro, conservandogli l'assegno che godeva come pensione. Per essersi recato in Alessandria.

Belfante (Cosimo), da Castelletto-Ticino, caporale nel 2° regg. dell'artiglieria di marina. Cond. a finire la ferma quale semplice soldato.

Bella-Fabar (Francesco Paolo Giuseppe), sottotenente br. Alessandria. Era primogenito dell'avvocato Paolo, creato barone (26 *marzo* 1833) e morto col grado di maggior generale nel 1837, e di Cecilia del senatore e commendatore Fabar. Dichiarato meritevole di destituzione (21 *maggio* 1821), ma raccomandato e riammesso al servizio (6 *dicembre* 1821), continuò quasi sempre nei provinciali, e si ritirò col grado di tenente colonnello. Morì istantaneamente in Biella il 30 giugno 1854 lasciando due figliuoli, tuttora viventi.

Bella-Fabar (Giacomo Luigi Andrea), fratello del precedente, nato nel 1796, tenente de' granatieri nella br. Saluzzo, nominato capitano (3 *aprile* 1821) destituito (8 *giugno* 1821). Non gli si volle tener conto di avere salvata e consegnata alle autorità regie la bandiera della brigata. Visse vita malinconica a Carrù, e poi a Torino sino al 3 febbraio 1847.

Belletrutti (Giovanni) sergente nella brigata Guardie. Nominato sottotenente (3 *aprile* 1821), ammesso a riposo (27 *giugno* 1848*)*.

Bellezza (Giuseppe), furiere nelle Guardie, nominato luogotenente (2 *aprile* 1821). Sottotenente negli Invalidi (27 *giugno* 1848).

Bellino (Pietro) di Giuseppe, da Pinerolo; cornetta nei Dragoni del Re. Nominato luogotenente (31 *marzo* 1821). Cond. cont. 15 anni di galera *(S. Sen. Tor.* 21 *gennaio* 1823).

Nel 1839 serviva la Grecia come maggiore nel 1° reggimento Lancieri del Re Ottone. Fece ricorso al Re *(R. Bigl. al Sen.* 3 *settembre* 1842) e fu compreso nell'indulto.

Beltrami (Luigi) tenente nella br. Saluzzo; destituito (3 *luglio* 1821) per avere il 3 aprile in Casale pronunziato discorsi « contrari alla disciplina militare. »

Beltrandi (Vittorio) di Michelangelo, da Settimo-Torinese; alfiere nella legione reale leggiera, nominato capitano (3 *aprile* 1821). Cond. cont. morte *(S. R. Del.* 6 *settembre* 1821). Servì in Ispagna. Dopo ricorso mandato al Re, fu ammesso all'amnistia *(R. Bigl. al Sen.* 23 *giugno* 1842).

Benenati (Francesco), cornetta nei Dragoni del Re; non condannato ma cancellato dai ruoli quale disertore.

Beolchi (Carlo) nato da Federigo, di agiata famiglia in Arona, nel 1793. Studiò a Milano, poi a Pavia e dopo la restaurazione si laureò avvocato a Pavia. Fu a San Salvario, cond. cont. morte *(S. R. Del.* 28 *settembre* 1821).

Combattè in Ispagna col Pacchiarotti, sino alla restaurazione del *rey neto.* In Inghilterra visse nobilmente, lavorando ad apprendervi quella lingua e ad insegnarvi la nostra, anche nel collegio della Regina. La quale l'avrebbe scelto fra gli istitutori dei principi suoi figli, a patto abiurasse. Rifiutò netto « tanto più « degno di lode, in quanto che non molto profonde erano le sue cattoliche cre- « denze (*Michelini*). »

In Londra acquistò ricchezze, e con esse soccorreva esuli e bisognosi. Poscia le perdette e si rimise al lavoro.

Ricorse a Carlo Alberto per la grazia e fugli conceduta intera *(R. Bigl. al Sen.* 7 *maggio* 1842) ma non rimpatriò che nel 1849. Due volte, nel 1857 e nel 1860 gli Aronesi lo mandarono al parlamento. Tormentato da pletora, irrigidito alle estremità, benchè vecchio, si sottopose all'amputazione di una gamba, senza fiutare assopenti. Morì in una modesta stanzuccia di via Po in Torino il 6 giugno 1867.

Aveva pubblicato in Londra un'antologia di *Fiori poetici,* e nel 1839 a Pavia una versione di Ruth della Pickler. Poi *Reminiscenze dell'esilio* (1830 e 1832), *Gli italiani in Catalogna,* il *Piemonte nel 21* e *Vittorio Ferrero e il fatto di San Salvario.* Scrittore purgato, elegante, onesto.

Vedi: G. B. M. (Michellni) nella *Gazzetta Piemontese* 23 giugno 1867, n. 134. — *Universo illustrato*, Milano 1867, I, 642. — *Suppl. perenne all'Encicl. popolare*: VII, 159.

Beraudi (Giuseppe) sottotenente nella Legione reale leggiera, nominato tenente aiutante maggiore (4 *aprile* 1821). Destituito (23 *settembre* 1821, e *conferma in revisione* 21 *giugno* 1822). Era fratello di quel Tomaso che dall'esercito Sardo passò, nel 1848 in quello Toscano con grado di maggiore e morì di ferite toccate a Montanara (31 *giugno* 1848).

Bernard (Francesco), dichiarato disertore; ammesso all'indulto del 1842.

Bernardi (Varemondo), sottotenente nella br. Alessandria; dichiarato meritevole di destituzione (21 *maggio* 1821), ma raccomandato al Re e riammesso al servizio (6 *dicembre* 1821).

Bernardi (Vittorio) tenente br. Piemonte, milite dell'ordine di Savoia, ricevuto (31 *gennaio* 1816) in iscambio della legione d'onore; nominato capitano (23 *marzo* 1821). Destituito (12 *luglio* 1821) e scancellato dai ruoli dell'ordine di Savoia (14 *luglio*).

Berrini-Grilli (Giovannantonio), sottotenente nel 1° battaglione di guarnigione; milite di Savoja (6 *maggio* 1816) in cambio della legion d'onore — Destituito, con 3 mesi di detenzione (23 *agosto* 1826) e privato della decorazione (11 *settembre* 1821) per disobbedienza ai superiori, per avere subornato i suoi soldati « per zelo alla causa ribelle, e pessime informazioni. » Nominato sottotenente negli Invalidi (30 *maggio* 1848).

Berruti (Felice), furiere nella br. Aosta. Sottotenente a riposo (11 *luglio* 1848).

Berruti (Secondo), capitano nella br. Regina. Demissionato senza uso d'uniforme (7 *agosto* 1821).

Bersani (Lorenzo), tenente br. Saluzzo; destituito (8 *giugno* 1821).

Berta (Desiderio), tenente br. Genova, destituito (28 *maggio* 1821) per aver accettato dalla giunta il grado di capitano, e cooperato a formare un battaglione di cacciatori.

Bertaldi (cav. Benedetto), sottotenente br. Alessandria; destituito (29 *maggio* 1821) condannato a 4 mesi di detenzione per la « pessima condotta sua a Genova. »

Bertarelli (Antonio Maria), sottotenente nella Legione Reale leggiera; demissionato senza uso della uniforme (23 *settembre* 1821) ma raccomandato al Re per una pensione alimentaria, o per un impiego civile (21 *giugno* 1822). Tenente nella riserva (22 *aprile* 1848) e poi negli Invalidi (16 *maggio* 1848).

Bertarione (Giovanni Domenico) da Vico (Ivrea), avvocato. Cond. cont. 20 anni di galera (*s. sen. Tor. aprile* 1822). Era già stato involto nei processi politici del 1797-98. Nel 1856 trovavasi rifugiato in Isvizzera.

Bertolero (Giambattista). Alfiere br. Monferrato con grado di sottotenente destituito (29 *maggio* 1821), raccomandato però per la pensione perchè, quantunque avesse preso le armi coi ribelli, pure avea tenuto « buona condotta » in Genova nella notte dal 21 al 22 marzo. Tenente negli Invalidi (16 *maggio* 1848.

Bezzi (Giovanni) da Casale. Dopo questi casi emigrò nella Svizzera, dove conobbe e s'affezionò Sismondo de Sismondi; poi in Inghilterra e vi si impratichì tanto in quella letteratura da insegnarla nel collegio della Regina; e per questo ottenne il raro onore della cittadinanza britannica.

Nel 50 per amore al luogo natio rimpatriò, sedendo dal 1853 al 1860 nella Camera dei Deputati, coi moderati. Quindi visse vita privata, dapprima nel suo castello di Moncestino, facendovi insigni beneficenze come dopo a Sirone di Brianza, dove morì in febbraio 1879.

Bianco di San Iorioz (conte Angelo Francesco Paolo), nato in Torino il 10 aprile 1795 da Giambattista avvocato collegiato, primo conte di San Iorioz e cognato dell'Allioni, e da Paola Giuseppina Peyretti di Condove.

Era allora luogotenente nei dragoni del Re; fu membro della Giunta di Alessandria e promosso a capitano (28 *marzo* 1821), cond. cont. a morte (*S. R. Del.* 19 *luglio* 1821).

Nel 1820 era stato dalle *Vendite* mandato a Parigi per concertare i moti col *Comitato*. Fuggì gettandosi sopra una nave a Genova e prendendo terra a Barcellona.

Combattè col Pacchiarotti in Spagna, poi in Grecia. Nel 1830 riparava a Malta, l'anno seguente a Marsiglia dove s'affigliò alla *Giovane Italia*. Cacciatone, rifugiossi nella Svizzera e di là penetrò coi Mazziniani in Savoja, poi si ritrasse a Bruxelles menandovi vita meschina e stentata colla moglie, Adele Bonsignore, e col figlio Alessandro.

I beni erangli stati confiscati (nel 1822 aveano fruttato in Barge L. 3,488 50) e per provvedere alla educazione del figlio ottenne dal Re che in suo vantaggio si spendessero le rendite staggite (*RR. PP.* 10 *settembre* 1839) e mandollo in patria ad arruolarsi soldato in Piemonte Reale (3 *gennaio* 1840) donde nè uscì sottotenente in Aosta cavalleria (16 *settembre* 1843). Il Re poi tolto il sequestro ai beni li concedette al figlio (17 *ottobre* 1843).

Ma frattanto il padre spinto da domestiche strettezze, disperato, affogavasi in un canale presso Bruxelles il 9 maggio 1843.

Un Lamberti, reggiano, accusò il figlio di avere addolorato gli ultimi giorni del padre. Ne lo scolpò vittoriosamente Virginio Orsino.

Il Bianco lasciava manoscritto un *Manuale del Rivoluzionario:* ed a Malta nel 1830 aveva dato ai torchi, in quattro volumi, un trattato dedicato *ai buoni italiani da un amico del paese,* col titolo: *La guerra insurrezionale per bande applicata all'Italia* coll'epigrafe indicata come Liviana: « Quousque tandem ignorabitis vires vestras? »

Il Vannucci (*mart.* 178) chiama *utile* questo libro nel quale, dice il Cantù (*Cronistoria* II. 175, 240) « ha voluto dipingere un uffiziale cospiratore.... e « con una prolissità ed affettazione intollerabile ne dipinge i maneggi, non sem-

« pre leali. » Io vi ho letto a pag. XVIII° della prefazione che « trattandosi di
« indipendenza e di libertà, la santità del motivo deve rendere di niun valore
« qualunque considerazione di onore, di umanità, di religione. »

Il figlio vive. Scrisse certe *Storie della caserma* (Torino 1854), che furono
tradotte in tedesco dal tenente sassone Baumgarten (Lipsia 1856), ed un libro
sul *brigantaggio alla frontiera pontificia dal 1860 al 1863* (Milano 1864), per
il quale perdette il suo grado di capitano di Stato maggiore, ed al quale rispose
un Vincenzo Tofani delegato di pubblica sicurèzza (Napoli 1864).

Vedi: **Bianco di S. Iorioz** (Alessandro), *Storie della caserma*, p. 256 —
Vannucci, *Martiri*, 177 — **Orsino** (Virginio), *Frammento alla vita del conte
Bianco esule illustre del 1821*. (Torino 1853).

Biglia (Antonio), aiutante di piazza a Saluzzo, dichiarato meritevole di destituzione (29 *agosto* 1821) per avere accettato servizio dalla Giunta che lo nominò
alfiere nel battaglione dei cacciatori d'Asti (1° *aprile* 1821); ma per la sua
« buona condotta » raccomandato al Re e riammesso all'esercito (6 *dicembre* 1821).

Billò (Francesco Ignazio), cornetta in Piemonte Reale. Riammesso come
tenente a riposo (30 *maggio* 1848).

Binaghi (Giuseppe), caposcudiere in Piemonte Reale, cancellato dai ruoli di
ordine del generale in capo Latour (*conf. commissione 6 settembre* 1821).

Blengini (Francesco), tenente nell'artiglieria di costa; demissionato senza
l'uso della uniforme (19 *ottobre* 1821) « per propensione manifesta pelle novità,
« e per discussioni scandalose. »

Bobba (Giuseppe), tenente nella brigata Monferrato: destituito colla giunta di
due mesi di detenzione (2 *giugno* 1821).

Boccardi (Luigi Francesco Giuseppe), capitano nel primo reggimento artiglieria di marina; demissionato senza uso della uniforme (26 *giugno* 1821)
per opinioni avverse al governo « apertamente manifestate, come da rapporti
« autentici. »

Maggiore in riposo (6 *giugno* 1848).

Boggio (Carlo Angelo), sottotenente brigata Piemonte; dichiarato meritevole
di destituzione (12 *luglio* 1821), ma raccomandato dalla Commissione d'inchiesta, è rimesso in servizio (6 *dicembre* 1821), essendoché fu ingannato sulle
intenzioni del Governo dal maggiore Cappuccino.

Bogliaco (Giuseppe), da Castagnole (Monferrato), sergente d'onore brigata
Aosta, sospeso per 6 mesi (12 *nov.* 1821).

Boglione (Carlo Emanuele), capitano br. Piemonte destinato alla br. Regina
(2 *marzo* 1821) dichiarato meritevole di destituzione (4 *sett.* 1821) per avere
obbedito alla Giunta ed accettate le sue disposizioni, ma raccomandato al Re
« per l'ottima sua condotta in Vercelli contro i rivoltosi » e riammesso nel-
l'esercito (6 *dicembre* 1821).

Egli è quel desso che nella guerra del 1848 si acquistò una bizzarra rinomanza per certi assalti dati da solo agli austriaci appiattato dietro ad un

cespuglio mobile. Nel 1851 un Serafino Wiser, emigrato, stampò in 32 pagine la narrazione di una *Gran lotta fra il tenente colonnello Boglione e la di lui fantesca Giuseppina Tron ed il famigerato assassino Castino*. Aveva provate strane invenzioni, come di volare con ali da lui artificiate, e mandò per le stampe una lettera al ministro Menabrea sopra *una locomozione offerta in surrogazione del sistema del signor T. Agudio* (Torino, 1863).

Boglione (Lodovico) capitano br. Saluzzo. Destituito e condannato a 4 mesi di detenzione (29 *agosto* 1821). Nominato maggiore a riposo (16 *maggio* 1848).

Bolatti (Giuseppe Maria), cornetta nei cavalleggieri del Re, nominato sottotenente (28 *marzo* 1821). Non emanò sentenza contro lui, ma fu dichiarato disertore. Dopo un suo ricorso fu compreso nell'amnistia del 1842; e nominato tenente a riposo (30 *maggio* 1848).

Bonamici (Giuseppe), alfiere br. Genova; raccomandato per la riammessione (6 *luglio* 1821) che ottenne (28 *luglio* 1821).

Bonardelli (Antonio), capitano br. Saluzzo; destituito (8 *giugno* 1821), ma fugli condonata la detenzione « per le buone informazioni avute. » Fu giubilato come maggiore, coi distintivi di tenentecolonnello (3 *giugno* 1848).

Bonardi (Filippo) già capitano in Francia, e pensionato regio. Benchè ritenuto colpevole (27 *novembre* 1821) per avere accettato servizio dalla Giunta che lo nominò capitano nel battaglione dei cacciatori d'Asti (1 *aprile* 1821), gli fu nondimeno conservata la pensione per ricordo delle numerose campagne nelle quali combattè per il Re.

Bonardi (d. Francesco) da Villanova di Casale, sacerdote. Cond. cont. a 20 anni di galera (*S. sen. Tor.* 25 *maggio* 1821).

Bonardi (Michele), alfiere con anzianità di sottotenente nella br. Alessandria, nominato tenente (3 *aprile* 1821). Destituito (11 *maggio* 1821).

Bondetto (Giuseppe), cornetta nei cavalleggieri del Re; già decorato della Legion d'Onore, poi milite di Savoja (6 *settembre* 1816). Sottotenente effettivo (31 *marzo* 1821) destituito (7 *luglio* 1821, *conferm.* 30 *novembre*). Ammesso a riposo col grado di tenente (16 *maggio* 1848).

Bonfils (Lorenzo), capitano br. Saluzzo, maggiore (3 *aprile* 1821). Nominato maggiore a riposo (30 *maggio* 1848).

Bonis (De) (Carlo), alfiere br. Genova; raccomandato per la riammessione (6 *luglio* 1821) che gli fu concessa (28 *luglio* 1821).

Bono (Alessandro) di Arona, studente di medicina. Fu a San Salvario.

Bono (Pietro) del fu Martino, da Cossato (Biella), tenente br. Piemonte. Nominato capitano (27 *marzo* 1821). Cond. cont. a 20 anni di galera. (*Sen. sen. Tor.* 15 *dicembre* 1821).

Bontempo (Nicola), sottotenente br. Aosta. Dimissionato senza uso della uniforme (26 *luglio* 1821).

Borbonese (Luigi Enrico Biagio), figlio di Federico uffiziale nella legione accampamenti. Egli era tenente nella br. Monferrato e fu nominato capitano (3 *aprile* 1821). Destituito (15 *maggio* 1821) ma raccomandato per ottenere una pensione di ritiro. Gli fu conceduto il grado di capitano a riposo (3 *giugno* 1848). Ebbe un figlio da Gabriella de'conti Vialardi di Verrone sua moglie.

Borelli (Domenico Luigi Enrico), tenente nella legione reale leggiera, nominato tenente (4 *aprile* 1821). Destituito (25 *settembre* 1821, *conferm.* 21 *giugno* 1822). Nominato capitano a riposo (3 *giugno* 1848).

Borelli (Luigi), procuratore. Fu di quei di S. Salvario.

Borivent (Pietro Antonio), sottotenente br. Savoia; nominato tenente nei Cacciatori di Alessandria (31 *marzo* 1821); destituito (3 *settembre* 1821) con quattro mesi di detenzione.

Borlasca (Alessandro), sottotenente brigata Saluzzo, nominato tenente (5 *aprile* 1821). Destituito (11 *maggio* 1821).

Borra (Giovanni di Dio, Pio, Candido, Ottavio, Maria) tenente br. Cuneo. Dichiarato meritevole di destituzione (2 *agosto* 1821) per avere ubbidito agli ordini del Santa Rosa « sedicente » ministro; ma solo demissionato senza uniforme.

Borra (Lazzaro Timoteo) fu Giuseppe, da Murazzano; tenente br. Aosta. Cond. cont. morte (*S. R. Del.* 6 *settembre* 1821). Fu graziato parzialmente (31 *marzo* 1840) poi compreso nell'indulto del 1842.

Borsarelli (Giovanni), sergente nei Dragoni del Re. Nominato sottotenente agli Invalidi (18 *luglio* 1848).

Borso-Carminati (Gaetano), genovese nato per caso a Malaga nel 1799. Preso servizio pel Re nel 1815, era uffiziale quattro anni dopo, ed in questo sottotenente br. Aosta. Non fu condannato, ma dichiarato disertore. Combattè egli per Don Pedro in Portogallo e per Donna Isabella in Ispagna. Dove salì al grado di tenente generale. Ma immischiatosi in una congiura contro Espartero venne fucilato a Tolosa il 12 novembre 1841.

Bosio (Marco Filippo) fu Franceso Maria da Carentino, tenente nella brigata Alessandria, nominato capitano (3 *aprile* 1821). Cond. cont. 10 anni di galera (*S. R. Del.* 23 *agosto* 1821). Fu graziato in parte (18 *aprile* 1840), poscia per intero nel 1842.

Botallo (Michele), alfiere nella brigata Regina; dichiarato meritevole di destituzione (14 *agosto* 1821); ma per antichi servizi per i quali era decorato della medaglia d'oro, raccomandato al Re e rimesso in servizio (6 *dicembre* 1821).

Botta (Scipione), primogenito dell'illustre storico Carlo; nato nel 1801; morto in Torino il 5 febbrajo 1879. Per anni si diè all'incisore, poi insegnò il francese. Ha scritto di grammatica e sul padre suo. Nel 21 era studente di leggi ed andò colla legione di San Salvario. Per precauzione, gli amici del padre, glielo rimandarono in Francia.

Bottacco (Carlo Giuseppe) di Giovanni Antonio. Cond. cont. alla galera perpetua (*S. Sen. Tor.* 21 *giugno* 1821). Compreso in una prima amnistia (18 *aprile* 1840) poi nell'indulto generale del 1842.

Bottero (Giambattista), tenente br. Genova, nominato capitano (3 *aprile* 1821); dichiarato disertore; riammesso come capitano a riposo (16 *maggio* 1848).

Bottino. Torinese, studente di quei che furono a San Salvario.

Botto (Giovanni Giuseppe Domenico), nato a Moneglia (Genova) il 4 aprile 1791. Allievo della scuola politecnica, in quest'epoca capitano del genio militare. Demissionato senza uso della uniforme (17 *settembre* 1821). Nel 1826 ottenne la cattedra di fisica nella Università Torinese che professò con molta fama lasciando dotte memorie nei volumi dell'Accademia delle scienze di Torino della quale era socio (28 *giugno* 1835). Nel 1848 fugli conferito il grado di maggiore a riposo (17 *giugno*), e morì meritamente rimpianto, il 20 marzo 1863. Amo tributare una parola di lode ad un mio antico maestro.

Bracchieri (Giuseppe), capitano br. Aosta. Fu dichiarato meritevole di destituzione (14 *agosto* 1821) « per la condotta poco decorosa tenuta nell'entrata degli studenti a Tortona » ma raccomandato e riammesso (6 *dicembre* 1821).

Brignole (Michele), sottotenente br. Genova. Fu riammesso al servizio perchè si riconobbe che se andò in Alessandria, eseguì un ordine di superiore legittimo.

Broglia (cavaliere Silverio), capitano nella br. Monferrato, promosso maggiore (3 *aprile* 1821). Destituito (13 *maggio* 1821).

Brondelli di Brondello (cavaliere Giacomo Maria Giuseppe), colonnello br. Saluzzo. Fu dichiarato meritevole di destituzione e di essere privato dell'uniforme e delle insegne equestri (22 *maggio* 1821) per avere condotto un battaglione in Alessandria; ma poi solo demissionato senza l'uniforme e conservando le decorazioni, per lunghi servizi antecedenti « e per essere caduto in sospetto ai ribelli » che lo collocarono in aspettativa (3 *aprile* 1821).

Brunetti (Giacinto), cornetta nei Cavalleggeri del Re, nominato tenente (28 *marzo* 1821), dichiarato disertore.

Brunetti (Giacomo), residente in Biella. Cond. cont. 15 anni di galera (*S. Sen. Tor.* 15 *dicembre* 1821).

Brunetti (Vittorio) di Giuseppe, da Cuneo, alfiere provinciale br. Alessandria. Di quei di San Salvario. Cond. cont. morte (*S. R. Del.* 28 *settembre* 1821).

Bruno (Luigi), sottotenente nei Cavalleggeri del Re, dichiarato disertore. Riammesso come tenente negli Invalidi (27 *giugno* 1848).

Bunico. Da Cuneo, studente in leggi. Fu a San Salvario.

Burgonzio (Lorenzo), capitano br. Monferrato. Dichiarato meritevole di destituzione (23 *maggio* 1821), ma raccomandato e riammesso (6 *dicembre* 1821).

Bussolino (cavaliere Enrico) cavaliere mauriziano e di Savoia (4 *agosto* 1817), già colonnello comandante d'Alessandria; destinato a reggere il ministero della guerra (14-17 *marzo*), nominato maggior generale (14 *marzo*). Non fu nè punito, nè esiliato, ma tenuto in sospetto e in disparte.

Buzzi (cav. Francesco) di Gaudenzio, da Castelnovetto (Lomellina), sottotenente br. Alessandria. Cond. cont. 10 anni di galera (*S. R. Del.* 23 *agosto* 1821).

Buzzi-Lunghi (cav. Giovanni Battista), fratello di Francesco, capitano brigata Alessandria; cond. a 20 anni di galera (*S. R. Del.* 23 *agosto* 1821). Nominato maggiore negli Invalidi (16 *maggio* 1848).

Cagnoli di S. Agnese (conte Pietro Onorato Ilarione) del conte Giuseppe, da San Martino Lantosca (Nizza), conte di Massoins; tenente nella br. Alessandria, nominato capitano (3 *aprile* 1821). Cond. cont. a 10 anni di galera (*S. R. Del.* 23 *agosto* 1821). Ammesso a riposo come capitano (16 *maggio* 1848).

Caisson (Alessio) da Nizza mare, sergente nei Cavalleggeri del Re, dichiarato disertore, e mandato ad un consiglio di guerra (29 *agosto* 1821).

Calcagnino (Antonio) da Genova, caporale nell'artiglieria di marina; sospeso per 6 mesi (28 *settembre* 1821).

Calcagno (Pietro), sottotenente br. Cuneo. Dichiarato meritevole di destituzione (2 *agosto* 1821) ma solo demissionato senza l'uniforme. Nominato tenente a riposo (16 *maggio* 1848).

Calda (Ferdinando), Parmigiano, alfiere nelle guardie. Per la parte politica il Senato sentenziò non fossevi luogo a processura, ma fu dichiarato disertore. Fugli fatta licenza di rientrare negli Stati (*provved. sovr.* 11 *ottobre* 1842) e compreso nell'indulto.

Caligaris (Bernardino), alfiere br. Piemonte, nominato sottotenente (27 *marzo* 1821). Dichiarato meritevole di destituzione (12 *luglio* 1821), ma raccomandato come vittima degli inganni del maggiore Cappuccino e riammesso fra le truppe (6 *dicembre* 1821).

Calini (Giorgio), tenente br. Genova. Dichiarato disertore.

Calosso (Giovanni Timoteo) da Chivasso, nato il 24 del 1789. Coll'esercito francese fece le campagne di guerra in Prussia ed in Austria guadagnandosi nel 1813 le spalline di sottotenente nei Cacciatori a cavallo. Alla restaurazione riprese servizio in paese, come furiere nei Cavalleggeri del Re. In quest'anno era sottotenente, fu nominato capitano aiutante maggiore (28 *marzo* 1821) e dichiarato disertore, cosicchè fuggì lasciando la moglie, dei conti Tarino-Imperiale, sposata di fresco ed incinta. Visse una vita di ventura in Isvizzera ed in Ispagna; poi di fortuna in Turchia dove ebbe grado di colonnello, coll'ufficio di istruttore della cavalleria ed il Nicham. Chiamavanlo Rustem-bey, nè l'astrinsero ad abiurare. Pensionato rivide Torino il 12 ottobre 1845, ricevendo liete accoglienze dal re Carlo Alberto. A. Burnet pubblicò: *Mémoires d'un vieux soldat* (Nizza, 1858) che sono il racconto delle sue vicende.

Calvetti (Giacinto) furiere br. Guardie. Nominato sottotenente a riposo (27 *giugno* 1848).

Calvetti (Giuseppe Maria Goffredo) di Tomaso, da Torino, capitano brigata Cuneo. Cond. cont. morte (*S. Senat. Tor.* 2 *marzo* 1822); graziato in parte (4 *settembre* 1841) e per intero nel 1842.

Calvetti (Pietro Anselmo Tomaso) fratello del precedente, capitano brigata Aosta. Cond. cont. morte (*S. R. Del.* 6 *settembre* 1821). Ebbe una prima grazia (19 *dicembre* 1840), poi l'indulto del 1842, poscia fu nominato maggiore nella riserva (22 *aprile* 1848) ed a riposo (16 *maggio* 1848).

Calza di Costigliole (cav. Vincenzo), tenente brigata Piemonte; destituito (8 *maggio* 1821).

Camosso (Carlo) sottotenente nei Cavalleggieri di Piemonte. Riammesso come tenente negli Invalidi (3 *giugno* 1848).

Campini (Giuseppe Eugenio) sottotenente br. Monferrato; decorato della stella della legione d'onore, mutatagli poi nella croce di milite di Savoia (6 *settembre* 1816); destituito (14 *maggio* 1821). Nominato tenente nella riserva (25 *aprile* 1848) poi a riposo (30 *maggio* 1848).

Canale (Michele) da Romentino, sergente br. Aosta; sospeso per un anno (12 *novembre* 1821).

Canavassi (Giuseppe) sottotenente nel Genio; demissionato senza uso d'uniforme (17 *settembre* 1821).

Canova (Angelo) fu Giovanni, da Torino. Non in Piemonte ma condannato a morte a Verona (6 *dicembre* 1821) e commutatagli la pena in 5 anni di carcere duro a Lubiana (6 *febbraio* 1822).

Cantara (Romualdo) negoziante in Torino. Di quei di San Salvario.

Capelli (Luigi) da Genova, caporale nell'artiglieria di marina. Condannato (8 *settembre* 1821) a finire la ferma come soldato.

Cappone (Antonio Maria), cornetta nei Cavalleggeri del Re, nominato tenente (28 *marzo* 1821), milite dell'ordine di Savoia (24 *del* 1820) per cambio colla legione d'onore. Destituito (14 *agosto* 1821) e cancellato dal ruolo dell'ordine di Savoia (11 *settembre* 1821).

Cappuccino (Carlo Luigi), de' proprietari di antica cartiera a Caselle; maggiore br. Piemonte. Destituito (8 *maggio* 1821) e rimandato alla R. Delegazione. Nominato tenente colonnello a riposo (16 *maggio* 1848).

Carassi (cav. Giovanni Vincenzo Michele) tenente br. Alessandria. Dichiarato meritevole di destituzione (21 *maggio* 1821), ma raccomandato e riammesso in servizio (6 *dicembre* 1821). Continuò la carriera sino al 1851 anno in che fu messo a riposo come maggiore (9 *settembre*). Morì in maggio 1852.

Era figlio di Alessandro Remigio marchese del Villar, e di Teresa Roero di Settime. Non lasciò discendenza da Marianna Davico di Quittengo, santa matrona morta il 1° aprile 1874 di 92 anni. Piacemi tributare questo ossequio alla venerata memoria di questa mia virtuosa prozia.

Carbone (Gregorio), tenente nell'artiglieria di guarnigione. Destituito (6 *agosto* 1821) ma dopo, annullata questa decisione (30 *novembre* 1821) in considerazione dei pochi suoi anni ed esperienza, e raccomandato al Re.

Carro (Carlo) sottotenente nella br. Aosta. Non fu profferita sentenza contro lui, ma venne dichiarato disertore. Fu ammesso a rientrare nello Stato (*disp. sovr.* 21 *luglio* 1842) ed ammesso all'indulto.

Carta (Pietro), da Croce di Mosso (Biella), medico e ripetitore di tale scienza. Cond. cont. morte (*S R. Del.* 28 *settembre* 1821); morto al Brasile.

Cartoni (Vincenzo) sottotenente, aiutante maggicre in 2° br. Alessandria. Destituito (24 *maggio* 1821). Nominato tenente a riposo (16 *maggio* 1848).

Carutti (Fedele), dei vassalli di Cantogno; nato in Villafranca Piemonte, quartogenito di Domenico e di Cristina Delbecchi. Era sottotenente br. Saluzzo. Fu destituito (12 *maggio* 1821 *conferm.* 30 *novembre* 1821) per essersi portato in Alessandria separandosi da otto uffiziali del suo corpo che si recarono a Novara. Morì, capitano in ritiro e di 81 anni in Torino, nel luglio 1876. È suo nipote il consigliere di Stato barone Domenico Carutti di Cantogno, storico illustre e latinista elegante.

Casalis; medico da San Damiano. Dei sollevatisi a San Salvario.

Casanova (Domenico), tenente br. Piemonte. Nominato capitano in riposo (30 *maggio* 1848).

Cassana (Luigi), del fu Gaetano, da Mondovì, alfiere nella br. Aosta. Cond. cont. morte. (*S. R. Del.* 6 *settembre* 1821).

Cassante (Francesco), ajutante maggiore, con grado di capitano, nella cittadella di Alessandria. Demissionato senza l'uniforme (3 *agosto* 1821), ma con pensione di ritiro, avuto riguardo ai lunghi servigi ed alle ferite riportate in altri tempi. Suo delitto fu di avere continuato il servizio in cittadella.

Cassini, ingegnere e ripetitore. Fu a San Salvario.

Cassinis, avvocato. Trovossi a San Salvario.

Cassolati (Giambattista), sottotenente nei dragoni del Re, nominato capitano (28 *marzo* 1821). Destitituito (14 *maggio* 1821), e rimandato alla R. Delegazione, quale complice della rivolta della cittadella d'Alessandria (*notte del* 10 *marzo*).

Castagnola (Domenico), sottotenente br. Piemonte. Nominato tenente a riposo (10 *giugno*).

Castagnone (Luigi) medico, Cond. cont. a galera perpetua. Ebbe una prima grazia (22 *ottobre* 1836) e poi l'indulto nel 1842.

Castelli (Gian Domenico) da Mazio, sergente br. Aosta, sospeso per un anno (27 *sett.* 1821).

Cavalchini Guidobono (nobile Luigi), sottotenente br. Genova. Fu destituito (3 *luglio* 1821), coll'aggravio di 3 mesi di detenzione.

« Per opinioni avverse manifestate pubblicamente anche come sindaco di
« Tortona..... Avendovi festeggiato gli studenti che andavano a riunirsi ai fe-
« derati.... deposto, dei primi, la coccarda regia. »

Nominato maggiore a riposo (16 *maggio* 1848).

Cavalleri (Giovanni), capitano br. Monferrato; destituito (14 *maggio* 1821) con 8 mesi di detenzione « per disobbedienza e..... pessime informazioni..... » Nominato maggiore a riposo (16 *maggio* 1848).

Cavalli (Domenico). Sottotenente br. Monferrato. Dichiarato meritevole di destituzione (26 *maggio* 1821), ma raccomandato e riammesso nelle file (6 *dicembre* 1821).

Cavazzola (Giovanni Andrea), capitano nei carabinieri. Demissionato senza

uso della uniforme (22 *sett.* 1821) per « opinioni avverse.... ed essersi permesso
« di dissuggellare e leggere, in presenza di molti ufficiali, una lettera d'officio
« affidatagli dal Governatore di Savoja.... »

Cayre; studente di medicina; si recò a San Salvario.

Cedrino (Giacomo), sergente nelle guardie. Nominato sottotenente (3 ap. 1821)
e riconosciutogli il grado e messo a riposo (10 *giugno* 1848).

Ceppi di Bairols (cav. Cesare), torinese, figlio del conte Giuseppe, capi-
tano br. Alessandria, promosso maggiore (3 *aprile* 1821), già decorato della
Legione d'Onore, cambiatagli nella croce di milite di Savoja (4 *marzo* 1816).
Cond. cont. morte (*S. R. Del.* 23 agosto 1821). Combattè colla *Legione
Straniera* del Pacchiarotti nelle fazioni spagnuole. Nominato maggiore a riposo
(16 *maggio* 1848).

Ceppi (cav. Luigi), capitano nei dragoni della Regina, nominato maggiore
(31 *marzo* 1821), milite di Savoja (3 *marzo* 1816). Destituito (2 *giug.* 1821)·
Per essersi portato da Torino in Alessandria al seguito del Caraglio e per
« la pessima società da lui frequentata, e pei discorsi tenuti pubblicamente a
« Torino e nella sala civica di Vercelli. »

Cerale (Giacomo), capitano br. Saluzzo, milite di Savoja (24 del 1820),
destituito (28 *luglio*) perdonandogli la detenzione e raccomandandolo per la
pensione in considerazione di lunghi servizi « e dello zelo dimostrato a Ge-
« nova per la buona causa. »

Cerale (Giuseppe Luigi) del fu Giovanni, da Gassino. Chirurgo in primo
br. Alessandria. Cond. cont. a 6 mesi di carcere (*S. R. Del.* 23 agosto 1821).

Ceresa (Giambattista), alfiere brigata Piemonte, promosso sottotenente (1°
aprile 1821). Nominato tenente a riposo (3 *giugno* 1848).

Cerina (Stefano), tenente br. Saluzzo, nominato capitano (3 *aprile* 1821).
Destituito (12 *giugno* 1821). Riconosciuto capitano nella riserva (22 ap. 1848).

Cerrutti (cav. Carlo Francesco), cap. br. Monferrato, cavaliere Mauriziano
e milite di Savoja (6 *giugno* 1816), destituito (14 *maggio* 1821) con 4 mesi
di detenzione.

Cerrutti (Giambattista) del fu Antonio, medico d'Alessandria; cond. cont.
morte (*S. sen. Tor.* 21 *giugno* 1822). La polizia segnalavalo nel 1841 come
mestatore in Ispagna per isconvolgere l'Italia. Supplicò il Re (*R. Bigl. al
Sen.* 28 maggio 1842) e fu compreso nell'indulto generale.

Cerughelli (Giambattista) da Tenda, sergente br. Aosta; sospeso per un anno
(27 *sett.* 1821).

Cerutti-Bósca (Gaspare), capitano br. Genova; raccomandata la riammessione (6 *luglio* 1821); riammesso (28 *luglio* 1821).

Cervino (Giuseppe), di Giuseppe, da Valenza, chirurgo. Cond. cont. morte
(*S. R. Del.* 24 *settembre* 1821).

Ceva di Roasio (marchese Ambrogio Giuseppe Ignazio) tenente br. Monferrato, nominato capitano (3 *aprile* 1821). Destituito (15 *maggio* 1821).

Cevasco (Giacomo), genovese, sottotenente nel 2° Reggimento d'artiglieria di marina, nominato tenente (6 *aprile* 1821). Destituito (13 *giugno* 1821) e condannato a 2 mesi di detenzione, avendo provocato la ribellione di altri del suo Corpo, e per la sua simpatia « alle colpevoli innovazioni. » Ebbe poi nel 1848 la pensione di riposo come tenente (6 *giugno*).

Egli è quel desso che fu dappoi commissario presso la Banca Nazionale in Genova, e commendatore mauriziano (1863), e scrisse una *Statistique de la ville de Gênes* (Genova, 1838-40, 2 vol.) ed opere minori.

Cevasco (nobile Raffaele), tenente nella br. Saluzzo; destituito (12 *giugno* 1821); pensionato come capitano (3 *giugno* 1848).

Chiaberti (Giacinto), sottotenente br. Cuneo. Benchè dichiarato meritevole di destituzione (2 *agosto* 1821), solo demissionato senza potere usare la uniforme.

Chiabrano (cav. Mauro), colonnello d'artiglieria comandante il battaglione di presidio; *specialmente* raccomandato al Re per avere conservato il ricco arsenale « quantunque colpevole di avere ricevuti e trasmessi ordini illegit- « timi, e di avere messo a disposizione del sedicente Ministero della guerra « una parte del personale da lui comandato. » Il Re lo riammise nel sovrano suo favore (22 *sett.* 1821).

Chiesa, procuratore, da Castagnole. Fu a San Salvario.

Ciapano (Carlo) da Varzi; caporale nell'artiglieria di marina. Condannato ad ultimare la ferma, come soldato.

Ciria (Giovanni), sergente br. Alessandria nominato alfiere (3 *aprile* 1821). Riconosciuto sottotenente negli Invalidi (4 *luglio* 1848).

Clerico (Giambattista), sottotenente br. Piemonte. Nominato tenente degli Invalidi (27 *giugno* 1848).

Colla (Francesco) d'Agliè, sergente nei cavalleggeri del Re. Retrocesso per tempo indefinito (29 *agosto* 1821).

Colli (nobile Giuseppe Maria), tenente br. Genova; raccomandato per la sua riammessione (6 *luglio* 1821) che ottenne (28 *luglio* 1821).

Colombino (Michele), alfiere nella br. Saluzzo; destituito (12 *maggio* 1821; *conf.* 30 *novembre* 1821); messo a riposo come tenente (16 *maggio* 1848).

Colombo di Cuccaro (vassallo Filiberto) tenente br. Saluzzo; destituito (8 *giugno* 1821); nominato capitano nella riserva (22 *aprile* 1848), e poi negli Invalidi (16 *maggio* 1848).

Conti (Felice), sottotenente ajutante maggiore nei cavalleggeri del Re; considerato come disertore.

Conzani di Revignano (cavaliere Emanuele); tenente colonnello br. Monferrato; demissionato (23 *maggio* 1821), ma coll'uso dell'uniforme e delle decorazioni per avere abbandonato volontariamente i ribelli in Voghera (*revisione* 30 *novembre* 1821).

Corsi (Carlo), tenente d'artiglieria. Pensionato come capitano (16 *maggio* 1848).

Corsini (Giuseppe) alfiere br. Monferrato; destituito (23 *maggio* 1821), pensionato come tenente (16 *maggio* 1848).

Corso (Giuseppe), tenente nella Legione R. Leggiera; destituito (1 *agosto* 1821), ma raccomandato per la pensione.

Costa (Giuseppe), caporale nell'artiglieria di marina, sospeso per 6 mesi (28 *settembre* 1821).

Costa (Giuseppe Federico Antonio), sottotenente br. Saluzzo; destituito (5 *giugno* 1821). Riammesso come tenente d'Invalidi (16 *maggio* 1848).

Costa (Luigi), furiere in Piemonte Reale. Nominato sottotenente negli Invalidi (4 *luglio* 1848).

Cotter (Giuseppe Maria), tenente nella br. Piemonte. Dichiarato meritevole di destituzione (12 *luglio* 1821), ma raccomandato e riammesso al servizio (6 *dicembre* 1821).

Covino (Giovannantonio). Dichiarato disertore. Dopo un ricorso al Re compreso nell'Indulto del 1842.

Cravetta di Villanovetta (cavaliere Giuseppe) del conte Giovan Francesco; da Cervere, patrizio saviglianese, tenente br. Alessandria. Nominato capitano (3 *aprile* 1821). Cond. cont. 10 anni di galera (*S. R. Del.* 23 *agosto* 1821). Pensionato come capitano (10 *giugno* 1848).

Crescia (Pio Ignazio Maria), tenente br. Cuneo; dichiarato meritevole di destituzione (2 *agosto* 1821), ma solo dimesso senza l'uso dell'uniforme.

Crescia (Vincenzo), maggiore nella Legione R. Leggiera; destituito e rimandato al giudizio della R. Delegazione (15 *settembre* 1824) per la rivolta in Genova.

· Nel 1848 fu spedito dal conte Balbo a Milano al governo provvisorio, e di là destinato a Brescia.

Ne parla Giuseppe Martini (*Storia Italia cont. dal Botta*; IV, 278).

Crivelli (Giuseppe), di Tomaso, da Moncalvo, medico in Torino; compilatore del giornale « La sentinella Subalpina » assieme al Trompeo. Cond. cont. morte (*S. R. Del.* 28 *settembre* 1821). Combattè nella Spagna; e fu decorato di medaglia per la fazione del 7 luglio 1822 contro alle Guardie Reali. Dappoi visse in Francia facendovi il giornalista. Era persuaso che l'invenzione del telegrafo elettro-magnetico fosse sua.

Crova di Vaglio (barone Ascanio), sotto tenente br. Alessandria nominato tenente (3 *aprile* 1821) destituito (28 *maggio* 1821) e rimandato alla R. Delegazione. Pensionato come tenente (1° *luglio* 1848).

Crova (cavaliere Lodovico Paolo) tenente br. Alessandria dichiarato meritevole di destituzione (24 *maggio* 1821), ma raccomandato e riammesso al servizio (6 *dicembre* 1821).

Cucca-Mistrot (cavaliere Nicola), del vassallo Giambattista, da Torino, sottotenente br. Alessandria nominato tenente (3 *aprile* 1821) destituito (17 *maggio* 1821) e rimandato alla R. Delegazione. Da essa cond. cont. 5 anni di galera (*S. R. Del.* 23 *agosto* 1821). Tenente negli Invalidi (16 *maggio* 1848).

Cucchi (Giulio), da Orte, tenente aiutante maggiore nella br. Piemonte nominato capitano (28 *marzo* 1821) cancellato dai ruoli (4 *aprile* 1821). Cond·

cont. morte (*S. Sen. Tor.* 22 *ottobre* 1821). Nel 1836 trovavasi come emigrato a Londra.

Cugia-Manca (cavaliere Diego), Sassarese, tenente nei Cacciatori Sardi, nominato capitano (1° *aprile* 1821), dichiarato disertore; ammesso a rientrare negli Stati (*Disposizione Sovrana* 28 *maggio* 1842) e poi compreso nell'indulto, nominato capitano d'invalidi (30 *maggio* 1848), e quindi pensionato come maggiore. Pubblicò un volume di *Versi* (Cagliari 1855), ed un poemetto *I sogni* (Sassari 1863).

Cugia di S. Orsola (cavaliere Giovanni) tenente nell'artiglieria di Marina, nominato capitano (6 *aprile* 1821), destituito (15 *giugno* 1821) e pensionato come capitano (10 *giugno* 1848).

Curlo (nobile Francesco), tenente aiutante maggiore br. Genova, nominato capitano (3 *aprile* 1821) destituito (6 *giugno* 1821) anche per avere accettato il grado di capitano che poi gli fu reso, colla pensione di riposo (10 *giugno* 1848).

Cussini (Paolo), sottotenente nei cavalleggeri di Piemonte, destituito (25 *maggio* 1821), pensionato come tenente (16 *maggio* 1848).

Danero (Giambattista), sottotenente quartiermastro in 2° br. Genova; riammesso al servizio (12 *giugno* 1821) perchè andò in Alessandria, ma con ordine legittimo.

Danesi (Carlo Ignazio Maria), tenente br. Saluzzo ; dichiarato meritevole di destituzione (12 *maggio* 1821), ma raccomandato e riammesso (6 *dicembre* 1821).

Data (Carlo) fu Antonio, da Corio, chierico e ripetitore. Cond. cont. 5 anni di galera (*S. R. Del.* 28 *settembre* 1821).

Data (Giuseppe), da Corio, avvocato; morì in esilio (CASALIS *dizion.* XXXVIII 284).

Davico (Giuseppe) tenente nella Legione R. leggera ; dimissionato senza uso di uniforme (25 *settembre* 1821), poi solo collocato in aspettativa (*revisione* 21 *giugno* 1822).

Deambrogi (Gioachino), di Michele, da Motta de' Conti; sacerdote, ed arciprete di sua patria. Detenuto nelle carceri di Vercelli, cond. (*S. Sen. Tor.* 31 *gennaio* 1822) alla morte; pena commutatagli in prigionia perpetua (*RR. PP.* 8 *febbraio* 1822).

Debernardi (Alessandro), sergente nei Dragoni del Re. Pensionato come sottotenente (11 *luglio* 1848).

De Fanti v. Fanti (De)

Deferraris (nobile Giambattista), sottotenente nei Dragoni della Regina ; nominato capitano (31 *marzo* 1821) destituito (17 *agosto* 1821), pensionato come tenente (16 *maggio* 1848).

Degiorgi (Angelo), capitano br. Genova; destituito (7 *giugno* 1821).

Degiorgis (Giovanni), alfiere con anzianità di sottotenente br. Alessandria nominato tenente (3 *aprile* 1821) non giudicato colpevole e riammesso al servizio (17 *maggio* 1821).

Degiorgis (Giuseppe) cornetta nei Dragoni della Regina, nominato tenente (31 *marzo* 1821) destituito (21 *maggio* 1821).

Degribaldi (Guglielmo), sottotenente Carabinieri, cancellato dai ruoli d'ordine del generale La Tour (*Conf. Commissione* 17 *settembre* 1821).

De Gubernatis v. Gubernatis (De)

Dejla; studente di medicina. Fra quelli di S. Salvario.

Delfino (Vittorio) sottotenente br. Piemonte, nominato tenente (28 *marzo* 1821). Dichiarato meritevole di destituzione (27 *agosto* 1821), ma raccomandato al Re e riammesso in servizio (6 *decembre* 1821).

Della Valle v. Valle (Della)

Del Santo v. Santo (Del)

Demarchi (Vincenzo), tenente br. Genova, nominato capitano (3 *aprile* 1821), considerato disertore.

Dematels (Pietro), da Torino, sergente br. Piemonte; mandato nella compagnia di disciplina del Corpofranco (24 *aprile* 1821).

Demichelis (Giovanni Maria), sottotenente br. Piemonte, nominato tenente (27 *marzo* 1821) dichiarato meritevole di destituzione (12 *luglio* 1821) ma raccomandato al Re e riammesso al servizio (6 *decembre* 1821) perchè stato sedotto ed ingannato dal maggiore Cappuccino.

Denisio (Pietro Vincenzo) del fu Vincenzo, da Torino, capitano br. Alessandria; detenuto e condannato ad anni 5 di carcere (*S. R. Del.* 23 *agosto* 1821), dichiarato maggiore negli Invalidi (16 *maggio* 1848).

Depaoli (Agostino), da Genova, furiere nell'artiglieria di marina, nominato alfiere (6 *aprile* 1821) retrocesso dal grado (24 *aprile* 1821).

Depretis di S. Croce (cavaliere Onorato), sottotenente nell'artiglieria di marina, nominato tenente (6 *aprile* 1821) destituito (28 *luglio* 1821), ma raccomandato per una pensione « per la sua giovanile età, poca esperienza e buoni sentimenti. » Nominato tenente negli Invalidi (10 *giugno* 1848).

De Rege v. Rege (De)

Derlard (Giuseppe Maria), tenente br. Aosta. Demissionato senza uso d'uniforme (11 *luglio* 1821).

De Rolandis v. Rolandis (De)

Derossi di Santa Rosa (conte Annibale Santorre Filippo). Oltre a quello che ne dissi nel testo; aggiungo che fu cond. cont. a morte (*S. R. Del.* 19 *luglio* 1821 *eseguita in effigie il* 21).

In un passo del suo libro *de la Révolution Piémontaise*, dice che non sarebbevi stato motivo per lui a preferire, come preferiva, la carta francese, nell'ambizione della Paria, perchè la sua fresca nobiltà non gliela faceva sperare. Ecco come stavano le cose. I Derossi, antichi di Savigliano vi tenevano stato patrizio, e lustro di lauree e di uffici civili e municipali. Due fratelli nel 1736 acquistarono il diritto di far erigere in feudo due loro poderi. All'avvocato Giampietro quello del Palazzo, da denominarsi *Santa Rosa* con titolo signorile e mediante il pagamento di tremila lire (27 *aprile*). Ed a Michelangelo quello detto la Cavallotta, che prenderà il meglio sonante nome di *Pomerolo* (27 *marzo*). Costui non avendo figli lasciò nel 1756 il feudo al nipote, e così si trovarono, ambedue riuniti in capo a Santorre. Il cui padre, conte Michele s'era distinto alla difesa di Saccarello (27 *aprile* 1794) ed era colonnello del Reggimento di Sardegna. Uno zio, cavaliere Filippo, era maggior generale ed Ispettore delle leve.

Moglie di Santorre fu Carlotta dei Conti Corsi di Viano (2 ottobre 1787, 27 marzo 1855) delle fondatrici dell'oratorio della sacra famiglia in Torino, dove vive beneficando la figlia Santorrina. Figli furono il conte Teodoro, intendente generale in Sardegna, ed il vivente cavaliere Eugenio, colonnello in ritiro. Quando partì per l'esiglio lasciava alla moglie, tre maschi e una bambina, e presto gli partorì una seconda femmina. I beni erano stati confiscati, ed annotati (21, 22, 24 *maggio* 1821) e nel 1822 avevano fruttato L. 8,284, 18. Alla moglie il fisco lasciò le ragioni dotali (L. 67500) e parafernali (L. 18000), una pensione di mille lire l'anno; Lire 2285 per soddisfare a debiti, ed una pensione alimentaria per i figli di 400 lire al mese. Fu tollerata, poi conceduta (*Declar. camer.* 5 *marzo* 1822) la loro dimora alla Cavallotta « benchè il patrimonio.... presentasse una massa di debiti grandiosa.... »

La vita di Santorre durò dal 18 novembre 1783 al 9 maggio 1825. Eroe sempre versava il nobile sangue per gente che non ne apprezzava il sacrificio. « Che bel pazzo quel vostro Santa Rosa a venir qui per farsi ammazzare ! » Osservava il Kalergi al Collegno nell'udirne la morte (COLLEGNO (Giacinto di) *Diario dell'assedio di Navarino;* Torino, 1857, p. 57).

De Sollier v. Sollier (De)

Destefani (Carlo), avvocato e sottotenente nella br. Piemonte. Nominato tenente d'Invalidi (10 *giugno* 1848).

Destefanis (Giuseppe) di Giovanni Maria, da Torino, sergente br. Alessandria, nominato sottotenente (3 *aprile* 1821). Cond. cont. 20 anni di galera (*S. R. Del.* 23 *agos'o* 1821). Ebbe una prima grazia (18 *aprile* 1840) poi l'intera amnistia (26 *marzo* 1842).

Detoma (Luigi), sottotenente br. Monferrato; destituito (2 *giugno* 1821) nominato tenente d'Invalidi (16 *maggio* 1848).

Devecchi (Carlo), capitano br. Monferrato, milite di Savoia (4 *aprile* 1816) in cambio della legion d'onore. Destituito (7 *giugno* 1821). Morì in Casale il 27 marzo 1826.

Deversi (Gaspare) di Giovanni, da Rivalta, chirurgo maggiore br. Alessandria; cond. cont. 6 mesi di carcere (*S. Sen. Tor.* 23 *agosto* 1821)

Di Negro. V. Negro (DI)

Discacciati (Ignazio), tenente ajutante maggiore nei Cacciatori Italiani; conservato nel suo grado (28 *settembre* 1821) per l'insussistenza delle fattegli imputazioni.

Doglio (Carlo) da Mondovì; sergente br. Aosta; sospeso per un anno (27 *settembre* 1821).

Doria (nobile Cesare), sottotenente br. Genova; demissionato senza uso di uniforme (31 *luglio* 1821). Pensionato come tenente (16 *maggio* 1848).

Doria (Francesco), da Genova; liquorista; cond. cont. a galera perpetua (*Sent. Senato di Genova*, 5 *aprile* 1823).

Dossena (Giovanni) del fu Pietro, d'Alessandria, avvocato, membro della Giunta d'Alessandria. Cond. cont. morte (*S. R. Del.* 19 *luglio* 1821). Morì nell'anno 1827.

Duboln (Pietro Antonio) torinese, tenente br. Saluzzo. Cond. 20 anni di galera (*S. Senato Torino*, 6 *settembre* 1822) e già prima dichiarato disertore. Morì a Bruxelles.

Dubols (Gaspare), sottotenente nella Legione R. leggiera; demissionato senza uso dell'uniforme (25 *settembre* 1821, *confermata* 21 *giugno* 1822). Nominato tenente negli Invalidi (16 *maggio* 1848).

Dughera (Francesco Luigi), alfiere in Monferrato, nominato sottotenente (3 *aprile* 1821), ma raccomandato per la pensione per « avere salvato la cassa « della brigata. » Pensionato come tenente (16 *maggio* 1848).

Enrici (Lorenzo), tenente br. Piemonte. Nominato capitano (1 *aprile* 1821), ammesso a riposo (16 *maggio* 1848).

Enrico (Giambattista), di Antonio, da Torino; capitano d'artiglieria. Cond. cont. morte (*S. R. Del.* 6 *settembre* 1821). Ricorse al Re, e fu ammesso all'indulto del 1842 (*R. Bigl. al Sen.* 4 *maggio* 1842).

Eula (Giambattista), tenente nella Legione R. leggiera, nominato tenente (4 *aprile* 1821). Dichiarato meritevole di destituzione (25 *settembre* 1821), ma raccomandato alla clemenza del Re e riammesso (6 *dicembre* 1821).

Falcone (Lino), sottotenente br. Cuneo; benchè meritevole di destituzione, demissionato soltanto, senza l'uniforme (2 *agosto* 1821).

Falletti della Morra (conte Carlo Giuseppe Angelo), tenente br. Saluzzo, capitano (3 *aprile* 1821), destituito (12 *giugno* 1821); pensionato come capitano (16 *maggio* 1848). Di un ramo collaterale dei marchesi di Barolo.

Fanti (De) Fresia di Sant' Oberto (barone Luigi), da Cherasco, avvocato, e di quelli di San Salvario. Fu sindaco e deputato di sua patria. Morì ottuagenario il 9 febbraio 1873, proclamandosi *libero pensatore*.

Faraud (Giuseppe, del fu Benedetto, da Contes (Nizza), furiere nella Legione R. leggiera; sottotenente (31 *marzo* 1821). Cond. cont. morte (*Sent. Sen. Genova* 10 *maggio* 1822). Combattè per i liberali spagnuoli.

Farinetti (Andrea) sottotenente br. Cuneo; ritenuto disertore; nominato tenente a riposo (16 *maggio* 1848).

Fasana (Tranquillino) del fu Francesco, da Palestro; tenente br. Alessandria; capitano (3 *aprile* 1821). Detenuto, cond. a 10 anni di galera ed alla degradazione (*S. R. Del.* 23 *agosto* 1821).

Fassetta (Pietro) scudiere nei dragoni della Regina, sottotenente (31 *marzo* 1821), nominato tenente degl' Invalidi (10 *giugno* 1848).

Fassoni (Lorenzo), alfiere br. Genova; demissionato senza uso d'uniforme (31 *luglio* 1821).

Fazio (Francesco), alfiere br. Genova. Considerato disertore. Fu ucciso in Spagna alla ritirata di Casà della Selva.

Fechini (Pietro) del fu Serafino, da Ceva, avvocato; di quei di San Salvario, capopolitico a Mondovì; cond. cont. morte (*S. R. Del.* 28 *sett.* 1821). Viveva insegnando a Manchester.

Federici (cav. Carlo) ajutante di piazza, con grado di tenente in Aosta; destituito (10 *agosto* 1821) « per avere cercato servizio presso i ribelli e per « la sua pessima condotta antecedente. » Nominato capitano nella riserva (22 *aprile* 1848).

Fenoglio (Ignazio) studente di filosofia; fu a San Salvario.

Ferrando (Eugenio), sottotenente br. Monferrato; destituito (23 *maggio* 1821); pensionato come tenente (30 *maggio* 1848).

Ferrarini (Luigi), tenente br. Genova. Dichiarato meritevole di destituzione (14 *giugno* 1821), ma raccomandato e riammesso (6 *dicembre* 1821) « per avere volontariamente abbandonati i ribelli. »

Ferraris (Carlo Giuseppe). Condannato cont. 15 anni di galera. Graziato (11 *giugno* 1840) e compreso nell'indulto del 1842.

Ferraris (Luigi) da Vercelli, sergente nei Cavalleggieri del Re; retrocesso dal grado (29 *agosto* 1821).

Ferraris di Celle (cav. Francesco Maria Carlo), tenente br. Saluzzo; capitano (3 *aprile* 1821), destituito (11 *maggio* 1821).

Ferreratti (Felice), tenente nella Legione R. Leggera; nominato capitano d'invalidi (16 *maggio* 1848).

Ferreri (Carlo), capitano dei cacciatori italiani; demissionato senza uso dell'uniforme (19 *ottobre* 1821).

Ferrero di Burlasco (cav. Camillo), tenente br. Aosta; pensionato come capitano (16 *maggio* 1848).

Ferrero (Filippo), furiere nei dragoni della Regina. Nominato sottotenente negli Invalidi (27 *giugno* 1848).

Ferrero (Giacomo) da Barolo d'Asti; sergente nei cavalleggieri del Re, nominato sottotenente (28 *marzo* 1821), mandato alla compagnia di disciplina del Corpo franco (29 *agosto* 1821); incitatore di soldati alla ribellione « anche percuotendoli. »

Ferrero (cav. Lorenzo Giuseppe Maria), tenente br. Cuneo; meritevole di destituzione, ma soltanto demissionato senza uso dell'uniforme (2 *agosto* 1821).

Ferrero (Vittorio), del fu Carlo Franchino, da Torino; capitano nella Legione Leggiera, capo della sollevazione a San Salvario, nominato maggiore (31 *marzo* 1821). Cond. cont. morte (*S. R. Del.* 25 *agosto* 1821). Fu pensionato come maggiore (30 *maggio* 1848). Ne scrisse le strane vicende, con affetto e rispetto, il Beolchi.

Ferroglio (Bernardo), studente di leggi. Si riunì ai sollevati di San Salvario.

Fesigny (nobile Carlo De), tenente nelle guardie. Pensionato come capitano (10 *giugno* 1848).

Figgini (Domenico), da Vignolo (Novi), avvocato in Voghera. Cond. cont.

a galera perpetua (*S. Sen. Tor.* 21 *giugno* 1822). Ottenne una grazia parziale (23 *novembre* 1858) e poi fu compreso nell'indulto del 1842.

Flore (Luigi), capitano br. Monferrato; destituito (23 *maggio* 1821) condonandogli la detenzione per la saggia condotta tenuta la notte del 21 marzo a Genova. Pensionato come maggiore (30 *maggio* 1848).

Flore (Pietro), tenente br. Cuneo; meritevole di destituzione, ma solo demissionato senza uso dell'uniforme (2 *agosto* 1821). Nominato capitano nella riserva (22 *aprile* 1848), poi collocato a riposo (30 *maggio* 1848).

Fissore (Efisio), da Tempio, cornetta nei dragoni della Regina, nominato tenente (31 *marzo* 1821); dichiarato disertore, e poi cond. cont. a 15 anni di galera (*S. Sen. Tor.* 21 *gennaio* 1823).

Fissore (Ignazio), capitano br. Regina; dichiarato meritevole di destituzione (8 *agosto* 1821) ma raccomandato e riammesso al servizio (1° *dicembre* 1821).

Fissore (Stefano Maria) sottotenente nei cacciatori italiani, conservato nel grado (24 *settembre* 1821), essendo insussistenti le fattegli accuse.

Foglietta (nobile Giacomo), tenente br. Monferrato; destituito (14 *maggio* 1821), ma raccomandato al Re « per la buona condotta precedente. » Pensionato come capitano (30 *maggio* 1848).

Foglietta (nobile Stefano), capitano br. Genova, nominato maggiore (3 *aprile* 1821), considerato come disertore; giubilato col grado di maggiore (16 *maggio* 1848).

Folcioni (Giuseppe), d'Arona, studente di chirurgia; fu a S. Salvario.

Fontana (Bernardo), studente di leggi; si trovò a S. Salvario.

Fontana-Rava (Pietro Giuseppe), da Vico (Ivrea), notaio, fu a San Salvario; cond. cont. 20 anni di galera (*S. Sen. Tor.* 13 *aprile* 1822). Visse nella Svizzera, ricorse al Re e fu compreso nell'indulto generale (*R. Bigl. al Sen.* 24 *marzo* 1842).

Forzani (Antonio), di Bartolomeo, da Mondovì; sergente nei granatieri-guardie, nominato sottotenente (2 *aprile* 1821). Cond. cont. morte (*S. R. Del.* 6 *settembre* 1821). Prese le armi in Ispagna ed in Grecia, dove morì combattendo a Napoli di Romania.

Fossati (Giacinto), tenente nella Legione R. Leggiera; destituito (20 *agosto* 1821) con 2 mesi di detenzione « per aver cooperato ai disordini commessi dalle compagnie della Legione quando si portarono da Voghera nella « Lomellina. » Nominato capitano d'Invalidi (16 *maggio* 1848).

Fouchs (Giovanni Agostino), tenente d'artiglieria, nominato capitano (31 *marzo* 1821), destituito (17 *maggio* 1821) perdonandogli la detenzione. Conferitogli il grado di maggiore a riposo (16 *maggio* 1848).

Franchini (Gaspare) di Gregorio, da Ticinetto; cornetta nei dragoni del Re, nominato tenente (23 *marzo* 1821), dichiarato disertore e poi cond. cont. morte (*S. Sen. Tor.* 2 *marzo* 1822). Morto al Messico nel 1826.

Franzini (Carlo) di Giovanni, da Casalcermelli, residente a Castellazzo, avvocato; cond. cont. morte (*S. R. Del.* 10 *settembre* 1821). Morì a Londra.

Era fratello del conte Antonio Maria, generale d'esercito che fu ministro della. guerra al campo di Lombardia nel 1848 (23 marzo 1788 — 13 gennaio 1860) Il suo titolo comitale passò ad altro fratello, Pietro, che fu presidente di Corte d'appello. Vive un'altro fratello, il conte Paolo Franzini-Tibaldeo tenente generale in ritiro, che ha discendenza.

Friolo (Giambattista), sottotenente ne' Cavalleggeri del Re, tenente (31 *marzo* 1821), destituito (18 *giugno* 1821). Nominato tenente negli Invalidi (30 *maggio* 1848).

Frutteri di Costigliole (vassallo Giuseppe); capitano nei Carabinieri, demissionato senza uso d'uniforme (17 *settembre* 1821) ma raccomandato per una pensione in ritiro. Giubilato come maggiore (30 *maggio* 1848).

Fumel (Giuseppe), alfiere br. Aosta; considerato disertore.

Gaffodio; da Torino, avvocato. Fu a S. Salvario.

Gajo (Antonio), maresciallo d'alloggio nei Carabinieri. Pensionato come sottotenente (27 *giugno* 1843).

Gallaman (cavaliere Cesare, Giuseppe, Nicolò), tenente br. Monferrato; dichiarato meritevole di destituzione (16 *maggio* 1821), ma « per le sue buone opinioni politiche » raccomandato al Re e riammesso fra gli uffiziali (6 *dicembre* 1821).

Galleano (Francesco), capitano br. Genova; meritevole di destituzione per non avere seguitato il Governatore che abbandonava Alessandria, adducendo infermità, ma solo demissionato senza uso della uniforme (20 *giugno* 1821) tenendo conto dei suoi lunghi servizi e del non averne prestati ai ribelli.

Galli, sergente br. Cuneo; cancellato dai ruoli d'ordine del conte La Tour (31 *marzo* 1821).

Galli (Giuseppe), studente di medicina. Di quei di S. Salvario.

Galliano (Giacomo Oddino), sottotenente br. Cuneo: benchè meritevole di destituzione, solo demissionato senza uso d'uniforme (2 *agosto* 1821), pensionato come tenente (3 *giugno* 1848).

Gallo (Giacomo), alfiere br. Genova; raccomandato per la riammissione (6 *luglio* 1821) che ottenne (28 *luglio* 1821).

Gallo (Giuseppe), capitano nella brigata Monferrato: pensionato come maggiore (16 *maggio* 1848).

Gallo (Luigi) da Cuneo, studente di chirurgia; fu a San Salvario.

Gallo (Vincenzo Filippo), tenente nella brigata Saluzzo; destituito (29 *maggio* 1821) nominato capitano negli Invalidi (16 *maggio* 1848).

Galvagni di Bubbio (cavaliere Annibale Stefano Giuseppe), tenente nella brigata Monferrato: destituito (20 *giugno* 1821).

Galvagni di Bubbio (conte Giovanni Maria), tenente br. Genova; raccomandato per la sua riammissione (6 *luglio* 1821) che ottenne (28 *luglio* 1821).

Galvagno (Emilio) fratello dell'avvocato Filippo, ministro del Re Vittorio Emanuele II. Egli era sottotenente nella brigata Aosta, nominato aiutante di campo del generale Bellotti (21 *marzo* 1821) e destituito (21 *novembre* 1821).

La Commissione d'inchiesta supplicò il Re che lo liberasse da ogni ulteriore processura per la giovanile età ed altre cause attenuanti. Si laureò ingegnere e fece bella carriera nel corpo delle miniere. Fu pensionato come tenente (30 *maggio* 1848). Morì a Torino, di 78 anni il 24 del 1877.

Gambalerlo (Michele), capitano br. Alessandria: dichiarato meritevole di destituzione (24 *maggio* 1821), ma raccomandato al Re, e riammesso in servizio (6 *dicembre* 1821).

Gambarotta (Luigi) da Novara; caporale nell'artiglieria di marina. Condannato (8 *settembre* 1821) a finire la ferma come semplice soldato.

Gambini (Carlo Secondo), capitano br. Regina; destituito (7 *agosto* 1821) con 4 mesi di detenzione.

Gambini (Luigi), di Vincenzo, da Baldichieri, capitano d'artiglieria. Cond. cont. morte (*S. R. Del.* 6 *settembre* 1821). Visse a Parigi. Fu graziato in parte (20 *dicembre* 1838) e poi per intero nel 1842. Giubilato come maggiore (6 *giugno* 1848).

Gambolò (Giovanni Antonio), cornetta nei Cavalleggeri del Re, nominato tenente (28 *marzo* 1821) considerato disertore. Avendone supplicato il Re, fugli conceduto il rimpatrio (*Decis. Sovr.* 31 *maggio* 1842). Giubilato come tenente (30 *maggio* 1848).

Garda (Pietro), di Francesco Antonio, da Ivrea, già tenente di cavalleria in Francia; nominato capitano nel battaglione Cacciatori d'Ivrea (20 *marzo* 1821). Cond. cont. galera perpetua (*S. R. Del.* 6 *settembre* 1821). I beni confiscati, come a figlio emancipato, e gravati di censi per 70,000 lire, fruttarono nel 1822, lire 10,799, 25. Visse in Francia ed in Inghilterra beneficando esuli. Ottenne grazie parziali (18 *dicembre* 1832; 3 *novembre* 1834), e l'indulto nel 1842. Fu deputato, è commendatore e dei pochi superstiti. Regalò ad Ivrea una ricca collezione di curiosità chinesi e giapponesi, che il Municipio collocò nel palazzo Giusiana esponendole al pubblico col titolo: *Museo Garda*.

Gardet (nobile Pietro), sottotenente d'artiglieria. Dichiarato meritevole di destituzione (27 *settembre* 1821) ma raccomandato al Re, e riammesso (6 *dicembre* 1821), perchè se servì in Alessandria, vi fu forzato.

Garelli (Giacomo) del notajo Giandomenico, da Sassello (Genova); capitano aiutante maggiore br. Genova, nominato maggiore (3 *aprile* 1821); cond. morte (*S. R. Del.* 19 *luglio* 1821). Fu questa una delle sole due sentenze capitali che fossero eseguite, epperciò finì compassionevolmente la vita col laccio il 21 luglio 1821.

Garello (Francesco), sergente nella brigata guardie. Nominato sottotenente negli Invalidi (18 *luglio* 1848).

Garidelli di Quincinetto (cav. Luigi), nizzardo, tenente all'artiglieria di Marina; destituito (15 *giugno* 1821).

Garrone (Andrea Antonio), da Pancalieri, capitano br. Piemonte, nominato maggiore (29 *marzo* 1821). Cond. cont. morte (*S. Sen. Tor.* 27 *ottobre* 1821). Per la confisca i suoi beni di Vigone andarono a *mano regia* e fruttarono lire 7480, 16 delle quali lire 4760, 65 provenivano da fondi presi in locazione dal conte Morra. La Camera dei conti assegnò tutto il prodotto per gli alimenti alla famiglia (*sent.* 22 *agosto* 1822).

Militò nella Spagna e vi fu prigioniero di guerra. Nel 1840 ottenne parte di grazia (18 *aprile*), intera nel 1842.

Gastaldi (Giambattista), sottotenente br. Alessandria; dopo essere stato dichiarato meritevole di destituzione (19 *giugno* 1821) e raccomandato, fu riammesso al servizio (30 *novembre* 1821) per essere stato conosciuto innocente.

Gatta, d'Ivrea, avvocato: trovossi a San Salvario.

Gaudina (cavaliere Bernardino), tenente colonnello, comandante del forte di Savona: demissionato senza uso dell'uniforme (8 *ottobre* 1821, *conf.* 22 *giugno* 1822), con pensione però. Sua colpa fu avere continuato a servire col conte Pastoris, dopo l'arresto del legittimo superiore cavaliere Massa.

Gaudina (Carlo), sottotenente br. Saluzzo. Dichiarato meritevole di destituzione (14 *giugno* 1842), ma raccomandato al sovrano e riammesso (6 *dicembre* 1821).

Gavotti, studente; fu a San Salvario.

Gavotto (Antonio), alfiere br. Genova, nominato capitano (3 *aprile* 1821), destituito (7 *giugno* 1821).

Gay (Giacinto), capitano br. Aosta, destituito (10 *settembre* 1821), in considerazione del carcere sofferto, condonatagli ogni ulteriore processura.

Gaztellù (cavaliere Filippo Giovanni Gioacchino), tenente br. Saluzzo, nominato capitano (3 *aprile* 1821), destituito (8 *giugno* 1821). Pensionato come capitano (10 *maggio* 1848).

Gazzone di Valmacca (cavaliere Felice), capitano br. Alessandria; dichiarato meritevole di destituzione (24 *maggio* 1821), ma raccomandato e riammesso (6 *dicembre* 1821).

Gerbaudo (Bonifacio), considerato disertore: lasciato rientrare negli Stati (*dispos. sovrana* 20 *settembre* 1842).

Gervino (Giuseppe), del fu Giuseppe, da Valenza, chirurgo; cond. cont. morte (*S. R. Del.* 24 *settembre* 1821).

Ghersi (Ferdinando), tenente nella Legione R. leggiera: Considerato disertore. Fu ferito nelle guerre spagnuole a Lladò. Gli fu largito il rimpatrio (*disp. sovr.* 31 *maggio* 1842).

Ghilliossi di Lemie (conte Gaspare Innocenzo), nato il 14 febbraio 1789 dal conte Giuseppe Ignazio, magistrato e scrittore e da Carlotta Arnaud di S. Salvatore. Era tenente br. Alessandria, nominato capitano (3 *aprile* 1821). Cond. cont. 10 anni di galera (*S. R. Del.* 23 *agosto* 1821), e godette dell'indulto dei 30 settembre successivo.

Ghini (marchese Niccolò Antonio), da Cesena, cornetta nei Cavalleggeri del Re; nominato capitano (28 *marzo* 1821), considerato per disertore. Ammesso a rientrare negli Stati (*disp. sovr.* 10 *settembre* 1842), giubilato come tenente (30 *maggio* 1848).

Giacchino (Carlo), da Bene, sottotenente br. Piemonte, nominato capitano

(29 *marzo* 1821), destituito (14 *agosto* 1821) e mandato a giudicare dalla R. Delegazione specialmente per avere dato il giuramento a società segrete. Cond. cont. 15 anni di galera (*S. Senato Torino* 13 *aprile* 1822).

Giacosa (Fortunato), sottotenente d'artiglieria. Giubilato come tenente (3 *giugno* 1848).

Gianetti (Alessandro), capitano in ritiro, destinato capitano br. Piemonte (29 *marzo* 1821). Privato del grado e dell'uniforme (21 *novembre* 1821) conservatagli però la pensione a titolo di sussidio.

Gillio (Pietro), del fu Giovanbernardo, da Vico (Ivrea), avvocato; fu a San Salvario; cond. cont. morte (*S. R. Del.* 28 *settembre* 1821).

Giolitti (Luigi) di Stefano, da Villafranca di Piemonte; alfiere nella brigata Aosta, nominato sottotenente nei Cacciatori della Cittadella di Torino (29 *aprile* 1821). Cond. cont. morte (*S. R. Del.* 6 *settembre* 1821). Combattè in Ispagna. Mandò un ricorso al Re e fu ammesso all'indulto (*R. Bigl. al Sen.* 21 *giugno* 1842).

Giordano (Giacomo), capitano nella br. Alessandria; dichiarato meritevole di destituzione (24 *maggio* 1821), ma raccomandato e riammesso a servire (6 *dicembre* 1821).

Girandi (Francesco), da Torino, caporale br. Aosta, sospeso per otto mesi (24 *settembre* 1821).

Giusiana (Rodolfo Carlo Giuseppe Luigi), tenente br. Alessandria; dichiarato meritevole di destituzione (24 *maggio*) ma per le buone informazioni, e per essere stato messo in aspettativa dalla Giunta (3 *aprile* 1821) raccomandato al Re e riammesso (6 *dicembre* 1821).

Glando (Giovan Luigi), sottotenente nella br. Aosta. Nominato capitano nella riserva (21 *aprile* 1848) e pensionato (16 *maggio* 1848).

Gloria (nobile Giuseppe), tenente nella Legione R. leggiera, capitano (4 *aprile* 1821) demissionato senza uso d'uniforme (25 *settembre* 1821 e 21 *giugno* 1821) per avere « appoggiato al battaglione il sentimento dei male intenzionati.... » Richiamato capitano nella riserva (22 *aprile* 1848) e poi negli Invalidi (16 *maggio* 1848).

Godetti (Giovanni), da S. Salvatore d'Alessandria, medico. Cond. cont. morte (*S. R. Del.* 20 *settembre* 1821).

Gola (Pietro) da Casale. Cond. cont. morte.

Gonella (Giuseppe), sergente nei Dragoni della Regina. Nominato sottotenente a riposo (27 *giugno* 1848).

Govone (Andrea), sergente nelle guardie; nominato sottotenente negli Invalidi (18 *luglio* 1848).

Gozzani (Paolo), avvocato. Fu a San Salvario.

Grasso (Cipriano), sottotenente d'artiglieria. Giubilato quale tenente (27 *giugno* 1848).

Grasso (Giuseppe), sottotenente nei Cavalleggieri di Piemonte; destituito (25 *maggio* 1821).

Grillot (Paolo), alfiere br. Genova, nominato capitano (3 *apri e* 1821). Dichiarato disertore.

Grondona (Francesco Lazzaro), sottotenente d'artiglieria. Nominato tenente negli Invalidi (30 *maggio* 1848).

Groppello di Borgone (conte Condisalvo), del conte Leopoldo, da Moncalieri, discendente da Gio. Battista grande ministro di Vittorio Amedeo II. Sottotenente br. Aosta; detenuto, cond. a 2 anni di carcere (*S. R. Del.* 23 *agosto* 1821).

Grosso (Edoardo), sottotenente aiutante di piazza a S.ᵗ Jean de Maurienne; demissionato senza l'uniforme (6 *settembre* 1821) ma per i lunghi servizi raccomandato per la pensione. Nominato tenente negli Invalidi (10 *giugno* 1848).

Gualta (Carlo), da Torino, studente di leggi; fu a San Salvario.

Guatteri (Lorenzo), cornetta nei Dragoni del Re; dichiarato disertore.

Guano (Francesco), da Fossano, sergente scudiere nei Cavalleggieri di Piemonte rimesso nel suo grado qualora si sottometta a servire 6 mesi come semplice soldato (28 *settembre* 1821).

Gubernatis (De) **di Gorbio** (cavaliere Marinetto), maggiore br. Saluzzo; meritevole di destituzione, ma solo demissionato (22 *maggio* 1821) senza uniforme conservando le decorazioni e la pensione, per antichi lunghi servizi.

Guglielmi (Giambattista), sottotenente brigata Piemonte; dichiarato (12 *luglio* 1821) meritevole di destituzione ma raccomandato e riammesso (6 *dicembre* 1821) perchè fra quelli che furono sedotti.

Guidetti (Carlo) del fu Giuseppe, da Alessandria. Cond. cont. 20 anni di galera (*S. Sen. Tor.* 21 *giugno* 1822).

Guidetti (Celestino), capitano in ritiro; privato (16 *ottobre* 1821) dell'uniforme e ridotto alla pensione alimentaria (*revis.* 17 *maggio* 1822) « per cattivi sentimenti pubblicamente esternati in ogni tempo e preso parte alle adunanze pubbliche contro il legittimo governo. » Nel 48 gli fu ridonato il grado e la pensione (3 *giugno*).

Hess (Giuseppe), capitano in ritiro; privato dell'uniforme e del grado (15 *ottobre* 1821), conservatagli la pensione « per i 73 anni di antichi servizi, e la numerosa famiglia. »

Heurteur (Giacomo), sottotenente br. Savoia, nominato capitano nei Cacciatori di Alessandria (31 *marzo* 1821) stato cancellato dai ruoli, confermatagli la decisione (23 *novembre* 1821) e dichiarato disertore. Fu pensionato come tenente (10 *giugno* 1848).

Icheri di Malabaila (cavaliere Angelo Maria Filiberto), tenente br. Regina; dichiarato meritevole di destituzione (8 *agosto* 1821), ma raccomandato e riammesso (6 *dicembre* 1821).

Icheri di San Gregorio (conte Luigi), cheraschese, sottotenente br. Saluzzo, nominato tenente (3 *aprile* 1821); destituito (8 *giugno* 1821), ma per la giovanile età raccomandato per una pensione. Giubilato come tenente (30 *maggio* 1848).

Icheri di San Gregorio (cav. Cesare), fratello di Luigi; sottotenente brigata Monferrato, nominato tenente (3 *aprile* 1821); per avere preso le armi coi ribelli dichiarato meritevole di destituzione (16 *giugno* 1821); ma raccomandato al Re per una pensione per « la sua buona condotta in Genova, dove col suo distaccamento contribuì a salvare dal saccheggio il palazzo ducale. »

Privato della spada si laureò nelle leggi (15 *giugno* 1829) e percorse la carriera amministrativa nel Ministero di Sardegna. Fu deputato e colonnello della guardia nazionale in Torino. Morì il 9 agosto 1857. Vive la figlia ma unica, vedova di fresco del conte Carlo Demaria.

Illiani (Tranquillo): alfiere nelle guardie, nominato capitano nei Cacciatori d'Alessandria (31 *marzo* 1821) dichiarato disertore; tenente a riposo (30 *maggio* 1848).

Iorio, avvocato; fu a San Salvario.

Iosti (Giovanni) da Mortara, nato nel 1799, studente di medicina. Fu a San Salvario ed alla fazione sotto Novara. Esulando da Genova salpò a Barcellona, combattè nelle guerriglie spagnuole, poi si rifugiò a Marsiglia dove campò lavorando di chimica, ed insegnando lettere ed abbaco. Rimpatriato si dedicò all'agronomia, e nel quarantotto eletto deputato fu dei più focosi per la indipendenza. Morendo il 26 agosto 1853 volle sentirsi sul capo un drappo tricolorato.

Ivaldi (Matteo) da Quattordio; sergente nei cavalleggeri del Re; mandato alla compagnia di disciplina del corpo franco (29 *agosto* 1821).

Ivaldi (Pietro), alfiere br. Alessandria, nominato tenente quartiermastro in 2° (3 *aprile* 1821), riconosciuto innocente (16 *maggio* 1821).

Laneri (Giambattista) del fu Domenico, da Verduno (Alba), tenente nei Carabinieri, comandante la stazione di S.ᵗ Jean de Maurienne, capitano aggregato alla br. Alessandria (27 *marzo* 1821). Già cancellato dai ruoli (17 *aprile* 1821), poi cond. morte (*S. R. Del.* 23 *agosto* 1821). L'indomani subì l'estremo supplizio, incontrandolo da forte. Furono egli ed il Garelli i soli che caddero vittime dei loro generosi errori.

Lasciava vedova Maria Gazza, e con essa due figlie Teresa Costamagna e Giuseppina. Il Re emanò a loro favore lettere Patenti (19 *ottobre* 1821) che dicevano: « volendo Noi che le ricorrenti possano conseguire tutto ciò che « loro appartiene senza costose formalità, e fatto per altra parte riflesso che il « reo avendo subito il suo supplicio non vi è da temere che l'implorato ab- « bandono (*delle ragioni della confisca*) possa servire a fomentare con nuovi « raggiri altri disordini nello Stato, ci siamo determinati di far sentire alle « ricorrenti gli effetti della Nostra Sovrana Clemenza.... » cioè il rilascio dei beni confiscati, e con altre Patenti (26 *ottobre* 1821) il condono d'ogni diritto e tassa.

Lanza (Matteo), da Mondovì, studente in leggi. Fu a San Salvario.

Lanzone (Battista), da Levone, procuratore. Di quei di San Salvario.

Lavagnino (Giuseppe), sottotenente br. Genova, capitano (3 *aprile* 1821), dichiarato disertore.

Leggi (cav. Cesare Antonio Maria Luigi), tenente br. Genova, capitano (3 *aprile* 1821). Destituito (20 *giugno* 1821).

Lengueglia (conte Giacomo Filippo), genovese, capitano br. Genova; destituito con 3 mesi di detenzione (28 *maggio* 1821), nominato maggiore negli Invalidi (30 *maggio* 1848).

Levamis (Francesco), capitano br. Cuneo. Nominato maggiore negl' Invalidi (30 *maggio* 1848).

Lombardi (Paolo), sergente nei dragoni del Re; nominato sottotenente di Invalidi (16 *maggio* 1848).

Loya (Domenico), tenente br. Saluzzo, nominato capitano (3 *aprile* 1821), destituito (10 *maggio* 1821).

Lunel di Cortemiglia (conte Giorgio Ottavio Savino Efisio), tenente brigata Monferrato, nominato capitano (3 *aprile* 1821), destituito (16 *giugno* 1821) ma raccomandato per una pensione tenuto conto delle « buone informazioni. » Nominato capitano d'Invalidi (16 *maggio* 1848), poi giubilato col grado di maggiore. Morì di 81 anni in Torino il 1° maggio 1876 lasciando numerosa figliuolanza dalla moglie Giulia Luserna Rorengo di Rorà.

Luzzi (Fortunato) del fu Fortunato, da Mortara, dottore in leggi, giudice a Sezzè, membro della giunta di Alessandria. Cond. cont. morte (*S. R. Del.* 19 *luglio* 1821). I suoi beni confiscati in Mede, diedero nel 1822 un frutto di L. 239, 45. Si suicidò a Newcastle, per una passione infelice.

Maccario (Domenico), furiere br. Piemonte. Nominato sottotenente a riposo (27 *giugno* 1848).

Maccario (Giambattista), sottotenente in aspettativa; per avere accettato servizio dalla giunta, privato dell' uso della uniforme (26 *ottobre* 1821), conservando la pensione a titolo di sussidio.

Macchia (Giovanni Antonio) da Montiglio; sergente nei Dragoni della Regina, nominato sotto aiutante maggiore (31 *marzo* 1821); cond. cont. morte (*s. sen. Tor.* 21 *gennaio* 1823). Andò nella Spagna.

Magliola (Francesco) del fu Pietro, da Chiavazza: chierico, ripetitore di logica; fu del gruppo di San Salvario. Cond. cont. morte (*S. R. Del.* 28 *settembre* 1821).

Magnetti (Carlo), sottotenente nei Cavalleggieri di Piemonte; Giubilato come tenente (1° *luglio* 1848).

Majone (Ercole) di Antonio, da Borgomanero, studente; nominato alfiere nei Cacciatori della cittadella di Torino (2 *aprile* 1821). Cond. cont. morte (*S. R. Del.* 6 *settembre* 1821). Morì nel 1825.

Malluverni (Giuseppe Antonio) da Brarola (Vercelli), avvocato: cond. cont. morte (*S. Sen. Tor.* 31 *gennaio* 1822). Segnalato dalla polizia come influente nelle sette. Nel 1831 da Londra trasferivasi a Parigi. Morì in Francia.

Mamelli (cav. Francesco), nato a Quarto (Cagliari) il 3 ottobre 1797 da un capitano di vascello. Dopo molte fazioni in mare, trovavasi in quest'anno capitano d'artiglieria di marina, e fu destituito (13 *giugno* 1821), perdonandogli la detenzione « per avere contribuito efficacemente in Genova a salvare dal saccheggio il palazzo ducale e la Tesoreria di marina. » Nel 1825 ebbe facoltà di entrare quale allievo ingegnere, nella scuola delle miniere in Moutiers, donde fu destinato in Sardegna a dirigervi la miniera Regia di Monteponi. Morì, in fresca età, il 4 gennajo 1847.

Mamell-Clavesana (Giovanni), tenente nella Legione reale leggiera, nominato capitano (4 *aprile* 1821); dichiarato meritevole di destituzione (25 *settembre* 1821), ma raccomandato al sovrano, e riammesso (6 *dicembre* 1821).

Mana (Luigi), sottotenente in Piemonte Reale; nominato tenente negl'Invalidi (16 *maggio* 1848).

Manara (Francesco). Tenente del porto di Savona: demissionato senza uso di uniforme (12 *ottobre* 1821 *conf. revis.* 17 *maggio* 1822) « per cattiva opinione e condotta indecente negli scorsi eventi. »

Mantelli (Cristoforo) di Giovanni, d'Alessandria; allora chierico e ripetitore di leggi. Cond. cont. 5 anni di galera (*S. R. Del.* 28 *settembre* 1821). Compreso nell'indulto di Carlo Felice. Si laureò avvocato, scrisse di giurisprudenza, ed alcune operette di erudizione patria. Fu eletto corrispondente della Deputazione di storia patria (4 *marzo* 1861).

Marchetti (Camillo), pensionato come capo battaglione proveniente da Francia; nominato maggiore comandante br. Piemonte e poi tenente colonnello (29 *marzo* 1821), privato della pensione (8 *novembre* 1821), per avere accettato dalla Giunta il grado di tenente colonnello.

Marchiandi (Carlo), capitano br. Piemonte; destituito (8 *maggio* 1821) ma annullata la decisione (30 *giugno* 1821), fu raccomandato al Re.

Marco (Carlo Vincenzo), tenente br. Aosta; dichiarato meritevole di destituzione (31 *luglio* 1821), ma raccomandato e riammesso (6 *dicembre* 1821).

Marentini (Antonio Maria) da Torino, sergente nei Cavalleggieri del Re; nominato cornetta (28 *marzo* 1821), retrocesso dal grado (29 *agosto* 1821).

Marentini (abate Pier Bernardo) saluzzese, nato il primo del 1764 da Giovannantonio e da Rosa Peyretti di Condove. Era zio materno dell'illustre conte Federigo Sclopis.

Ebbe rinomanza al tempo francese per certa missione ecclesiastica a Corfù. Napoleone ne lo rimeritò colla mitra di Piacenza, ma non ebbe le bolle. Nel 21 era canonico del capitolo Torinese, e presiedette la Giunta. Non fu condannato, ma dovette rimanersene più anni in Francia. Morì in patria il 2 maggio 1840.

Marino (Michele), sottotenente br. Genova. Dichiarato disertore.

Marocchetti (Giambattista) del fu Giovan Gabriele, da Biella, avvocato; Cond. cont. morte (*S. R. Del.* 3 *settembre* 1821). Continuò nell'esilio le congiure. Nel 1838 supplicò il Re acciò lo graziasse, ma non fu esaudito; fu però, dopo nuova domanda, compreso nell'indulto generale (*R. Bigl. al Sen.* 31 *maggio* 1842). Soleva vantarsi d'essere stato appiccato, per l'Italia, quattro volte. Scrisse libercoletti di politica; *Partage de la Turquie* (Paris 1827), ricucinato col titolo; *L'indépendance de l'Italie* (Paris, 1830); *L'Italie ce qu'elle doit faire* *pour figurer enfin parmi les autres nations* (Paris, 1837) al quale rispose irosamente il cav. Del Pozzo col suo: *Insigne mensonge de J. B. Marochetti* (Paris, 1837); *Parlata ai Biellesi di un vecchio soldato della chiesa militante* (1848).

Marossero (Bartolomeo) da Paesana, caporale br. Piemonte; retrocesso dal grado (21 *aprile* 1821).

Martini (Giovanni), capitano br. Alessandria; meritevole di destituzione (24 *maggio* 1821), ma raccomandato e riammesso in servizio (6 *dicembre* 1821).

Marvaldi (Clemente), di Giambattista, da Saorgio, capitano br. Aosta; milite dell'ordine di Savoia (4 *aprile* 1816). Cond. cont. morte (*S. R. Del.* 6 *settembre* 1821). Il Vannucci (*mart.* 153) lo dice ucciso in Ispagna dove era tenente colonnello nei guerriglieri. Io invece trovo notato come dopo avere ottenuto una prima grazia (3 *novembre* 1834) fosse compreso nell'indulto del 1842. I suoi beni confiscati, diedero nel 1823 L. 433.

Masnata (Fortunato); furiere maggiore nella br. Genova, nominato capitano ajutante maggiore (3 *aprile* 1821). Nominato sottotenente d'Invalidi (4 *luglio* 1848).

Massa (Carlo Giuseppe), di Filippo, d'Asti, avvocato e ripetitore di leggi. Fu dei principali di San Salvario. Cond. cont. morte (*Sent. R. Del.* 28 *settembre* 1821). Ottenne una prima grazia nel 1837 (10 *gennaio*) e poi fu compreso nell'indulto del 1842. Prima lavorava nella tipografia Elvetica di di Lugano. Ne fa un brioso elogio il Brofferio (*Miei tempi*, X, 170).

Masserano (Carlo), tenente ajutante maggiore d'artiglieria. Demissionato senza uso dell'uniforme (8 *ottobre* 1821). Fra le altre rinfacciavangli la colpa « di testa riscaldata.... e di avere assistito al pranzo patriottico dato dai ri- « belli li 3 aprile al caffè delle Indie a Torino. » Pensionato come capitano (16 *maggio* 1848).

Massola (Nicolò Carlo); sottotenente dei cacciatori della Regina; soltanto demissionato senza uso dell'uniforme, per riguardo alla fresca età (10 *agosto* 1821). Giubilato come tenente (16 *maggio* 1848).

Mattone di Benevello (conte Uberto); capitano nella br. Alessandria; demissionato, coll'uso però dell'uniforme e delle decorazioni (9 *maggio* 1821). Dichiarato maggiore a riposo (10 *giugno* 1848).

Mattana (Gioachino), sottotenente ne' cavalleggieri di Piemonte, nominato tenente (31 *marzo* 1821), destituito (23 *maggio* 1821).

Mauris (Pietro Giuseppe), di Antonio Filiberto, d'Annecy; sottotenente br. Alessandria, tenente (3 *aprile* 1821), destituito (27 *maggio* 1821) e rimandato alla Delegazione; cond. cont. 10 anni di galera (*S. R. Del.* 23 *luglio* 1821).

Medecin (Giovanni), alfiere nell'artiglieria di marina, sottotenente (6 *aprile* 1821); destituito (15 *giugno* 1821); nominato tenente negli Invalidi (29 *maggio* 1848).

Melazzi di San Bartolomeo (conte Girolamo), capitano br. Monferrato; destituito con una detenzione di 4 mesi (23 *marzo* 1821). « Nel leggere ai

« suoi soldati, in Casale, l'ordine del giorno del Latour; ommise le parole:
« *in Novara luogo di riunione dei fedeli sudditi del Re.* » Giubilato come
maggiore (16 *maggio* 1821).

Mells (Luigi), capitano nell'artiglieria di marina; destituito (15 *giugno* 1821)
liberandolo dalla detenzione.

Menada, da Valenza, studente in leggi; si trovò a San Salvario.

Michelini di S. Martino (cavaliere Alessandro) fratello del conte Giambattista. Nacque a Levaldiggi (Savigliano) nel 1804. In quest'anno 1821 era
sottotenente nel 2° reggimento dell'artiglieria di marina; fu destituito (15 *giugno* 1821), ma raccomandato al Re per una pensione « avuto riguardo alla
« giovanile età, alla condotta precedente ed alla poca esperienza. » Doveva
vivere per alcun tempo relegato a Carmagnola. Preferì spatriarsi, navigando
pel commercio nelle Americhe. Di ritorno in paese collaborò in giornali letterari e specialmente nelle *Letture* del Valerio, prima dette *popolari*, poi di
famiglia. Dopo lo Statuto fu riconosciuto come tenente, prima nella riserva
(22 *aprile* 1848), poscia a riposo (6 *giugno* 1848); fu più volte deputato e
sindaco di Fossano. Dove morì il 24 novembre 1864, lasciando vedova e
figli. Oltre a due racconti: *L' Esule* (Fossano 1841) ed *Il Fallito* (Torino 1842),
lasciò una *Storia della marina militare del cessato Regno di Sardegna dal
1814 al 1861* (Torino, 1863) ed inedite due vite, del conte Rossi segretario
di Stato del Re in Sardegna, e di Mons. Melano di Portula, suoi zii.

Michelini (Giambattista), terzo conte di **San Martino** di Cherasco, primogenito del conte Policarpo, prese parte alle *dimostrazioni* del 21, e col Muschietti accompagnò Carlo Alberto dalla cittadella al palazzo reale sventolandogli ai fianchi la bandiera tricolore. Non conosco su lui, condanna precisa.
È vivente, siede nel Senato del Regno, dopo esser sempre stato eletto deputato. Scrisse e scrive con autorità, di economia politica e di politica.

Miglio (Giuseppe) da Torino; caporale nella br. Piemonte; mandato alla
compagnia di disciplina del Corpo franco (24 *aprile* 1821).

Millelire (Giovanni), sottotenente nel 2° reggimento dell'artiglieria di marina, destituito (15 *giugno* 1821*)*.

Moccagatta (Giovanni Angelo), alfiere nella br. Regina; demissionato senza
uso dell' uniforme (2 *novembre* 1821). Giubilato come tenente (16 *maggio* 1848).

Moda (Eugenio) del fu Felice, da Torino; sottotenente br. Alessandria;
nominato tenente (3 *aprile* 1821), cond. galera perpetua (*S. R. Del.* 23 *agosto* 1821) e condotto « colle esemplarità maggiori » presso al patibolo il sabato 25 agosto.

Ebbe parte di grazia nel 1839 (28 *settembre*), fu amnistiato nel 1842, e
nel 1848 chiamato nella riserva come tenente (22 *aprile*) e poi negli Invalidi (16 *maggio*).

Moffa di Lisio (conte Guglielmo), figlio del maggior generale conte Corrado, e di Adelaide Duchi della Cassa, sorella della Marchesa Alfieri; nato in Torino, capitano ne' cavalleggieri del Re, maggiore (28 *marzo* 1821). Cond. cont. morte (*S. R. Del.* 19 *luglio* 1821).

Liberato in parte dagli effetti della condanna l' 11 dicembre 1832, ed amnistiato nel 1842.

Fu ministro del Re Carlo Alberto nel 1848 (*luglio* - 15 *agosto*). Morì celibe in Torino, di 86 anni, il 23 dicembre 1877, lasciando una memoria molto rispettata, per la sua austera onestà e per la inesauribile sua beneficenza.

Moglia (Lodovico), di Pio, da Candelo; capitano br. Alessandria. Cond. 5 anni di galera (*S. R. Del.* 23 *agosto* 1821).

Molinari (Giuseppe), furiere maggiore nelle guardie; nominato sottotenente degli Invalidi (10 *giugno* 1848).

Molinati (Felice), tenente de' granatieri br. Aosta; destituito (18 *giugno* 1821) e rimandato alla R. Delegazione. Nominato capitano nella riserva (22 *aprile* 1848).

Molinati (Giovanni), capitano br. Saluzzo; destituito (8 *giugno* 1821), condonandogli la detenzione.

Montegrandi (Gaspare), da Torino; caporale br. Aosta; sospeso per 8 mesi (28 *settembre* 1821)

Monteregale (Paolo), sottotenente br. Genova; dichiarato meritevole di destituzione (11 *luglio* 1821); ma raccomandato e riammesso (6 *dicembre* 1821).

Monticelli (cav. Luigi Gaspare) del fu cavaliere Giovanni Antonio, Vercellese, tenente br. Aosta, destituito (12 *luglio* 1821) e cond. cont. morte (*S. R. Del.* 6 *settembre* 1821). Ebbe una prima grazia ai 29 del 1839, poi fu amnistiato nel 1842 e pensionato come capitano (16 *maggio* 1848). Nel 1823 i beni a lui confiscati produssero L. 600.

Monzani (Pietro), capitano br. Monferrato, nominato tenente colonnello (3 *aprile* 1821) e riconosciuto maggiore negli Invalidi (16 *maggio* 1848).

Morelli (cav. Pietro), sottotenente nel genio; dichiarato meritevole di destituzione (17 *settembre* 1821) e raccomandato alla clemenza regia.

Morlondo (Lodovico), brigadiere nei Carabinieri, nominato sottotenente negli Invalidi (27 *giugno* 1848).

Morone (Giambattista), furiere nella br. Alessandria, nominato sottotenente d' Invalidi (27 *giugno* 1848).

Morozzo di Magliano e di San Michele (conte Carlo Vittorio) del fu conte Pietro Amedeo e di Giovanna Maria Filippone, da Torino; colonnello dei Cavalleggeri di Piemonte, cavaliere Mauriziano; cond. cont. morte (*S. R. Del.* 19 *luglio* 1821). Si rifugiò in Francia dove morì a Bourges il 18 novembre 1838. Lasciò un figlio naturale, dello stesso nome del padre, legittimato da Carlo Alberto nel 1840, che fu tenente nei Carabinieri e morì nel 1849 di ferita toccata il 25 marzo sotto alle mura di Casale.

Morozzo di Magliano (cavaliere Filippo Giacinto) fratello del precedente, capitano di stato maggiore, destituito (20 *agosto* 1821), nominato maggiore (16 *maggio*) poi tenente colonnello (10 *ottobre* 1848) a riposo. Morì in Torino di 73 anni l' 11 marzo 1856.

Morrero (Luigi), sottotenente nel 2° battaglione di guarnigione, destituito (24 *settembre* 1821) anche per « avere proclamata la costituzione, prima dell'abdicazione del Re. »

Moschetti (Stefano), sottotenente br. Cuneo: dichiarato meritevole di destituzione (6 *agosto* 1821) ma, siccome aveva subito colpevoli influenze, così solo demissionato senza uso della uniforme. Giubilato come tenente (30 *maggio* 1848).

Mourgues de S. Germain (cavaliere Luigi Francesco Mauro), tenente dei granatieri br. Monferrato. Destituito (14 *maggio* 1821) ma raccomandato per la pensione.

Muschietti (Pietro), del banchiere Lodovico, da Torino; cond. cont. morte (*S. R. Del.* 6 *settembre* 1821). Al padre, pel dolore, diè volta il cervello. Egli vagò misero e bisognoso e morì al Messico trucidato da' ladri.

Musso di Montesanto (cav. Antonio), capitano br. Saluzzo: destituito (10 *maggio* 1821), perdonandogli la detenzione che avrebbe meritata. Nominato maggiore d'Invalidi (16 *aprile* 1848).

Muzio (Vincenzo), tenente nell'artiglieria di marina; demissionato senza uso dell'uniforme (15 *giugno* 1821). Giubilato come capitano (16 *giugno* 1848).

Nanis (cav. Michelangelo), capitano br. Piemonte; dichiarato meritevole di destituzione (12 *luglio* 1821) ma raccomandato e riammesso (6 *dicembre* 1821) essendo già stato fregiato di medaglia d'oro per i suoi lunghi servizii.

Nasi (cav. Antonio), tenente nella Legione reale leggiera; dichiarato meritevole di destituzione (25 *settembre* 1821) ma raccomandato e riammesso (6 *dicembre* 1821).

Negri (Giuseppe Maria) di Giambattista da Frassinetto, sottotenente br. Alessandria, nominato tenente (3 *aprile* 1821), destituito (28 *maggio* 1821) e rimandato alla R. Delegazione per la tentata sommossa in Savoia. Cond. cont. 10 anni di galera (*S. R. Del.* 23 agosto 1821).

Negro (Di) (nobile Domenico), capitano br. Genova, milite di Savoia (3 *luglio* 1816) in iscambio della legion d'onore, promosso maggiore (1° *aprile* 1821), destituito (8 *maggio* 1821) ma annullata la decisione (*Revis.* 30 *giugno* 1821) raccomandato al Re e riammesso al servizio (30 *novembre* 1821).

Negro (Di) (nobile Felice Giacomo Filippo), maggiore nel 2° reggimento di artiglieria di marina. Destituito (13 *giugno* 1821) e rimandato alla R. Delegazione. La Giunta l'avea promosso a tenente colonnello (6 *aprile* 1821).

Negro (Giuseppe) da Torino, furiere br. Aosta, nominato sottotenente nei Cacciatori della Cittadella (2 *aprile* 1821), trasferto nei Cacciatori franchi (12 *settembre* 1821).

Niccolini; d'Agliano, studente in leggi, della falange di S. Salvario.

Nocetto (Emanuele), sottotenente br. Genova, nominato capitano (3 *aprile* 1821) dichiarato disertore.

Novelli (Giovannantonio), capitano d'artiglieria. Dichiarato meritevole di destituzione (19 *settembre* 1821) e raccomandato.

Novellis (cav. Filippo Maria Michele), capitano nei cavalleggeri di Piemonte, destituito (25 *maggio* 1821) con 8 mesi di detenzione condonatagli ogni maggior pena « per il notevole vantaggio portato al R. servizio avendo ricondotto in ordine la sua divisione a Fossano. »

Novellone di Scandaluzza (conte Giuseppe), sottotenente br. Saluzzo, nomineto tenente (5 *aprile* 1821), destituito (8 *giugno* 1821), raccomandato per la pensione. Giubilato come tenente (30 *maggio* 1848).

Oberti (Carlo), da Rivara, studente di leggi; fu a San Salvario.

Oggero (Filippo), furiere br. Regina; giubilato come sottotenente (11 *luglio* 1848).

Olivero (Francesco), cornetta nei cavalleggeri del Re, nominato sottotenente (3 *marzo* 1821), considerato disertore.

Ollino (Secondo), da Rocca d'Arazzo, studente di medicina; fu a S. Salvario.

Operti (nobile Carlo Francesco), sottotenente br. Alessandria; dichiarato meritevole di destituzione (28 *maggio* 1821), ma raccomandato e riammesso (6 *dicembre* 1821).

Oreglia (Francesco) di Giovanni Antonio, da Bene, ripetitore di matematiche; cond. cont. morte (*S. R. Del.* 28 *settembre* 1821). Militò in Ispagna, poi si ricovrò nel Belgio, dove morì pazzo.

Orengo (Benedetto) da Villafranca al mare, caporale nell'artiglieria di marina; condannato a terminare la ferma come soldato (8 *settembre* 1821).

Ornato (Luigi), letterato e filosofo, celebre più che per gli scritti pubblicati, per i consigli dati e per la dottrina che manifestava in discorsi che agli uditori ed amici suoi parevano maravigliosi.

Basti dire che nel 21 era impiegato nella Segreteria dell' Accademia delle scienze, e che stimandosi compromesso prese volontario la via dell'esilio. Visse dal 13 aprile 1787 al 28 ottobre 1842. Ne scrissero di proposito, il Bertini, il Picchioni e l'Ottolenghi.

Osasco (Antonio), capitano br. Saluzzo: destituito (29 *maggio* 1821). Giubilato come maggiore (3 *giugno* 1848).

Osella (Giuseppe) del fu Gaspare, da Barbania. Milite dell'ordine di Savoia (11 *settembre* 1816) avuto in cambio della legione d'onore; già sergente nei zappatori del genio, poi sottotenente br. Aosta, destituito (19 *giugno* 1821) poi cond. cont. morte (*S. R. Del.* 6 *settembre* 1821). I suoi beni confiscati, nel 1823 diedero, nel comune di Rivara, L. 310, 85. Fu nominato tenente nella riserva (21 *aprile* 1848).

Ostorero (Michele) da Coazze, sergente br. Piemonte; trasferto al corpofranco (24 *aprile* 1821).

Pacchiarotti (cav. Giuseppe) di Lazaro, da Castelnuovo Scrivia: capitano della br. Aosta, milite di Savoia (31 *gennaio* 1816) in cambio della corona ferrea. Tenente colonnello (3 *aprile* 1821); cond. cont. morte (*S. R. Del.* 25 *agosto* 1821) e per decreto del Consiglio dell'ordine mauriziano (*stesso giorno*) fu dichiarato non avere egli mai legittimamente appartenuto alla milizia mauriziana, e venirne, ad ogni modo, privato della croce. I beni confiscatigli a Tortona diedero nel 1823 lire 354, 79.

Ferito nel 1823 in Ispagna, piuttosto che lasciarsi amputare, disperatamente s' uccise.

Pacoret de Saint Bon (cav. Luigi), sottotenente br. Genova; destituito (22 *giugno* 1821).

Pagani (Gaspare Michele) da San Giorgio di Lomellina, nato il 12 febbraio 1796. Laureato ingegnere (9 *gennaio* 1817) fu addetto alla Zecca, trovossi alla falange di San Salvario e per prudenza abbandonò il paese, riparando nella Svizzera e poi nel Belgio deve ebbe cattedra di geometria e di meccanica nell' università cattolica di Louvain. Morì il 10 maggio 1855. Era corrispondente dell' accademia delle scienze di Torino (17 *febbraio* 1837) e membro di quella di Bruxelles. Scrisse molte memorie matematiche. Vedi: QUÉRARD, *France litt.* — GILBERT, *notice sur la vie de P.* Bruxelles, 1856 — *Annuario Lomellino*: II, 202.

Palma di Cesnola (conte Alerino); nato il 21 luglio 1776 in Rivarolo, dal conte Carlo Emanuele e da Irene Grassotti: presidente del tribunale d'Ivrea, al tempo dei francesi, alla restaurazione avvocato patrocinante; nominato capo politico d' Ivrea; cond. cont. morte (*S. Sen. Tor.* 13 *aprile* 1822), coi beni confiscati che nel 1823 produssero L. 1397, 50; graziato in parte (5 *maggio* 1840), compreso nell'amnistia del 1842, e decorato della croce mauriziana nel 1849. Anche al tempo della relegazione, la regina Maria Cristina pagava del proprio per educare in Ivrea una figliuola di Alerino.

Uscito dal paese combattè nella Spagna; poi fu a Londra ed in fine ad Atene dove morì, consigliere di cassazione, il 10 luglio 1851.

Scrisse in francese sulla nostra rivoluzione, in inglese su quella greca, in greco moderno su oggetti politici e legali, ed anche un trattatello dell' *arte di fare e conservare i vini.*

Palma di Borgofranco (cav. Isidoro) del conte Flaminio; nato a Moûtiers, capitano br. Genova, fu della Giunta di Alessandria. Cond. morte (*S. R. Del.* 23 *agosto* 1821). Stava egli nelle carceri di Torino, ma siccome era stato arrestato sopra una nave approdata a Monaco per isforzo di burrasca così non si considerò prigioniero di buona presa, e fu scortato ai confini.

Ricevè una prima grazia (12 *agosto* 1836) e venne compreso nell'amnistia del 1842. Fu giubilato come maggiore (27 *giugno* 1848).

Paltrinieri; da Pieve di Cairo, studente di leggi: fu a San Salvario.

Panario (Gaetano), capitano nella Legione R. Leggiera, cavaliere mauriziano e dell'ordine di Savoia (11 *settembre* 1816) nominato maggiore (31 *marzo* 1821) demissionato senza uso dell'uniforme (25 *settembre* 1821) ma raccomandato alla clemenza regia.

Pannoccleschi dei conti d'Elci (cavaliere Angelo), sottotenente nei Cavalleggeri di Piemonte, destituito (9 *maggio* 1821).

Pansa (Pietro Giorgio), del fu Antonio, brigadiere nei carabinieri a Felizzano: cond. cont. morte (*S. Sen. Tor.* 31 *gennaio* 1822). Ammesso, dietro ricorso al Re, nell'indulto generale (*R. Bigl. al Sen.* 14 *giugno* 1842).

Pansoya (Paolo), aiutante maggiore, con grado di capitano nel 2° battaglione di guarnigione; demissionato senza uso dell'uniforme (24 *sett.* 1821, *conferm. revis.* 15 *maggio* 1822). Fra le altre colpe addebitategli vi era quella di avere fatto preparare coccarde tricolori.

Paoletti di Rodoretto (conte Giuseppe Vincenzo), sottotenente nella Legione R. leggiera; destituito con 2 mesi di detenzione (3 *agosto* 1821). Facevangli anche carico di avere consegnato al marchese di Caraglio un'ordine del tenente colonnello della Manta.

Paretti (Lorenzo), sottotenente br. Genova; non giudicato degno di punizione e raccomandato per la riammissione; concessagli (6 *luglio* 1821).

Paroldo (Francesco), sottotenente d'artiglieria; destituito con 4 mesi di detenzione (4 *agosto* 1821).

Paroldo (Giuseppe Maria), sottotenente br. Genova; raccomandato in « modo speciale » per essere riammesso, come lo fu (30 *luglio* 1821).

Paroletti (Eugenio), aiutante di piazza, con grado di capitano, a Novi; demissionato senza uso di uniforme (23 *agosto* 1821), per avere accettato servizio attivo nella br. Aosta (1° *aprile* 1821).

Paroletti (Giulio Cesare), sottotenente nei cacciatori italiani; demissionato senza l'uniforme (24 *settembre* 1821, *conf. revis.* 15 *maggio* 1822).

Partenopeo (nobile Francesco), sergente nella br. Genova, nominato sottotenente (3 *aprile* 1821) considerato disertore; ferito nel 1823 in Spagna; compreso nell'indulto del 1842; sottotenente d'Invalidi (4 *luglio* 1848).

Pastoris di Saluggia (conte Tomaso) del fu conte Maurizio, da Torino; tenente colonnello, comandante de'Cacciatori franchi in Savona; detenuto nella cittadella di Torino; cond. galera perpetua, previa la degradazione (*S. R. Del.* 1° *ottobre* 1821).

Patrucco (Domenico), cornetta nei Dragoni del Re, nominato tenente (28 *marzo* 1821) considerato disertore, ammesso a rientrare negli Stati (*disp. sovr.* 3 *settembre* 1842); tenente negli Invalidi poi capitano (11 *novembre* 1848).

Pavia di Scandaluzza (cav. Giuseppe Maria Battista) del fu conte Baldassarre Roberto, e di Giuseppa Patellani, da Pinerolo, tenente nei Cavalleggeri di Savoia, nominato capitano (27 *marzo* 1821); cond. cont. morte (*S. R. Del.* 28 *maggio* 1821). Fu compreso nell'indulto del 1842.

Pecorara (cav. Antonio), sottotenente nei cavalleggeri del Rè, nominato tenente (28 *marzo* 1821), dichiarato disertore.

Pelissone (Ferdinando), capitano br. Saluzzo; destituito (12 *maggio* 1821, *conf. revis.* 30 *novembre* 1821).

Pelizzari (Giuseppe) da Valenza, caporale nell'artiglieria di marina; condannato a terminare la ferma come soldato (8 *settembre* 1821).

Pellati (Giuseppe), cornetta nei dragoni del Re, nominato tenente (28 *marzo* 1821), dichiarato disertore.

Pellegrini, savoiardo, studente. Fu a San Salvario e ne diede una notizietta per le stampe (V. *Bibliografia*).

Pellico (Silvio). L'aureo scrittore delle *Mie prigioni* non figura qui, che come piemontese. Ebbe condanna di morte, ma a Verona dall'Austria (6 *dicembre* 1821) commutata nella dura pena di 15 anni allo Spielberg (6 *febbraio* 1822).

Perelli (Giambattista), sottotenente de' Carabinieri nella Legione R. leggiera destituito. (3 *ottobre* 1821) e raccomandato per la pensione di ritiro.

Perini (Giuseppe), alfiere br. Aosta, dichiarato meritevole di destituzione (6 *luglio* 1821), ma raccomandato e riammesso al servizio (21 *luglio* 1821).

Perotto (Giambattista) da San Didier, caporale br. Aosta; sospeso per otto mesi (27 *settembre* 1821).

Perron (Du) de Minzier (vassallo Antonio) del fu vassallo Tomaso, da Pinerolo, capitano nella br. Alessandria, nominato capitano de' granatieri (3 *aprile* 1821); cond. cont. galera perpetua (*S. R. Del.* 3 *agosto* 1821). Giubilato come maggiore (1° *luglio* 1848).

Perrone (Carlo Cesare), furiere br. Aosta; nominato sottotenente nei cacciatori della cittadella (2 *aprile* 1821) e poi negli Invalidi (4 *luglio* 1848).

Perrone-San Martino (cav. Cesare Valentino) del cav. Giacinto, maggior generale. Era studente di leggi e fu a San Salvario. Lasciò un figlio dalla consorte Adele Martin di San Martino.

Perrone-San Martino (conte Ettore) del conte Carlo Francesco Giuseppe e di Paola Argentero di Bersezio, nato il 12 gennaio 1788, nominato luogotenente colonnello dei cacciatori d'Ivrea (20 *marzo* 1821); cond. cont. morte (*S. R. Del.* 10 *agosto* 1821) graziato in parte (11 *dicembre* 1832) e poi coll'indulto generale. In Francia, dove sposò Yenny Fay de la Tour Maubourg, ottenne la grande naturalizzazione. Dopo il 1848 ebbe il grado di tenente generale e presiedette il consiglio dei Ministri. È l'eroe della sventurata battaglia di Novara, e perì di ferite il 26 marzo 1849.

Perussio (Lorenzo Luigi), tenente br. Genova, demissionato senza uso d'uniforme (6 *luglio* 1821).

Pesante (Pietro), sergente br. guardie. Giubilato come sottotenente (4 *luglio* 1848).

Petrini, sottotenente nella Legione R. leggiera, destituito (6 *settembre* 1821) « per avere con segni chiamato fuori la guardia del palazzo ducale in Genova eccitandola ad abbandonare il posto. »

Pettinati (Pietro), sottotenente nei cacciatori italiani, demissionato senza uso dell'uniforme (25 *settembre* 1821, *conf. revis.* 15 *maggio* 1822).

Piazza (Lodovico), sergente nei cavalleggieri del Re, nominato sottotenente d'Invalidi (11 *luglio* 1848).

Picchioni (Girolamo) da Carbonara (Lomellina), nato in gennaio del 1792. Nel giugno 1812 si laureò in scienze fisico-matematiche a Pavia, poi servì ne' campi e trovossi a Bautzen sottotenente di cavalleria. In questi moti del 21 fu col fratello suo compromesso e cond. cont. a galera perpetua (*S. Sen. Tor.* 16 *gennaio* 1822). Esulò e visse in Francia, Svizzera, Belgio, Germania ed Inghilterra, insegnando e scrivendo. Della sua vita politica in questo frattempo non voglio dire. Avuta una grazia parziale nel 1836 (22 *ottobre*) e completa nel 1842, ritornò in Piemonte nel 1850 occupato in uffici di pubblica istruzione. Morì a Pavia il 7 dicembre 1873. L'opera sua più nota è la traduzione dei *Ricordi di Marco Aurelio.*

V. Ottolenghi (Leone) *della vita e degli scritti di G. Picchioni:* Firenze 1874.

Picchioni (Luigi), fratello di Girolamo; cond. cont. galera perpetua (*S. Sen. Tor.* 16 *gennaio* 1822).

Piccia (Giovanni), capitano d'artiglieria di guernigione, con grado di maggiore; dichiarato meritevole di destituzione (6 *agosto* 1821), ma solo demissionato senza uso dell'uniforme e raccomandato per la pensione di ritiro. Perchè, quantunque avesse servito in Alessandria, pure agli 11 marzo si rese a Gavi, e riportò a quelle truppe fedeli le munizioni. Re Carlo Alberto lo decorò della dignità baronile ereditaria (20 *ottobre* 1838), e gli diede il grado di tenente colonnello a riposo (16 *maggio* 1848). Morì il 30 marzo 1858, lasciando figli.

Pignocchino (Giuseppe), furiere br. Piemonte, nominato sottotenente (1° *aprile* 1821) e poi negl'Invalidi (27 *giugno* 1848).

Plaisant (Pietro), tenente nel genio; demissionato senza uso dell'uniforme (7 *giugno* 1821). Giubilato come maggiore (11 *novembre* 1849).

Plasso (Giovanni), del fu Lorenzo, d'Asti; tenente nella Legione R. leggiera; cond. cont. morte (*S. Sen. Tor.* 21 *giugno* 1822). Ricorse al Re per rientrare e fu ammesso all'indulto del 1842 (*R. Bigl. al Sen.* 27 *settembre* 1842). Servì in Ispagna; fu messo a riposo come capitano (6 *giugno* 1848).

Podestà (Domenico), sottotenente nell'artiglieria di marina. Destituito con 2 mesi di detenzione (13 *giugno* 1821).

Podio (Carlo), brigadiere dei carabinieri: sottotenente a riposo (4 *luglio* 1848).

Poggi (Pasquale), da Castel Ratti, caporale d'artiglieria di marina; sospeso per 6 mesi (28 *settembre* 1821).

Pola (Giuseppe), furiere maggiore br. Aosta, nominato sottotenente negli Invalidi (4 *luglio* 1848).

Pollano (Giambattista), di Agostino, da Moretta, avvocato fiscale in Vallesesia, poi a Biella; cond. cont. morte (*S. R. Del.* 3 *settembre* 1821). Graziato in parte (10 *settembre* 1826), poi ammesso all'indulto del 1842.

Pollone (Giuseppe) di Antonio, da Torino, avvocato; cond. cont. morte (*S. R. Del.* 28 *settembre* 1821). Graziato in parte (24 *maggio* 1836) e poi per intero nel 1842.

Pollone (Ignazio), studente di matematiche; fu di quei di San Salvario. Divenne professore di matematica e rettore della Università di Torino, segretario generale del Ministero della pubblica istruzione, e morì in Torino il 10 febbraio 1862.

Pollotti di Zumaglia (cav. Leone), sottotenente br. Alessandria, destituito (17 *marzo* 1821) e rimandato alla R. Delegazione. Giubilato come tenente (16 *maggio* 1848).

Pollotti di Zumaglia (cav. Valentino), sottotenente br. Monferrato, destituito (15 *maggio* 1821). Divenne esattore a Peveragno, e fu ammesso a riposo come tenente (17 *giugno* 1848).

Ponso (Giuseppe), cornetta nei cavalleggieri del Piemonte, nominato sottotenente (3 *aprile* 1821), dichiarato meritevole di destituzione (25 *maggio* 1821), ma riammesso (6 *dicembre* 1821).

Ponzani (Francesco); alfiere br. Alessandria; destituito (5 *giugno* 1821). Giubilato come tenente (16 *maggio* 1848).

Ponzio-Vaglia (Giacomo); tenente nell'artiglieria di marina; destituito (23 *giugno* 1821) perdonandogli la detenzione « per avere contribuito a Ge- « nova a salvare dal saccheggio il palazzo del Governatore e la Cassa del « Tesoriere di marina. » Messo a riposo come capitano (16 *giugno* 1848) ed aveva già i distintivi di maggiore.

Porcellana (Francesco Bernardino), tenente br. Regina; demissionato senza uso dell'uniforme (2 *novembre* 1821), messo a riposo come capitano (30 *maggio* 1848).

Porro (Felice), sottotenente br. Monferrato; destituito (1 *maggio* 1821), giubilato come tenente (6 *giugno* 1848).

Pozzo (Dal) della Cisterna (principe Emanuele), nato a Torino il 16 gennaio 1784, dal principe Giuseppe Alfonso († 31 *marzo* 1819), e da Carlotta Teodora Balbis di Sambuy († 19 *novembre* 1817).

Servì la principessa Paolina Borghese, di poco casta e savia memoria, siccome scudiere. In questi moti fu de' capi, in apparenza, ma inconscio delle segrete mene delle vendite centrali. Imprigionato prima che scoppiassero, fu subito tolto dalla carcere (14 *marzo*) e nominato maggiore nella guardia nazionale (20 *marzo*). Cond. cont. morte (*S. R. Del.* 10 *agosto* 1821), e la sua effigie fu appesa al patibolo il 14 agosto. I beni confiscati gettarono all'erario, nel 1822, lire 112,934 26.

Ebbe grazia in parte (11 *dicembre* 1832), e licenza di rientrare per poco negli Stati; poi fu ammesso all'indulto del 1842. Quindi nominato Senatore del Regno, fra i primi. Dalla moglie Lodovica Carolina Ghislaine De Merode, sorella della principessa di Monaco, ebbe la principessa Vittoria, che cinse la corona ducale di Casa Savoja, e la regia di Spagna, e lasciò tanta eredità di affetto e di compianto.

Pozzo (Dal) (cavaliere Ferdinando), da Moncalvo. — Vedi il testo.

Pozzo (Dal) (cavaliere Giuseppe), sottotenente br. Saluzzo; destituito (12 *giugno* 1821); giubilato come tenente (16 *luglio* 1848).

Prandi (Fortunato), di Giuseppe, da Camerana; sottotenente in aspettativa ed impiegato nelle regie Poste, nominato tenente nella colonna mobile costituzionale (31 *marzo* 1821). Cond. cont. morte (*S. R. Del.* 28 *settembre* 1821).

Fu compreso in indulto parziale del 1839 (18 *luglio*) ed in quello generale del 1842.

Prati (cav. Guglielmo Carlo Francesco), tenente br. Genova; raccomandato per la riammessione (6 *luglio* 1821), ottenuta (28 *luglio*).

Prato (Giambattista), sergente nei Dragoni del Re; nominato sottotenente (28 *marzo* 1821), e poi negli Invalidi (16 *luglio* 1848).

Prina (Giuseppe), da Candia, avvocato; cond. cont. morte; graziato in parte (16 *novembre* 1841) e compreso nell'amnistia del 1842.

Provana di Collegno (cavaliere Giacinto) nato in Torino il 4 giugno 1794 dal conte Giuseppe e da Anna Maria Morand de Saint-Sulpice. Aveva servito in Francia, s'era distinto nella fazione di Grenoble, ed ora era maggiore nell'artiglieria ed aveva la croce di milite nell'Ordine di Savoja (4 *aprile* 1816) ed in corte di Casa Carignano l'ufficio di scudiere del principe.

I fratelli suoi; il conte Giuseppe, vicario di Torino (10 *settembre* 1821) ed il cavaliere Luigi, primo uffiziale per l'estero (11 *gennaio* 1815) erano avversissimi alle novità. Egli invece fu de' più caldi, e degli informati nei segreti delle sette alle quali fu iniziato in Napoli. Cond. cont. morte (*S. R. Del.* 14 *luglio* 1821).

S'illustrò nell'esilio con una nobile e fiera vita, condotta prima nei campi poi fra gli studi. Della *Presa di Navarino*, dove combattè (come anche nella Spagna e Portogallo) lasciò bellissime descrizioni, e molti saggi di sua scienza geologica. Avea ottenuto grazie parziali (3 *novembre* 1834) e fu compreso nell'indulto del 1842.

Dopo lo Statuto fu nominato senatore del Regno e tenente generale, poi ministro della guerra a Milano, e ministro del Re a Parigi. L'Accademia di Torino lo ascrisse fra i soci residenti (4 *febbraio* 1849).

Morì a Baveno il 29 settembre 1856, non lasciando figli dalla moglie Margherita dei marchesi Trotti, gentildonna milanese. Ne scrissero Massimo d'Azeglio ed Alberto La Marmora.

Nel 1844, il Senato lo mandò, assieme al Cibrario, in Oporto a farvi omaggio a Carlo Alberto. L'amicizia fra lui ed il suo principe era stata riannodata sino dal 1847. E ritengo una invenzione la voce sparsasi di violenze usate dal Collegno al principe di Carignano (*Cronistoria;* II, 235). Nel 1851 aveva scritto a Gino Capponi (*Scritti inediti*, Firenze 1877; II, 58). « A un « piemontese che mi chiedeva nel 41 in Firenze, se io vedrei mai più Carlo « Alberto, io rispondeva che lo vedrei quando passasse il Ticino, o quando « avesse data una Costituzione. »

Provana del Sabbione (cavaliere Luigi Giuseppe). Nato in Torino nel dicembre 1786 dal conte Aleramo e da Anna Teresa Ruffino di Diano. Era capitano dello Stato maggiore e fu dimesso in agosto 1821. Nel 48 lo pensionarono come maggiore (6 *giugno*). Fu membro della Deputazione di Storia patria (20 *aprile* 1833), dell'Accademia di Torino (15 *maggio* 1840) e Senatore del Regno (18 *dicembre* 1849). Morì in Torino il 27 luglio 1856.

Tradusse poesie dal greco coll'Ornato (1817); pubblicò documenti e dissertazioni di critica diplomatica. Storia importante quella col titolo: *Studi critici sovra la storia d'Italia a' tempi del re Ardoino* (Torino, 1845). Il suo fratello, conte Michele Saverio, era pure erudito; felicissimo nella epigrafia.

Pruss (Vittorio); tenente br. Regina; dichiarato meritevole di destituzione (8 *agosto* 1821), ma raccomandato e riammesso (6 *dicembre* 1821).

Quaglia (Francesco), furiere br. Genova; nominato sottotenente (3 *aprile* 1821) e poscia negli Invalidi (10 *giugno* 1848). Amo fare distinto ricordo di questo onesto impiegato della segreteria del Senato di Piemonte, dove servi, parecchi anni, quale segretario di gabinetto del Primo Presidente, il mio venerato genitore.

Rammento, come narrando egli ingenuamente le sue vicende, nè si sentisse conscio del martirio, nè si facesse capace che l'avessero rimeritato colla palma.

Quaranta (Carlo), sergente br. Piemonte; nominato sottotenente negli Invalidi (10 *giugno* 1848).

Quartero (Pasquale), sergente nei dragoni del Re, nominato sottotenente (28 *marzo* 1821): giubilato come tenente (27 *giug.* 1848).

Radice (Evasio) di Filippo, da Vercelli; capitano d'artiglieria e professore nell'Accademia militare. Cond. cont. morte (*S. R. Del.* 19 *luglio* 1821). Nell'esilio insegnò a Dublino. La polizia sarda lo designava nel 1830 come carbonaro pericoloso, e mandato dalle sette a scorrere l'Italia con nome e passaporto supposti. Graziato in parte nel 1840, lo fu per intero nel 1842.

Dopo lo Statuto ebbe il riposo da maggiore ((16 *maggio* 1848) e fu più volte deputato di opinioni rischiose, ma austere. Notavanlo in Torino anche per certa coccarda che sempre portava appiccicata ad un lungo cappello a tuba.

Raffaghello (Pietro), fu Marcantonio, da Capriata; capitano br. Alessandria; nominato maggiore (3 *aprile* 1821), detenuto e cond. a 3 anni di carcere (*S. R. Del.* 23 *agosto* 1821).

Ralteri (Evasio), alfiere br. Monferrato; destituito (23 *maggio* 1821), nominato tenente nella riserva (22 *aprile* 1848).

Rambaldi (Sebastiano); capitano nell'artiglieria di marina, già decorato della Legione d'Onore, Milite di Savoja (3 *luglio* 1816); destituito con 4 mesi di detenzione (15 *giugno* 1821). Giubilato come maggiore (1 *luglio* 1848).

Ranco (Giambattista). Alfiere br. Saluzzo. nominato sottotenente (3 *aprile* 1821); destituito (12 *giugno* 1821).

Rasieri (Giuseppe), tenente nel Genio; dichiarato disertore.

Rattazzi (Alessandro) del fu Giovan Marco, d'Alessandria, medico. Dei veri iniziati ai misteri della rivoluzione. Cond. cont. morte (*S. sen. Tor.* 21 *giugno* 1821). Mori di febbre gialla a Barcellona nello stesso anno.

Rattazzi (Urbano), fratello del precedente, avvocato; zio del notissimo ministro di Re Vittorio Emanuele II. Capopolitico in Alessandria ed emissario della vendita centrale. Cond. cont. morte (*S. R. Del.* 19 *luglio* 1821 e *Senatoria del* 21 *giugno* 1822). I suoi beni confiscati in Alessandria ed al Castellazzo, diedero nel 1823 L. 763,09. Morì a Montpellier nel 1826. Finora si fecero confusioni fra questi due fratelli.

Ratti (cavaliere Carlo), sottotenente br. Piemonte; dichiarato meritevole di destituzione (27 *agosto* 1821), ma raccomandato e riammesso (6 *dicembre* 1821).

Ravina (Amedeo) figlio del medico e scrittore Francesco; da Gottasecca (Cuneo); nato nel 1788. Era dottore di leggi ed applicato alla segreteria esteri. Cond. cont. morte (*S. R. Del.* 28 *settembre* 1821); graziato in parte (26 *febbraio* 1839) e compreso nell'indulto del 1842).

Visse in Inghilterra, a Parigi, a Lucca, a Firenze. Ritornò nel 1848 in Piemonte. Vi fu consigliere di Stato e deputato. Morì il 13 giugno 1857. « Bizzarro « ingegno, dottissimo, irto di classica erudizione, compiacentesi *più* che non con- « venga nella contraddizione, proclive ad avvolgere colla sua parola ornata ed » « presentare come verità il paradosso » così recentemente il Bersezio (*Trent'anni di vita italiana*; Tor. 1878, I, 214), il quale però sbaglia dicendo scritti nell'esilio quei *Canti italici* che ne furono la cagione e che a detta del Cantù (*Cronistoria*, II, 235) « ebbero molto assenso, *almeno* in Piemonte. »

Raynaud (Giambattista Giacomo), sottotenente br. Saluzzo; destituito (12 *giugno* 1848).

Re (cav. Domenico), maggiore br. Monferrato: dichiarato meritevole d'essere demissionato senza uso dell'uniforme e decorazioni ((26 *maggio* 1821 *confer.* 30 *novembre*), ma raccomandato al Re per avere rifiutato il comando del Reggimento offertogli dall'Ansaldi, e riammesso (6 *dicembre* 1821).

Reale (Alessandro), milite di Savoja (6 *giugno* 1816) e sottotenente nei dragoni della Regina, nominato capitano (31 *marzo* 1821), destituito (21 *maggio* 1821), nominato tenente degli Invalidi (16 *maggio* 1848).

Rebisso (Sebastiano), sottotenente br. Alessandria; demissionato senza uso dell'uniforme (19 *maggio* 1821).

Reclocchi (Gaspare), capitano br. Aosta; messo a riposo come maggiore (16 *maggio* 1848).

Rege (De) di Giffienga (conte Alessandro) V. il testo e l'APPENDICE III.

Rege (De) di Donato e San Raffaele (conte Bonifacio). Sottotenente br. Piemonte, dichiarato meritevole di destituzione (12 *luglio* 1821), ma raccomandato e riammesso (6 *dicembre* 1821).

Rege (De) di Donato (cavaliere Luigi) del conte Stefano Francesco e di Cecilia Marchetti, da Foglizzo; sottotenente br. Alessandria, nominato tenente (3 *aprile*); destituito (17 *maggio*) e cond. cont. a 10 anni di galera (*S. R. Del.* 23 *agosto* 1821). Nominato tenente negli Invalidi (16 *maggio* 1848).

Regis (Luigi), capitano br. Alessandria; dichiarato meritevole di destituzione (21 *maggio* 1821): ma raccomandato al Re e riammesso (6 *dicembre* 1821).

Regis (Luigi), del fu Antonio, da Torino; sergente nella br. Alessandria. Nominato sottotenente (3 *aprile* 1821). Cond. cont. a 15 anni di galera (*S. R. Del.* 23 *agosto* 1821). Servì in Ispagna.

Regis (cavalier Michele), di Giuseppe, da Costigliole di Saluzzo; colonnello br. Savoia e cavaliere Mauriziano, nominato maggior generale (25 *marzo* 1821). Cond. cont. a morte (*S. R. Del.* 19 *luglio* 1821). Combattè nella Spagna, e nel 1830 preparò l'aggressione della Savoja. Fece poi ricorso al Re e fu ammesso all'indulto generale (*R. Bigl. al Sen. Tor.* 4 *maggio* 1842).

Regis (Pietro) del fu Giovanni, da Moncrivello, sergente furiere nei granatieri guardie. Cond. cont. morte (*S. R. Del.* 6 *settembre* 1821).

Reina (Giuseppe), d'Arona, studente di medicina; fu a San Salvario.

Reyna (Giuseppe), sottotenente br. Monferrato, nominato tenente (3 *ap.* 1821), destituito (15 *maggio* 1821); nominato tenente riserva (22 *aprile* 1848).

Reynaud (Giambattista), capitano br. Cuneo; demissionato senza uso dell'uniforme (28 *luglio* 1821) « per pubblica e scandalosa connivenza coi ri- « voltosi e per avere frequentate le loro congreghe nel Caffè ove sventolò lo « stendardo della rivoluzione. »

Reynaud (Giuseppe), sottotenente br. Saluzzo; escluso dal servizio; riammesso come tenente d'Invalidi (16 *maggio* 1848).

Riccardi (cav. Antonio), capitano nei cavalleggeri del Re; dichiarato disertore.

Riccardi (cav. Leopoldo), capitano br. Saluzzo, destituito (28 *luglio* 1821) con 4 mesi di detenzione.

Riccio (Giuseppe), capitano di stato maggiore, dichiarato meritevole di destituzione (17 *settembre* 1821) ma per avere conservati gli archivi dello stato maggiore, e per i suoi « buoni sentimenti » raccomandato al Re e riammesso.

Richeri di Montricher (cav. Nicola), tenente colonnello comandante di Gavi; cavaliere mauriziano, e dell'ordine di Savoia (6 *giugno* 1816); membro della Giunta; destituito (11 *maggio* 1821) e cancellato dai ruoli dell'ordine di Savoia, per « avere accettato il grado di maggior generale comandante la divisione di Cuneo. »

Richieri (Onorato), cornetta nei dragoni della Regina, nominato tenente (31 *marzo* 1821), destituito (21 *maggio* 1821) nominato tenente d'Invalidi (16 *maggio* 1848).

Richini (Benedetto), sottotenente br. Genova, nominato capitano (3 *apr.* 1821), dichiarato disertore.

Rittatore (Damiano) di Filippo, da Monasterolo (Saluzzo) sergente br. granatieri guardie; milite di Savoia (6 *giugno* 1816) in cambio della legione d'onore; uccisore del Des Geneys; nominato tenente (2 *aprile* 1821), condannato cont. a morte, coll'inasprimento del taglio della mano destra (*S. R. Del.* 6 *settembre* 1821).

Il Beolchi lo fa morire sotto Atene, (6 *maggio* 1827) dopo avere militato nella Spagna.

È però curioso vedere siccome Carlo Alberto fosse male informato dalla sua polizia su questi esuli. Infatti leggo in uno scritto del Re (1838) « Lorsque dans l'année 1821 une partie de la garnison qui était dans la « citadelle de Turin s'insurgea, le lieutenant-colonel d'artillerie Des Geneys « s'empressa de s'opposer aux dessins des rebelles, mais à peine eut-il parlé « qu'il fut lâchement assassiné par le sergent Rittatore, qui lui porta un coup « de pointe. Ce dernier ayant été obligé de se réfugier en Espagne avec une « grande partie des officiers qui avaient défectionné, se battit en duel dans la « même année à Barcelonne pour des interets pécuniaires avec le capitaine « Pacchiarotti qui le tua sur la place, d'un coup de pointe dans la poitrine. « Dans l'année 1823 le même capitaine fut tué par une balle qui lui tran- « sperça la poitrine dans un engagement des troupes révolutionnaires espa- « gnoles, contre une des divisions françaises qui étaient sous les ordres du « maréchal Moncey. Dieu inflige à Rittatore la même mort qu'il avait donné « au malheureux colonel. Avec la grande différence pourtant que celui-ci « mourut en accomplissant son devoir, tandisque lui fut enlevé par une mort « subite, au milieu même de ses crimes. »

Riva (Giangiacomo), sergente br. Aosta, sottotenente d'Invalidi (11 *luglio* 1848).

Roberto (Giorgio), dichiarato disertore; ammesso a rientrare in paese (*Dispos. Sovr.* 10 *settembre* 1842).

Roberto (Pietro), tenente br. Monferrato; destituito (31 *luglio* 1821).

Robiollo (Pietro Antonio) di Giovanni, da Croce di Mosso, furiere nella Legione R. Leggiera, nominato sottotenente (31 *marzo* 1821); cond. cont. morte (*S. Sen. Genova*, 10 *maggio* 1821). Fece parte delle guerriglie spagnuole. Nel 1842 supplicò il Re e fu ammesso all'indulto (*R. Bigl. al Sen. di Genova*, 27 *luglio* 1842).

Roccavilla (Michele), tenente br. Genova, nominato capitano (3 *aprile* 1821) dichiarato disertore. Combattè in Ispagna ed in Grecia dove cadde morto a Metena.

Roggero (Angelo), sottotenente br. Monferrato; destituito (23 *maggio* 1821).

Rolandis (De) (Secondo) di Giovanni Antonio, da Castellalfero (Asti), sotto-tenente br. Cuneo, cancellato dai ruoli per ordine del generale La Tour, (14 *aprile* 1821) e poi cond. cont. morte (*S. Sen. Tor.* 2 *marzo* 1822). Fu in Ispagna.

Rolando (Giovanni), sottotenente nei dragoni del Re, dichiarato disertore.

Rolfi di Marigny (cavaliere poi barone Giambattista), tenente d'artiglieria; destituito (18 *maggio* 1821) con 4 mesi di detenzione; per avere servito sotto l'Enrico, nella cittadella di Torino, dopo trucidato il Des Geneys. Messo a riposo come capitano (16 *maggio* 1848).

Rolla (Leone) di Defendente, da Torino, scudiere nella Legione R. leg-giera; cond. cont. morte (*S. Senato Genova* 10 *maggio* 1822).

Romagnuolo (Giovanni) di Michele, da Alessandria, negoziante; cond. cont.

a galera perpetua (*S. Sen. Torino* 21 *giugno* 1822). Ricorse più volte in grazia ma invano.

Romero (Bartolomeo), da Racconigi, caporale br. Aosta, sospeso per otto mesi (27 *settembre* 1821).

Rosanigo (Antonio), sottotenente br. Monferrato, destituito colla detenzione di 3 mesi (24 *maggio* 1821), pensionato come tenente (16 *maggio* 1848).

Rosasco (Tomaso), sottotenente br. Monferrato, meritevole di destituzione, ma raccomandato al Re (20 *giugno* 1821) e riammesso al servizio (6 *dicembre* 1821).

Rossi (Antonio Maria), tenente nella br. Monferrato, destituito (14 *maggio* 1821), pensionato come capitano (27 *giugno* 1848).

Rossi (Celestino), di Francesco, da Torino, nato nel 1796; fece la campagna del 1814 in Francia, e nel 1815 ottenne, dopo esami, il grado di ufficiale. Nel 1821 eratenente nel genio militare, nominato capitano (4 *aprile* 1821); cond. cont. morte (*S. R. Del.* 6 *settembre* 1821); graziato in parte (11 *dicembre* 1832), e poi coll'amnistia del 1842; giubilato come capitano (16 *maggio* 1848) poi concedutogli il grado di maggiore. Prese parte alle guerriglie spagnuole. In Francia costrusse alti forni a Bourges, ed a Toga di Corsica. Rimpatriato nel 1840 fu nominato reggente della ispezione forestale di Annecy (7 *settembre* 1844), e poi del distretto minerario di Novara (27 *febbraio* 1847). Ingegnere di 2ª classe nel corpo delle miniere (3 *giugno* 1848) si ritirò a vita privata agli 8 ottobre 1850. Scrisse memorie riputate sulla metallurgia; e specialmente *De la fabrication des rails avec l'emploi de la lignite* (Torino, 1858).

Rossi (Domenico), di Giuseppe, da Saluzzo, dottore e ripetitore di leggi; cond. cont. a 10 anni di galera (*S. R. Del.* 28 *settembre* 1821).

Rossi (Geremia), sottotenente nei cavalleggeri di Savoia, demissionato senza uso d'uniforme (25 *settembre* 1821) per essersene rimasto il 6 aprile in Vercelli, mentre i suoi andavano a Novara, col pretesto di malattia benchè poi si mostrasse in pubblico col ribelle Pavia « e per non avere per i ribelli e per la ribellione quel disprezzo che è proprio di un militare d'onore. »

Rossi (Giorgio) da Moncalvo, sergente nei cavalleggeri del Re, rimandato ad un consiglio di guerra (29 *agos'o* 1821).

Rossi (Giuseppe Ignazio) del fu Vittorio Amedeo, da Grugliasco, tenente d'artiglieria, nominato capitano (3 *aprile* 1821); cond. cont. morte (*S. R. Del.* 19 *luglio* 1821); graziato in parte (3 *novembre* 1834) e compreso nell'indulto del 1842; pensionato come capitano (16 *maggio* 1848).

Rossi (Luigi) da Mortara, avvocato; lasciò il paese, fu col suo concittadino Josti a militare nella Spagna, e rientrò in patria nel 1827. Fu poi senatore del Regno, e morì, con fama di benefico, in Mortara, nel 1863.

Rossi (Pietro), sottotenente quartiermastro br. Alessandria, nominato tenente (3 *aprile* 1821), destituito e rimandato alla R. Delegazione (17 *maggio* 1821).

Rossi (Pietro Giuseppe), capitano br. Aosta, pensionato come maggiore (30 *maggio* 1848).

Rossignoli (Francesco), tenente nel genio, demissionato senza uso dell'uniforme (30 *ottobre* 1821), ma questa decisione fu annullata (22 *giugno* 1822) e venne collocato in aspettativa.

Rothfoux (Giacinto Maria), tenente della Porta, con grado di tenente di fanteria, nella cittadella di Torino, demissionato coll'uso d'uniforme, e pensione corrispondente a 54 anni di servizio (1° *agosto* 1821), per essersene rimasto, coi ribelli, nella cittadella.

Roveda (Giuseppe), già sottocommissario di marina, in *trattenuta*, nominato capitano aggregato alla divisione di Alessandria (4 *aprile* 1821), ridotto alla pensione alimentaria di 50 lire per mese (13 *ottobre* 1821) per avere chiesto servizio all'Ansaldi.

Ruella (Bartolomeo), alfiere br. Regina, dichiarato meritevole di destituzione (8 *agosto* 1821), ma raccomandato e riammesso (6 *dicembre* 1821).

Ruffo (Giambattista), pensionato; privato della pensione (23 *ottobre* 1821) « per avere dimostrata propensione ai ribelli, e riconosciuta con esultanza l'autorità del capo-politico. »

Ruggieri (Giovanni), capitano br. Genova, dichiarato disertore.

Sabbatini (conte Niccolò), tenente br. Piemonte, nominato capitano (29 *marzo* 1821), dichiarato meritevole di destituzione (12 *luglio* 1821) ma raccomandato e riammesso (6 *dicembre* 1821).

Sacchetti (Luigi), alfiere br. Monferrato, destituito (15 *maggio* 1821); tenente d'Invalidi (10 *giugno* 1848).

Saissi (Francesco), da Nizza mare, caporale nell'artiglieria di marina, sospeso per 6 mesi 28 *settembre* 1821).

Sala (Giovan Francesco), sottotenente nei carabinieri, nominato tenente (4 *aprile* 1821), pensionato come tenente (30 *maggio* 1848).

Salomon (Federigo), sottotenente br. Savoia; tenente nella riserva (22 *aprile* 1848), poi a riposo (16 *maggio* 1848).

Salussoglia (Pietro), capitano br. Monferrato, considerato disertore.

Salvi (cavaliere Antonio), sottotenente br. Genova, raccomandato in modo speciale al Re perchè fosse riammesso al servizio (10 *agosto* 1821).

Salvi (conte Ferdinando), capitano br. Alessandria, destituito (29 *maggio* 1821); giubilato col grado di maggiore (10 *giugno* 1848).

Sannazzaro (cavaliere Luigi Ranieri), patrizio di Casale, sopranominato *il fracassa*; cond. cont. morte (*S. Sen. Tor.* 6 *settembre* 1822). Per patente regia (13 *dicembre* 1836) fu fatto capace di ricevere per eredità i beni del conte Vittorio suo fratello.

Santo (Del) (Michele), alfiere nell'artiglieria di marina, dichiarato meritevole di destituzione (26 *giugno* 1821), ma raccomandato e riammesso (6 *dicembre* 1821).

Sapello (Domenico), sergente nella Legione R. leggiera, nominato sottotenente d'Invalidi (4 *luglio* 1848).

Sarriod de la Tour (conte Antonio), tenente br. Alessandria, destituito (21 *maggio* 1821).

Sattarino (Carlo), cornetta nei dragoni del Re, nominato tenente (28 *marzo* 1821), dichiarato disertore.

Sautelron (Luigi) da Nizza mare, caporale nell'artiglieria di marina; condannato a ultimare la ferma come semplice soldato.

Sauvaigo (Giambattista), sottotenente nei cacciatori Italiani; demissionato senza uso dell'uniforme (19 *ottobre* 1821).

Scarzella (Giovanni Dionigi) da Ceva, sottotenente br. Alessandria. nominato tenente (3 *aprile* 1821); cond. a 10 anni di galera (*S. R. Del.* 23 *agosto* 1821), giubilato come tenente (30 *maggio* 1848).

Scassaro (Luigi) da Diano, caporale nell'artiglieria di marina; sospeso per 6 mesi (28 *settembre* 1821).

Scavardo (Antonio) del fu Domenico, da Ingria, (Ivrea), sergente nei dragoni della Regina, nominato sottotenente (31 *marzo* 1821); cond. cont. morte (*S. Sen. Tor.* 21 *gennaio* 1823). Morto sul campo di battaglia a Patrasso.

Schiara (don Giulio Cesare Massimiliano) figlio di Don Pietro (creato conte addi 11 aprile 1827) e di Carlotta Amedea dei marchesi Scatti, tenente br. Monferrato, nominato capitano (3 *aprile* 1821), destituito (23 *maggio* 1821) e raccomandato al Re per la pensione.

Schuller (due fratelli), svizzeri; fra quei di San Salvario.

Scrimaglia (Vincenzo), chirurgo maggiore nei cavalleggeri del Re; dichiarato disertore.

Secondino (Giovanni Maurizio), capitano br. Aosta, dichiarato maggiore negli Invalidi (30 *maggio* 1848).

Serra (Giuseppe), sergente br. Aosta; sospeso per un anno (27 *settembre* 1821).

Serra (Luigi) nato nel 1798, tenente nell'artiglieria dal 6 ottobre 1820; raccomandato al Re perchè fosse riammesso (14 *settembre* 1821). Fu poi generale e governatore a Monaco. Scrisse un anonimo *Manuale dell'artificiere* (Torino, 1855).

Serralonga (Casimiro), sottotenente brigata Piemonte, nominato tenente (29 *marzo* 1821), dichiarato meritevole di destituzione (12 *luglio* 1821); ma raccomandato e riammesso (6 *dicembre* 1821).

Siazzo (Vincenzo), sergente nei dragoni del Re e milite dell'Ordine di Savoja, nominato sottotenente d'invalidi (27 *giugno* 1848).

Signorile (cav. Lodovico) sottotenente nei cavalleggieri di Piemonte, nominato tenente (3 *aprile* 1821), destituito (25 *maggio* 1821), raccomandandolo per la pensione di ritiro, e conservandogli la decorazione di Savoia, per i servigi e le ferite avute sotto alle bandiere regie.

Sillano (Guglielmo), sottotenente nella Legione R. Leggiera; dichiarato meritevole di destituzione (25 *settembre* 1821), ma raccomandato al Re e riammesso (6 *dicembre* 1821).

Silva (Lorenzo), sottotenente br. Piemonte, benchè dichiarato meritevole di destituzione (12 *luglio* 1821), fu raccomandato « specialmente » al Re, per essersi ritirato a casa sua il 7 aprile, e riammesso (6 *dicembre* 1821).

Silva (Vincenzo), sottotenente d'artiglieria, dichiarato meritevole di destituzione (25 *settembre* 1821), ma raccomandato e riammesso (6 *dicembre* 1821).

Simondi (Carlo Matteo), tenente br. Saluzzo; destituito (4 *giugno* 1821) colla giunta di due mesi di detenzione, nominato nel 1848 capitano *nella* riserva (22 *aprile*), poi negli Invalidi (27 *giugno*).

Simondi (Gioachino), da Torino, studente di matematiche; fu a San Salvario.

Simondi (Michele) del fu Gioachino, da Sanfrè; furiere maggiore *nella* Legione R. Leggiera, nominato sottotenente (31 *marzo* 1821). Cond. cont. a morte (*S. Sen. Genova* 10 *marzo* 1822); combattè, nel 1823, contro alle schiere francesi fra le quali v'era il principe di Carignano, e vi morì.

Sismonda (Carlo), di Giambattista, da Cornegliano; sottotenente *nella* brigata Aosta, Cond. cont. a morte (*S. R. Del.* 6 *settembre* 1821); fu in Ispagna e venne amnistiato nel 1821. Fratello dei due illustri scienziati, Angelo senatore del Regno ed Eugenio morti ambedue.

Solera (Giambattista), capitano, br. Saluzzo; destituito (12 *maggio* 1821 *Conf. revis.* 30 *nov.* 1821).

Sollo (Efisio), sottotenente br. Piemonte; dichiarato meritevole di destituzione (12 *luglio* 1821), ma raccomandato e riammesso (6 *dicembre* 1821).

Soller (De) (Francesco), sottotenente br. Piemonte; giubilato come tenente (13 *giugno* 1848).

Somatis (cavaliere Giulio), tenente br. Cuneo; destituito (25 *maggio* 1821; *conferm. revis.* 25 *novembre* 1821), specialmente perchè accettò dalla Giunta servizio nei carabinieri (4 *aprile* 1821).

Sommeiller (Germano).

Non inserisco qui il nome illustre di uno dei perforatori del Cenisio († 11 *luglio* 1871), se non per rettificare una distrazione del Cantù (*Cronistoria* II, 196), il quale assicura che fu tra gli esuli di quell'anno. Basta però ricordare come ei nascesse a Saint-Sevère nel Faussigny nell'anno 1815, e come all'epoca di questi rivolgimenti non contasse che sei anni d'infanzia.

Anche il celebre fisico Mossotti, novarese, quivi citato come profugo del 1821, non andò in esilio, per cagion dell'Austria, che nel 1823.

Sorisio (Giuseppe), da Torino, studente di leggi: si trovò fra i rivoltosi di San Salvario. « Dove sopra tutti spiccava per un enorme *trombone* che si portava in ispalla. » (BEOLCHI). Fu molti anni segretario della Società dei superstiti del 21 in Torino. Morì nel 1877.

Spinola (Francesco), tenente nella Legione Reale Leggiera; meritevole di destituzione (26 *ottobre* 1821), ma riammesso (6 *dicembre* 1821, dopo raccomandazione della Commissione.

Stara (Stefano Eugenio), da Vercelli, avv. e ripetitore di leggi, di quei di

S. Salvario. Nel 1833 fu associato alla *Giovine Italia* e condannato a 10 anni di carcere (9 *settembre* 1833).

Fu suo fratello il conte Giuseppe, senatore, ministro di Stato, e primo Presidente della Cassazione; magistrato insigne (5 *settembre* 1795 — 15 *giugno* 1877).

Stefanino (Gioachino) d'Asti, caporale br. Aosta; sospeso per 8 mesi (27 *settembre* 1821).

Stellardi (Carlo), da Cairo, caporale nell'artiglieria di marina; obbligato a finire la ferma quale soldato (8 *settembre* 1821).

Strada; studente di leggi. Di quei di San Salvario.

Strozzi (Giuseppe), da Rosasco (Lomellina); impiegato nelle R. Poste in Alessandria; cond. cont. a morte (*S. Sen. Torino 21 giugno* 1822).

Sussarello (cav. Giovanni Maria), sardo; sottotenente nei cacciatori guardie, nominato tenente (1 *aprile* 1821), dichiarato disertore; concedutogli il rimpatrio (*Disp. sovr.* 20 *settembre* 1842).

Tabasso (Giuseppe), capitano br. Regina; conservatogli il grado dalla Commissione d'epurazione (2 *novembre* 1821).

Tacchini (Giuseppe Antonio), del fu Giambattista, da Groppello. Cond. cont. a morte (*S. Sen. Tor.* 16 *gennaio* 1822). Nel 1823 i beni confiscatigli a Garlasco diedero L. 2148,93; e con essi si pagava una pensione alla moglie, Luigia Valenti da Groppello.

Fu alle guerriglie di Spagna. Ebbe regii favori ai 20 dicembre 1838, e la grazia nel 1842.

Tadini (Francesco) del fu Gaspare, da Cameri (Novara), medico; cond. cont. a morte (*S. Sen. Tor.* 2 *marzo* 1822).

Benchè la polizia lo rappresentasse fra gli agitatori dei Comitati di Londra, ebbe una prima grazia (14 *gennaio* 1840) poi fu compreso nell'indulto del 1842.

Tamburini (Giacomo), sottotenente nel 2° reggimento dell'artiglieria di marina; destituito (13 *giugno* 1821) con due mesi di detenzione; giubilato come tenente (10 *giugno* 1848).

Tamea (Giovanni), da Rossa Vercellese, sergente br. Piemonte; mandato alla compagnia di disciplina del Corpo franco (24 *aprile* 1821).

Tapparelli (Francesco), sottotenente br. Saluzzo, nominato tenente (5 *aprile* 1821); destituito (8 *giugno* 1821); nominato tenente d'Invalidi (16 *maggio* 1848). Era decorato, della croce di milito di Savoja (4 *aprile* 1816) in cambio della Legione d'Onore; e fu radiato dai ruoli dell'Ordine (8 *giugno* 1821).

Tarchetti, da Vercelli, studente di leggi; andato a San Salvario.

Tarditi (Modesto), capitano br. Alessandria; meritevole di destituzione (21 *maggio* 1821), ma raccomandato e riammesso al servizio (6 *dicembre* 1821).

Tardivo (Giambattista) alfiere nella Legione Reale Leggiera, nominato sottotenente (4 *aprile* 1821), demissionato senza uso d'uniforme (25 *settem-*

bre 1821), ma raccomandato per la pensione, o per un impiego civile (21 *giugno* 1822), giubilato come tenente (30 *maggio* 1848).

Tarella (Pietro), da Torino, figliuolo di Francesco e di Margarita Minuti, già uffiziale napoleonico, allora maggiore nella br. Cuneo, cavaliere mauriziano e milite di Savoja (6 *settembre* 1816) in cambio della Corona ferrea; destituito (8 *maggio* 1821). Il *Panteon dei martiri* ed il Vannucci (*mart.* 156) lo fanno cadere da forte il 15 luglio 1822 in Grecia alla battaglia di Peta, col grado di colonnello.

Tarus (Luigi) da Ozieri, sergente nei cacciatori guardie; trasferito alla compagnia di disciplina del Corpo franco (29 *agosto* 1821).

Tealdi (Pietro Ascanio), impiegato nel ministero dell'interno. Fu a San Salvario.

Tessiore (Giuseppe), tenente a mezza paga; privato dell'uso dell'uniforme, conservatagli la pensione a titolo di sussidio (23 *novembre* 1821).

Testa (Giambattista), di Carlo, da Trino, avvocato; cond. cont. a morte (*S. R. Del.* 28 *settembre* 1821); graziato in parte (18 *aprile* 1840) e totalmente nel 1842.

Emigrò in Inghilterra, insegnò a Doncaster, scrisse una tragedia *L'Olgiati* (Doncaster 1829); una *Storia delle guerre di Federico I* (Torino, 1854), ed un *Discorso sul sabato*, con *Poesie* (Doncaster 1855).

Tholosano di Valgrisanche (barone Lodovico Stefano), sottotenente br. Regina; demissionato senza uso dell'uniforme (7 *agosto* 1821) per essersi recato in Alessandria e avere accettato il grado di capitano.

Pensionato come capitano (30 *maggio* 1848).

Thovez (Carlo), sergente br. Aosta, nominato alfiere nei cacciatori della cittadella di Torino (2 *aprile* 1821); giubilato come tenente (17 *giugno* 1848).

Thovez (Giovanni Angelo Maria Gioachino), tenente br. Aosta; demissionato senza uso dell'uniforme (30 *luglio* 1821), giubilato come capitano (6 *giugno* 1848).

Tobone (Gaspare); alfiere br. Saluzzo, nominato tenente (5 *aprile* 1821), destituito (12 *giugno* 1821).

Tobone (Vincenzo) maggiore nella Legione R. Leggiera; riammesso al servizio, essendosi rifiutato di obbedire ai ribelli (1° *agosto* 1821), e confermata la decisione (30 *novembre* 1821), malgrado nuove incolpazioni.

Tognola (nobile Giacomo), tenente br. Monferrato; destituito (28 *marzo* 1821, *conf. revis.* 5 *novembre* 1821), ma raccomandato per la pensione di ritiro.

Tolosano (Ponzio Maria), da Luserna; caporale nell'artiglieria di marina, sospeso per 8 mesi (27 *settembre* 1821).

Tonelli (Francesco), alfiere br. Saluzzo; destituito (14 *maggio* 1821, *conf. revis.* 30 *novembre* 1821); nominato tenente d'invalidi (16 *maggio* 1848).

Tonello (Giuseppe), sottotenente a mezzapaga, nominato tenente nei cacciatori d'Asti (1 *aprile* 1821), messo in ritiro senza uniforme, conservandogli il trattamento del quale fruiva, a titolo di pensione alimentaria.

Tosetti; di quei di San Salvario.

Toso (Fortunato) del fu Pietro Antonio, da Mongrando (Biella); tenente nei battaglioni di guarnigione; cond. cont. a 20 anni di galera (*S. R. Del.* 8 *settembre* 1821). Avendo ricorso al Re fu ammesso a godere dell'indulto (*R· Bigl. al Sen. giugno* 1842).

Trabaud (Niccola Massimiliano), furiere nei dragoni della Regina, nominato sottotenente (31 *marzo* 1821), e poi riconosciutogli il grado e messo a riposo (11 *luglio* 1848).

Traversa; condannato da un consiglio di guerra, delegato (31 *luglio* 1821).

Trevisi (Carlo), capitano br. Saluzzo; dichiarato meritevole di destituzione (10 *maggio* 1821), ma raccomandato e riammesso (6 *dicembre* 1821).

Tricerri (Giovanni), furiere nei cavalleggeri del Re; nominato sottotenente d'invalidi (11 *luglio* 1848).

Trinchero (Baldassarre), furiere br. Aosta; giubilato come sottotenente (4 *luglio* 1848).

Trompeo (Carlo Camillo), di Pietro Paolo, da Camburzano, sostituto procuratore; cond. cont. morte (*S. R. Del.* 3 *sett.* 1821), compilatore della *Sentinella Subalpina*, assieme al medico Crivelli. Andò nella Spagna.

Trompeo (Gioachino), fratello del precedente, avvocato fiscale in Ivrea; cond. cont. a morte (*S. Sen. Tor.* 13 *aprile* 1822). Graziato parzialmente (10 *agosto* 1838), poi compreso nell'indulto del 1842.

Trona di Clarafond (cavaliere Carlo Paolo), capitano br. Regina; destituito (27 *novembre* 1821, *conf. revis.* 25 *giugno* 1821).

Trona (cav. Luigi), del cavaliere Gaetano colonnello d'artiglieria, da Torino. Era sottotenente br. Aosta; cond. cont. a morte (*S. R. Del.* 6 *settembre* 1821); servì in Ispagna; fu compreso, dopo sua domanda al Re, nell'amnistia (*R. Bigl. al Sen.* 4 *maggio* 1842).

· **Trucchi**, da Caluso, notaio; andò a San Salvario.

Tubi (Francesco), di Michele, da Oleggio, sacerdote, avvocato collegiato e prefetto nel Collegio delle provincie; cond. cont. a 20 anni di galera (*S. R. Del.* 28 *settembre* 1821). Graziato in parte (30 *dicembre* 1838) e compreso nell'indulto del 1842.

Turina (Francesco), sottotenente d'artiglieria; dichiarato meritevole di destituzione (27 *settembre* 1821), ma raccomandato e riammesso (6 *dicembre* 1821).

Turinetti di Priero (marchese Simone Ercole Epitteto Flaviano Demetrio), nato a Torino (10 *febbraio* 1789) dal marchese Giovanni Antonio, e da Polissena Gamba della Perosa. Cond. cont. morte (*S. R. Del.* 10 *agosto* 1821). I beni confiscatigli rendettero nel 1823 L. 49,445, 60. Nel 1833 il Re permise ai suoi di visitarlo in Bruxelles; nell'anno seguente, fu graziato in parte (15 *luglio* 1834) quindi fu compreso nell'indulto del 1842. Vivono i suoi figli, avuti da Francesca Gabbriella Teresa Luisa Giuseppa Maria Lidia Solaro del Borgo, sposata nel febbraio 1809.

Ugonis (Felice), da Nizza, caporale nell'artiglieria di marina; condannato a finire la sua ferma come soldato (8 *settembre* 1821).

Vacchini (Felice), sottotenente br. Genova, destituito (7 *giugno* 1821), « avendo dimostrato premura, per il sistema dei ribelli.... »

Vacchino (Lorenzo), capitano nella Legione R. leggiera, demissionato senza uso dell'uniforme, conservando le decorazioni (10 *settembre* 1821).

Vagnozzi (Felice), sottotenente br. Genova; raccomandato per la riammissione (6 *luglio* 1821), ottenuta (28 *luglio* 1821).

Valle (Giambattista), da Genova, furiere nell'artiglieria di marina; retrocesso dal grado (24 *aprile* 1821).

Valle (Della) (vassallo Stefano), capitano br. Monferrato; destituito (25 *marzo* 1821, *conferm. rev.* 30 *novembre* 1821) con 6 mesi di detenzione; avendo, nel leggere in Casale l'ordine del La Tour ai suoi soldati, omesse le parole: *in Novara luogo di riunione dei fedeli sudditi del Re;* nominato maggiore negli Invalidi (16 *maggio* 1848).

Vecchio, pubblicò certa sua autobiografia, che è una pazzeria curiosa; cominciando dal frontespizio che dice: *Le delizie di un mezzo secolo di processi e liti; aneddoti e passatempo.* 1800 *au* 1850 e oltre. *Piemonte* (Asti 1858, tip. Raspi e Comp.).

Vallino (Vittorio), capitano nella Legione R. leggiera; demissionato senza uso dell'uniforme (25 *settembre* 1821, *conferm.* 21 *giugno* 1822).

Vanni (Cristiano) di Pietro Giorgio, oriundo di Andorno-Cacciorno, avvocato in Torino; cond. cont. morte (*S. R. Del.* 23 *settembre* 1821). La polizia l'indicava nel 1831 come emissario influente di sètte. Ebbe parecchie grazie parziali (8 *aprile* 1857, 2 *maggio* 1858) e fu compreso nell'indulto del 1842.

Vassallo (Giovanni), maresciallo d'alloggio nei carabinieri; giubilato come sottotenente (27 *giugno* 1848).

Vandemont (De) (Guglielmo), rifugiato francese; riconosciuto come tenente generale (9 *aprile* 1821).

Verasis di Castiglione (cavaliere Clemente), « surnommé *le féroce* » dice l'autore del *Simple récit* (p. 116).

Viveva in esilio, e nel 1828 da Brusselles implorava una dichiarazione sovrana siccome egli colla sua consorte potrebbero in Torino venire ammessi agli onori del corteggio, al fine di presentare la sua dama, Artemisia dei Balbi Piovera, alla corte del Re d'Olanda. Ma Carlo Felice, per varie considerazioni, vi oppose un rifiuto, benchè il conte della Torre, allora ministro per l'estero, caldamente appoggiasse la domanda (*dispaccio* 29 *novembre* 1828).

Veuillant (Emanuele), tenente br. Aosta, demissionato senza uso dell'uniforme (11 *luglio* 1821); giubilato come capitano (13 *giugno* 1848).

Viale (Domenico), milite dell'ordine di Savoia, sergente br. Genova, nominato tenente (5 *aprile* 1821), e tenente d'Invalidi (4 *luglio* 1848).

Viale (Giuseppe), tenente br. Aosta, pensionato come capitano (16 *maggio* 1848).

Viale (Nicola) del fu medico Giovanni, del Vernante, già carabiniere Reale, poi applicato come furiere br. Alessandria, nominato tenente (3 *aprile* 1821), carcerato ed assolto, senza costo di spesa (*S. R. Del.* 23 *agosto* 1821).

Viale (Ottavio) della Loggia, furiere nelle guardie, nominato tenente nei cacciatori della cittadella (2 *aprile* 1821), mandato alla compagnia di disciplina del corpo franco (29 *agosto* 1821), pensionato come sottotenente (10 *giugno* 1848).

Viana (Giuseppe), capitano br. Monferrato, destituito (14 *maggio* 1821), nominato maggiore a riposo (30 *maggio* 1848).

Viancino (Pietro), tenente br. Genova, nominato capitano (3 *aprile* 1821, dichiarato disertore; richiamato nel 1842 (*con nota ministeriale*).

Vicino (Felice), tenente nel 2° reggimento dell'artiglieria di marina; destituito (12 *luglio* 1821), giubilato come capitano (16 *maggio* 1848).

Fu mediocrissimo poeta. Aveva cantato *La nasci'a del principe Vittorio di Carignano* (1820), poi tradusse *La morte di Socrate* del Lamartine (1826); scrisse novelle; e porta il suo nome un poema assai insipido sul *Baco da seta* (1845).

Dopo il 1848 ebbe gradi nella guardia nazionale, ed anche di generale.

Vigada (Mattia) sergente nelle guardie; pensionato come sottotenente (10 *giugno* 1848).

Viganego (Giacomo), tenente del porto di Genova, con grado di capitano; giubilato come maggiore (6 *giugno* 1848).

Viglino (Celestino), tenente br. Genova; demissionato senza uso dell'uniforme (31 *luglio* 1821),

Viglino (Giorgio), del fu Pietro, da Chieri, capitano br. Aosta, nominato maggiore dei cacciatori della cittadella (2 *aprile* 1821); cond. cont. a morte (*S. R. Del.* 6 *settembre* 1821). Avendo ricorso al Re potè esser compreso nell'indulto (*R. Bigl. al Sen.* 24 *maggio* 1842).

Vigna (Tomaso), del fu Pietro, da Peveragno; tenente br. Alessandria, nominato capitano (3 *aprile* 1821); cond. cont. a 20 anni di galera (*S. R. Del.* 25 *agosto* 1823). Fu ferito in Spagna. Ricorse al Re e venne ammesso all'indulto (*Reg. Bigl. al Sen.* 27 *settembre* 1842).

Villavecchia (Francesco), tenente ajutante maggiore br. Genova, nominato capitano (3 *aprile* 1821); dichiarato disertore; giubilato come capitano (16 *maggio* 1848).

Viola (Giuseppe), sottotenente br. Aosta; demissionato senza uso d'uniforme (20 *agosto* 1821). « per opinioni avverse al governo dimostrate pubblicamente « con esultanza. »

Viora (Luigi), furiere br. Cuneo; sottotenente negli invalidi (18 *luglio* 1848).

Vischi (Giacomo), da Torino, studente in leggi. Fu a San Salvario.

Vismara (Giuseppe), da Novara, avvocato. Fu destinato capopolitico a Novara: venne processato in Lombardia e cond. cont. a morte (4 *ottobre* 1823).

Volpe Landi (marchese Luigi Angelo), sottotenente brigata Saluzzo, tenente (5 *aprile* 1821), destituito (12 *giugno* 1821), nominato tenente d'invalidi (1° *luglio* 1848).

Zò (Giuseppe Maria Antonio), furiere maggiore nei dragoni del Re; nominato sottotenente negli Invalidi (11 *luglio* 1848).

Zoppis (Giovanni Bartolomeo), capitano br. Cuneo; maggiore a riposo (16 *maggio* 1848).

Zuccarini (Girolamo), capitano d'artiglieria; destituito (16 *giugno* 1821), con 4 mesi di detenzione.

Zucchi (Agostino) da Busano, notaio; della falange di San Salvario.

AGGIUNTE AL DIZIONARIETTO

Adami (Giacomo) del vivente Pietro di Alessandria, foriere magg. br. Monferrato dichiarato bastantemente punito col carcere sofferto (*S. R. Del.* 22 *settembre* 1821).

Albora (cav. Salvatore), capitano nella Legione R. leggiera, ditenuto; condannato ad un anno di carcere (18 *giugno* 1821), poi dopo l'indulto sorvegliato, sino a nuovo avviso, a Mondovi.

Antonini (Giuseppe) da Varallo, protomedico. Rilasciato dalle carceri con semplice ammonizione (11 *agosto* 1821).

Baronio (Giambattista) da Orta, avvocato. Condannato (30 *giugno* 1821) a *seria* ammonizione.

Bertana (Carlo), fu Pietro, d'Alessandria, ditenuto; condannato a tre mesi di carcere (23 *giugno* 1821).

Borrone (Marcello), fu Saverio, da Torino; dichiarato bastantemente punito col carcere sofferto (22 *settembre* 1821).

Bosazza (Pietro), condannato 15 anni di galera.

Broglia (cav. Federigo) del cavaliere Francesco, nato a San Domingo, condannato ad un anno di carcere (22 *settembre* 1821).

Buffa (Francesco Matteo) del fu Giuseppe, da Bibbiana; capitano in ritiro, ditenuto; cond. 2 anni di carcere (27 *agosto* 1821).

Chiapello (Vittorio), da Dronero, maresciallo d'alloggio nei Carabinieri; a 3 mesi di carcere (23 *giugno* 1821).

Dompé (Pietro Francesco), fu Giovanni, da Trinità, avvocato; a 3 mesi di carcere (1° *settembre* 1821).

Favre (Maurizio) fu Alessandro, da Foy, ditenuto; cond. 1 anno di carcere (30 *agosto* 1821).

Galliani (nob. Girolamo), di Angelo, da Genova, tenente br. Genova, ditenuto; cond. (19 *luglio* 1821) destituzione e 10 anni di carcere, cambiati nel confino, per 2 anni, a Genova.

Gallo (Giuseppe), di Giuseppe Antonio, da Torino, cond. (22 *sett.* 1821) a 9 mesi di carcere. Sarà lo studente *Galli*, già notato?

Guerbe (Guglielmo) fu Pietro Paolo, da Pierelet, dichiarato bastantemente punito col carcere sofferto (17 *settembre* 1821).

Lomna (Giovanni), di Pietro, da Alessandria, dichiarato bastantemente punito col carcere sofferto (22 *settembre* 1821).

Magistrelli (Angelo), soldato br. Aosta, ditenuto; 2 mesi di prigione (19 *luglio* 1821).

Majoni (Antonio), avvocato. Doveva essere sorvegliato per 6 mesi a Novara ma poi fu mandato a confino all'isola della Maddalena.

Martelli (Carlo Giuseppe e Luigi), fatti ammonire dal giudice di Carpignano (30 *giugno* 1821).

Massaris (avv. Luigi e Fabio) fratelli, del fu causidico Giuseppe, da Vercelli. Cond. (1° *settembre* 1821) il primo a 2 anni l'altro ad 1 anno di prigione. Ebbero poi entrambi un anno di confino in patria.

Michelini (conte Gio. Battista). Aggiungasi che con ordinanza (18 *agosto* 1821) si dichiarò non farsi luogo, contro di lui, ad ulteriore processura.

Moffa di Lisio (conte Corrado), padre di Guglielmo, maggior generale. Cond. (23 *giugno* 1821) a 5 anni di carcere per avere fatta acclamare la Costituzione dai Carabieri rimasti a Torino. Liberato, per l'indulto, con 6 mesi di vigilanza in Torino.

Nani (Francesco), cond, 15 anni di galera.

Parmegiani (Giuseppe), da Finale di Modena, sergente alla scuola veterinaria; rilasciato dalla carcere (6 *agosto* 1821) ma espulso dallo Stato.

Pavia di Scanduluzza (conte Giuseppe Roberto) del fu conte Roberto, da Pinerolo: ditenuto, dichiarato (17 *settembre* 1821) bastantemente punito col carcere sofferto.

Pescietto (Luigi), di Antonio, da Genova, già guardia del corpo del Re: ditenuto. Cond. (6 *settembre* 1821) 1 anno di carcere.

Pollone (Giuseppe), fu Carlo Giuseppe, da Torino, cond. cont. (1° *settembre* 1821) 7 anni di galera; vigilato per 2 anni, in Torino.

Quaglia (Francesco), aggiungasi che fu arrestato e cond. a 6 mesi di carcere (24 *settembre* 1821). L'accusavano anche di avere costretto un caffettiere d'Acqui a scrivere sulla sua bottega; *Caffè costituzionale.*

Reggio (Carlo Magno), notaio in San Maurizio. Cond. (26 *luglio* 1821) a *seria* ammonizione.

Romagnuolo (Francesco), cond. 20 anni di galera.

Rondi (Costantino), Esattore di Cossato, ditenuto; rilasciato ma ammonito (9 *agosto* 1821).

Salomone (Federigo), aggiungi che fu cond. (15 *settembre* 1821) a 2 anni di carcere cangiati in 6 mesi di confino a S. Jean de Maurienne.

Salvi (Giacomo Luigi), fu Giambattista, da Novi, causidico; ditenuto, cond. (26 *luglio* 1821) a 6 mesi di prigione.

Saxel (Francesco), di Luigi Maria, da Thonon, capitano br. Savoia, ditenuto; cond. (5 *luglio* 1821) a 7 anni di carcere, cangiati con 2 di confino a Thonon.

Tealdi (Pietro Ascanio), aggiungi che fu arrestato in Nizza, ma poi rilasciato (28 *luglio* 1821).

Turbil (Giovanni Maria Lorenzo), da S. Jean de Maurienne, studente; cond. cont. (1° *settembre* 1821) a 2 anni di carcere, scontati con soli 6 mesi di relegazione in patria.

Viancini (Andrea), cond. 15 anni di galera.

INDIVIDUI SOTTOPOSTI A SORVEGLIANZA DELLA POLIZIA

a) *per tempo illimitato*

Bianco (G. B.), *alfiere.*
Biava (Marcello).
Boglione (Giovanni), *capitano.*
Denobili (Giovanni), *capitano.*

Fantoni (Carlo).
Guasco (Pietro).
Manfredi (Rocco Andrea).
Palma (cav. Maurizio).

Sala (Giuseppe).

b) *per cinque anni*

Angiono (Giuseppe).

c) *per quattro anni*

De Bustoro (nob. Emanuele) *capitano.* **Giacosa** (Giuseppe).

d) *per tre anni*

Crolla (Iginio).
Lebole (Ottavio)

Panietti (Savino).
Vercelli (Lorenzo).

Zumaglini (Pietro).

e) *per due anni*

Allegra (G. B.).
Ambrosetti (Ambrogio).
Ambrosetti (Giovanni).
Bellone (Gian Giacomo).
Restrano (Pietro).
Bertolaja (Giovanni).
Brunetti (Carlo).
Cagnardi (Felice).
Cerruti (Giuseppe).
Coda (Carlo).
Chialiva (Abbondio), *notajo*
Gastaldi (Giovanni).

Gastaldi (Giuseppe).
Masserano (Giovanni).
Odone (Giovanni Paolo)
Ottino (Giuseppe).
Piacentini (Vincenzo).
Piazza (Giovanni Stefano).
Pozzi (Antonio).
Prina (Giovanni Emilio).
Rovetti (Gioacchino).
Ubertalli (Giovanni).
Vigna (Antonio).
Vochieri (Andrea).

Zuccotti (Michele).

f) *per un anno*

Angiono (Pietro).
Ara (Pio).
Barberis (Pietro).
Beunt (Giovanni).
Bollo (Alessandro).
Bonvicino (Giovanni).
Bottacco (Baudolino).
Borgia (Giuseppe).
Bove (Francesco).
Cagnardi (Antonio).
Cappa (Saverio).
Caprioli (Luigi).
Chialiva, *avvocato*.
Coda (Giuseppe).
Deferraris (G. B).
Delpiano (Gioacchino).
Duernet (Tomaso).
Ferraris (Michele).

Florio (Giuseppe).
Gadin (Gio. Michele).
Gallifanti (Domenico).
Germano (Giuseppe), *notaio*.
Gillio (Giacomo).
Guidetto (Vincenzo).
Margari (Michele Angelo).
Martinotti (Gio. Battista).
Momo (Eusebio), *notaio*.
Pregliasco (Giovanni).
Romagnoli (Carlo).
Rossetti (Antonio).
Rossi (barone), *capitano*.
Rossi (Giovanni).
Sassi (Vincenzo).
Scaravelli (Paolo).
Tedeschi (Giacomo).
Tricerri (Giuseppe).

g) *per sei mesi*

Andreone (Ambrogio).
Barbavara (cav. Luigi).
Barberis (Gian Francesco).
Barro (Gian Domenico).
Bianchi (Pietro Giorgio), *avvocato*.
Bongioanni di Castelborgo (conte).
Burocco (Francesco).
Cantone (Francesco).
Cappa (Carlo).
Ciocchetti (Guglielmo), *medico*.
Florio (Carlo).
Franco (Matteo).
Fantoli (Felice).
Gorla (Giuseppe).
Gorla (Siro).

Lago (Carlo Giuseppe).
Panelli (Carlo), *avvocato*.
Perretti (Luigi), *guardia del corpo*.
Ponderano (Giovanni).
Recagno (Giacomo).
Rosazza (Ferdinando).
Sartirana (Giovanni).
Scaletta (Agostino).
Scotti (Giacinto).
Stevani (Alessandro).
Stroppa (Licinio).
Taccone (Pietro).
Tarchietti (Gioachino).
Vella (Carlo).
Zani (Lorenzo).

Lagnaschi (Giuseppe), *avvocato*.

h) *per tre mesi*

Accotto (Pietro), *avvocato*.

Thernier (Francesco), *medico*.

IMPIEGATI

a) *ammessi a giustificarsi*

Asinari di S. Marzano (abate), *dottore di collegio.*

Camandona, *commissario di polizia.*
Coupon, *sotto commissario di polizia.*

b) *sospesi*

Accio, *professore.*
Bruzzo, *in finanze.*
Derossi, *intendente.*
Nota (Alberto), *vice intendente.*
Novelli, *professore.*
Parodi, *in finanze.*
Pignatta, *alle poste.*

Pollone, *scritturale.*
Retorti, *agli interni.*
Sismondi, *in finanze.*
Sutera, *in finanze.*
Vacha, *sostituto dell'acv. generale.*
Viuardi, *giudice.*
Zelaschi, *sotto segretario.*

c) *sospesi e poi riammessi*

Boucheron, *professore.*
Cravosio, *avvocato collegiato.*
Donna, *giudice.*
Falabrini, *giudice.*
Faldella, *giudice.*
Gastaldi, *giudice.*
Gillio, *medico collegiale.*
Globert, *professore.*
Jacomazzi, *segretario di giudice.*
Marengo, *professore.*

Pansola, *avvocato collegiato.*
Plana, *professore.*
Ravera, *giudice.*
Riccardi, *dottore collegiato.*
Scavini, *giudice.*
Signoretti, *segretario di giudice.*
Simondi, *dottore collegiato.*
Stara, *avvocato coll'giato.*
Turina, *professore.*

d) *licenziati*

Palmieri, *scritturale.*
Pintore, *scritturale.*
Ress, *scritturale.*

Rovasio, *scritturale.*
Tacchis, *scritturale.*
Vaira, *scritturale.*

e) *dispensati con gratificazione*

Bajveri, *congiudice.*

Gambini, *intendente.*

f) *giubilati*

Belleri (cav.) *a'la guerra.*
Bertaccini, *professore.*
Florio, *ripetitore.*
Gardini, *ripetitore.*

Gubernatis (De), *in finanze.*
Merlin (colonnello), *alla guerra.*
Revelli, *alla guerra.*
Soteri, *ripetitore.*

g) *rimossi*

Accotto, *sostituto fiscale.*
Ara, *segretario di prefetto.*
Baratti, *vice giudice.*
Barberis, *assessore,*
Barletti, *giudice.*
Bonardi, *procuratore fiscale.*
Crolla, *giudice.*
Cunletti, *segre'ario di giudice.*
Dellalunga, *vice giudice.*
Fantini, *sostituto fiscale.*
Farina, *giudice.*
Ferrari, *giudice.*
Ferrero (Alessandro), *giudice.*
Florio, *volontario fiscale.*
Florio, *vice fiscale.*

Gallea, *sotto segretario.*
Gallia, *dottore collegiato.*
Gedda, *segretario di giudice*
Giani, *vice giudice.*
Gnone, *sotto segretario.*
Lago (Franc.), *procuratore fiscale.*
Panelli, *avvocato fiscale.*
Pasero, *dottore collegiato.*
Pattini, *giudice.*
Pogliani, *tesoriere generale.*
Pozzi, *vice intendente.*
Tricerri, *giudice.*
Veglio, *sostituto procur. de' poveri.*
Zaldera, *vice prefetto.*
Zanetti, *vice giudice.*

h) *rimossi con pensione*

Calvi, *segretario di polizia.*
Marucco, *alla guerra.*

Sasserno, *segretario di polizia.*

i) *rimossi e poi riammessi*

Dompé, *nell' azienda dell' interno.*
Davico, *alle poste.*

Murialdo, *alle poste.*

k) *destituiti*

Arrigo, *giudice.*
Boggio, *sotto commissario.*
Campi, *sotto commissario.*
Folco, *sotto commissario.*
Gastaldi, *sotto commissario.*
Germano, *giudice,*
Giovannetti, *sotto commissario.*

Laplerre, *sotto commissario.*
Mandile, *in finanze.*
Mernoz, *sotto commissario.*
Pautrier, *commissario.*
Pellione, *sotto commissario.*
Peragallo, *sotto commissario.*
Roberti, *sotto commissario.*

INDICE

Prezzo: Lire **6**

Lightning Source UK Ltd.
Milton Keynes UK
UKOW01f0127240514

232248UK00009B/374/P